EX-LIBRIS
Capitulodos
encontrate con un libro
ESTE LIBRO PERTENECE A LA BIBLIOTECA DE

ROBERTO
DE VICENZO

LUIS MELNIK

ROBERTO DE VICENZO

CABALLERO. GOLFISTA. TRIUNFADOR

Ediciones Swift *Argentina*

Melnik, Luis
Roberto De Vicenzo : caballero. golfista. triunfador. -
1a ed. - Buenos Aires : Swiff Armour S.A Argentina, 2005.
312 p. ; 23x15 cm.

ISBN 987-22332-0-9

1. De Vicenzo Roberto-Biografía I. Título

CDD 927.963 52

Diseño de tapa: Eduardo Ruiz
Fotografía de tapa (retocada digitalmente): Karlos Posñakovo

Swift - Armour S.A. Argentina
Ing. Enrique Butty 240, piso 8º,
(c1001afb), Capital Federal, Argentina.

ISBN: 987-22332-0-9

Primera edición de 5.000 ejemplares.
Impreso en Printing Books
Mario Bravo 835, Avellaneda.

Prólogo

A PRINCIPIOS DE LOS AÑOS 60, conocí a Roberto De Vicenzo en Fisherton, Rosario, Santa Fe. Estaba jugando el Abierto del Litoral y siendo yo un joven aficionado, apasionado por el golf, tuve el privilegio de jugar con él la primera y segunda vueltas.

Estaba conmovido por la emoción, pues Roberto era mi ídolo y jugar con él fue una experiencia fantástica.

Más tarde, mientras estudiaba en los Estados Unidos, pude seguir por televisión el famoso Torneo Masters, en Augusta, al este de Georgia, originalmente creado por Bobby Jones y Cliffford Roberts como Augusta Nacional Invitation Tournament, luego llamado US Masters Camphionship.

De Vicenzo perdió el torneo por aplicación del Reglamento: su compañero de juego, Tommy Aaron, le había anotado un 4 en lugar de un 3 en el hoyo 71. Roberto había firmado la tarjeta, sin advertir el error, abrumado por la emoción y ese golpe de más fue aceptado por la Organización. Era la letra inmutable del Reglamento.

Entonces, el ganador fue Bob Goalby. Fue una conmoción nacional e internacional. Millones de espectadores habían visto, en la cancha y en las pantallas, que él había hecho tres golpes. Millones lo vieron perder el primer puesto. Y les pareció una enorme injusticia. Pero esos mismos millones quedaron maravillados de la conducta, serenidad y gallardía que el argentino demostró en circunstancias tan adversas. No se quejó, no reclamó, no echó culpas. Asumió la responsabilidad con tal hidalguía que su nombre se asoció para siempre con Augusta y pocos recuerdan en cambio al ganador de 1968.

Perdió el trofeo, perdió mucho dinero, pero ganó prestigio y fama mundial. Los diarios más importantes del mundo lo exaltaron como figura excepcional.

Pese al bajón, inmediatamente, jugó el Abierto de Houston, y lo ganó.

Fui entonces uno de los millones de personas conmovidas por este gigante del golf. Y desde aquel año tuve muchas oportunidades de seguirlo de cerca y observarlo. Fue el deportista argentino más respetado, premiado y homenajeado en los escenarios más tradicionales y exigentes del golf mundial. Que cubrió tres cuartos de siglo con su práctica incesante. No fue una estrella fugaz. Fue un Ganador de 231 torneos en cinco continentes.

Nuestra empresa ha estado vinculada a las actividades productivas, deportivas, culturales y sociales del país desde hace un siglo. No podíamos haber estado ausente en el golf, un deporte que hoy practican millones de entusiastas y que Swift ha auspiciado desde 1947 (premio que entonces ganó Roberto De Vicenzo).

Hace más de un año nos quedamos charlando, tras un torneo, con Roberto y surgió la idea de producir este libro. Lo imaginamos como una contribución al deporte y un legado para los nuevos aficionados.

Pero para nosotros, en Swift, es cabalmente, un homenaje a este caballero, golfista y triunfador, miembro honorario de las más exclusivas entidades de golf del mundo, honrado y homenajeado donde quiera que vaya. Un maestro generoso y una personalidad encantadora. Un jugador excepcional. Una persona ejemplar.

Carlos Oliva Funes
Presidente Swift Armour S.A.

Prólogo

CONOZCO A SWIFT DESDE HACE MUCHOS AÑOS. En 1947 me tocó ganar el Gran Premio Swift.

A Carlos Oliva Funes lo conozco de toda la vida. Y también a su familia. Jugué con él muchas veces y era un eximio golfista. Cuando Carlos me contó su proyecto de editar un libro con mis memorias, me entusiasmó la idea y decidí aportar todo lo mío.

Me presentó a Luis Melnik. Me propuse un ritual de iniciación: enseñarle los secretos del golf a nivel mundial. Introducirlo en el laberinto endiablado de un juego que atrapa y conmueve a jugadores y multitudes. Decidí abrir de par en par mis archivos, mis memorias, mis mapas, mis brújulas, mis recuerdos, mis anotaciones, y nos reunimos a charlar e investigar el pasado, muchas horas y muchos días.

Luis se embarcó conmigo y mis recuerdos y asumió la tarea de escribir el cuaderno de bitácora de esta travesía. Revisamos diarios, notas, memorias, todos los medios a nuestro alcance, hablamos largas horas durante varios meses. Hurgamos en diarios, revistas, páginas de Internet y archivos de todo tipo. Yo revisaba recuerdos y él escribía.

Éste es además mi Legado para los jugadores de golf, para los aficionados, para los jóvenes profesionales, para los que recién empiezan y para todos aquellos que contribuyeron, respaldaron y apoyaron mi carrera.

Y por sobre todo, a mi mujer Delia y a mi querida familia que supieron estar a mi lado siempre, dándome fuerzas e inspiración. Para mis amigos, mi país y mi golf. Y para los muchos consejeros que me ayudaron, aunque muchas veces haya desperdiciado sus sugerencias y otras tantas las haya atesorado y cumplido.

Roberto De Vicenzo

Roberto De Vicenzo:
Caballero. Golfista. Triunfador

En cada siglo, algunos días especiales, por confluencias astrales, reunión de hados, disposición divina, misterios inasibles y superiores, parte una orden celestial y nacen seres humanos tocados de virtudes diferentes, que los harán lucir sobre todos sus congéneres en distintas vocaciones.

El 14 de abril de 1923, un rayo inmaterial surcó los aires y marcó un lugar de la Tierra, al sur extremo, al final terrestre de las Américas. En el pequeño barrio Chilavert, Villa Ballester del Gran Buenos Aires, nacía el quinto hijo de una familia que formaban Elías y Rosa que tendrían siete varones y una niña. Lo llamaron Roberto De Vicenzo. Sería el más grande jugador de golf de su continente, una de las estrellas mundiales de la especialidad y un ser humano venerado por su conducta y procederes.

¿Por qué en ese lugar insólito, pampeano, apegado a deportes tan distintos, hubo de nacer quien sería uno de los deportistas del siglo de la Argentina?

¿Por qué habría de sentir ese niño recién nacido que una luz lo transportaría a la cúspide de los triunfos y le haría recorrer el mundo ida y vuelta, admirado, aplaudido y respetado?

¿Qué misteriosos destinos forjaron esa masa de músculos, cerebro, firmeza, sacrificio, empeño, vocación y eficiencia?

Ésta es la vida de Roberto De Vicenzo.

Los jugadores de golf suelen perder las pelotas mal dirigidas, entre los árboles; atrapadas por raíces salientes; ocultas en vericuetos terrenos o hundidas en las lagunas que suelen ser contornos de los campos de juego.

Roberto, niño, miraba esas blancas bolitas voladoras caer salpicando en la laguna.

Para el chico friolento eran pequeños seres de otros planetas. Se metía descalzo, con frío o calor, y las rescataba. Se olvidaba de la escarcha y de sus pies helados. La pelota semejaba un planetario. La acurrucaba, secaba y miraba fijo. Y guardaría las monedas que le daban por ellas, en una lata en su casa. El cofre de sus tesoros.

Como los antiguos, comenzó a pegar con una rama de árbol. Y si no había pelotas, a las piedras, a un corcho o a una lata.

Roberto sabía lo que lo hacía vibrar. El palo le trasmitía la fuerza de la tierra, temblaban sus brazos, se endurecía su cuerpo y cuando la pelota volaba, él iba con ella. Como un pasajero espacial en su nave interplanetaria. Podría decirse que por las venas del pequeño jugador, corría sangre de algún ancestro italiano del Imperio Romano, de aquel antiguo juego de palo y pelota de los campesinos, *la pagánica*, que marchó hacia el occidente europeo por todos los caminos que salían de Roma.

Don Elías De Vicenzo era pintor de brocha tan alejado del golf como de la riqueza. (Sus padres habían llegado desde Génova e instalado un modesto almacén de ramos generales en Lanús). Con Rosa Bagliova tuvieron siete hijos varones y una mujer. Rosa dejó este mundo cuando alumbraba mellizos que se fueron con ella, sin abrir sus ojos. Roberto tenía diez años.

Sus hermanos mayores trabajaban en lo que se podía conseguir, vendiendo diarios, ayudando al carnicero del barrio. El padre era un italiano duro y fuerte, pero no siempre la familia disponía del dinero necesario. Roberto nunca dejó de contar su conmovedora realidad infantil. No siempre el plato se llenaba de comida. A veces, faltaba. Y la escuela, apenas la primaria, en el Domingo Faustino Sarmiento de Villa Pueyrredón.

Hacía mandados, pequeños trabajitos, juntaba monedas, las más chiquitas. Había que aportar.

La rama de árbol parecía una extensión de su cuerpo y donde quiera lo mandaban, el palo iba con él. Piedras, cascotes, latas, recibían sus mandobles y volaban hacia destinos inciertos.

Cuando murió la mamá, tuvo que cuidar a sus hermanos menores. A veces hasta cocinaba, casi siempre puchero, porque era más fácil y su hermana ya había hervido las papas, el zapallo y las verduras.

A la tarde marchaba a las orillas del Club Deportivo Mitre de Migueletes. Le pagaban por rescatar pelotas.

Pronto le colgaron una bolsa de sus hombros de niño y comenzó a ser caddie. Ahora podía jugar con palos de verdad. Jugar solo. A veces con su hermano menor cargado en los hombros, porque el chiquilín estaba cansado. Roberto caminaba la cancha incansablemente.

Bajaba al hermano y le daba a la pelota. Nueve y hasta dieciocho hoyos. Veía cómo la mancha blanca se desviaba, doblaba para un lado u otro, desobedeciendo sus mandatos. Comprendió que no era lo mismo pegar arriba, abajo, a los costados. Descubrió los efectos, los manotazos del viento, el valor de la fuerza de impacto. Su cerebro y su corazón, al unísono, comprendieron que la pelota era una continuación de sus impulsos, de sus decisiones, de su serenidad. La pelota mágica no iba por los aires a su antojo. Él la dirigía. No siempre. A veces, la redonda, se encaprichaba y se burlaba de sus órdenes y ansias. Entender el mecanismo le abrió el camino.

A los otros niños caddies los encandilaba con sus malabarismos haciendo rebotar la pelotita en la cara abierta de su palo que su brazo, ya fuerte, blandía delicadamente, mientras caminaba. Apostaba que podía avanzar 150 metros con la pelota brincando sobre su palo una y otra vez hasta la meta, sin caerse de su mágico encanto. Y apostaban monedas. Que le hicieran bromas y cantos, pero que nadie lo tocara. Así, llegaba y ganaba.

De esta manera comenzó Roberto De Vicenzo a entreverarse con el deporte que lo llevaría a la cumbre.

De a poco, lentamente, sin estar seguro de que el golf sería su futuro.

Los amigos le sugirieron jugar al fútbol porque era alto, fuerte y peleador. Fue a probarse a Platense, pero el entrenador no llegaba, Roberto se cansó y se fue. El padre insistía en que era importante ganar dinero y nunca se le cruzaría por la cabeza que andar pegándole a una pelota con un palo, pudiera ayudar a la economía familiar. El joven debió ir a trabajar al puente de Migueletes, sobre la avenida General Paz. Calentaba los remaches y los alcanzaba al operario. Pero su espíritu lo empujaba hacia la cancha.

Roberto De Vicenzo recuerda con afecto a Juan Gardino, un hombre bondadoso que le enseñó cómo se tomaba el palo y le dio las primeras instrucciones.

En 1933, cumplidos sus diez años, jugó su primer torneo de caddies que después ganaría varias veces conquistando el respeto de sus jóvenes pares.

* * *

En 1911, el Ferrocarril del Sur de capitales ingleses, extiende el trazado de las vías y construye un nuevo ramal. Llama a una de las estaciones, Ranelagh, en recuerdo del conde de ese nombre que era propietario de tierras a orilla del Támesis, Londres.

La estación Ranelagh dio origen al pueblo y el pueblo al campo de golf que los ingleses querían tener cerca de sus viviendas estilo Tudor que estaban empezando a construirse.

El campo fue diseñado y construido prestamente sobre sesenta y cinco hectáreas de terreno ondulado y arbolado, que corría como un manto sobre esas tierras por entonces lejanas.

El dormi house fue el chalet número 5, vivienda de la familia Castex. Un lugar clave en esta historia.

Cuando nace Ranelagh, nace el nuevo De Vicenzo.

Su nombre apareció *Devincencio* por primera vez en un diario en *1938*, después de la primera vuelta del Campeonato Abierto de la República, en la cancha de Ituzaingó. Quedó ubicado con 81 golpes a doce de los punteros: Enrique Bertolino y el norteamericano Paul Runyan.

Roberto tenía por delante cuarenta y dos jugadores profesionales y diez amateurs.

Él cuenta que en un momento del torneo, un espectador le interrogó por qué no usaba zapatos en lugar de zapatillas. Su rápida respuesta fue que jugaba auspiciado por Alpargatas, porque sintió vergüenza de decir que no tenía plata para comprarlos. A esa carga, sumó desánimo y quiso dejar el juego. Un amigo lo alentó y cargó sus palos, y siguió. Quedó fuera del torneo porque no pudo lograr el corte clasificatorio.

Pero lo vieron. Algo tenía ese chico.

En 1938, el adolescente quinceañero abandonó Migueletes y marchó al sur, a Ranelagh.

Conoció a Jorge Herrera Vega, Capitán del Ranelagh Golf Club, quien le convenció de que el golf era una profesión. Sin embargo, en aquellos tiempos, el profesional del club, no era un personaje importante y a veces importunaba.

Los días de Roberto en Ranelagh no terminaban nunca. Trabajaba, caminaba, pegaba, volvía, caminaba, subía y bajaba las onduladas colinas del campo. No soñaba con jugar torneos importantes. Pero, bueno, allí estaba.

Los días de semana venían muy pocos jugadores y disponía de cinco jornadas para practicar incansablemente.

Amando Rossi sería su nuevo instructor. A los diecisiete pretendía ser profesional. Le permitieron ir a vivir al Club Ranelagh, pero le dijeron que llevara su propio colchón. Trajo una bolsa, una valija desvencijada y sus zapatos rotos. Lo acomodaron en el sótano. La vida ahora era distinta. La gente era cálida y pronto fueron como su familia.

La cancha ahora también le pertenecía. De Vicenzo relata que el trazado era exigente, los fairways quebrados con espesos montes de pinos y bunkers bien ubicados. Tuvo que pulir su técnica. Y usar todos los palos de la bolsa en cada vuelta, lo que no ocurría en todas las canchas.

De Vicenzo conocía superficialmente el mundo del golf. Las personas que jugaban eran en su mayoría mayores y extranjeros. Amando Rossi y León Cosentino eran los profesionales del club. Y él, con sus frágiles 19 años, fue designado profesional de la institución, con un sueldito de cien pesos (*un canario*, como se llamaban a esos billetes amarillos).

Los sábados y domingos aparecían algunos pocos jugadores, y él decidió crear un juego al que llamó *Rataplán*. Juntaba 3 ó 4 jugadores para practicar el putter y cada uno ponía una moneda. El que ganaba se quedaba con las monedas. Si había empate se agregaba una moneda más. Roberto ganaba sus primeros pesos (monedas) profesionales.

Pero además, astuto —como él se define— le preguntaba a los jugadores qué handicap tenían y cualquiera fuera la respuesta, Roberto afirmaba: "¡Qué lastima! Podría jugar mucho mejor porque usted tiene buen swing".

Y comenzó a desplegar sus enseñanzas rentadas.

Interrogado: "¿Y comenzaban a jugar mejor?", responde: "No; el que mejoraba era yo".

Respiraba hondo, se sentía renovado, feliz.

La historia cambiaría aún más cuando conoció a Delia Castex, hija del encargado de los vestuarios del club. Roberto confiesa: "La miré y quedé atontado. Me flechó. La seguía, la acompañaba al colegio, la esperaba a la salida y la podía ver todo el día, porque ambos vivíamos en el club. Nos casamos el 21 de marzo 1946 en una pequeña iglesia y la gente del club nos hizo la fiesta".

Por entonces, el Club Ranelagh decide incorporar un nuevo profesional de Río Cuarto, Córdoba, Antonio Cerdá. A De Vicenzo le cayó mal (no la persona, sino la decisión del Club: con Cerdá serían compañeros y amigos entrañables), porque se agregaba un profesional más y la actividad aún era escasa. Él ya era un hombre casado y necesitaba agregar más ingresos a sus flacos bolsillos. Se marchó al Rosario Golf Club donde fue designado profesional e instructor. A los dos años regresó y se declaró jugador libre.

Roberto asigna a Delia una parte fundamental de su carrera. Ella tuvo a sus hijos Roberto Ricardo en 1947 y Eduardo Alfredo en 1949, sostuvo el hogar, educó a los chicos y acompañó a su esposo siempre. Buena compañera, comprensiva, fuerte. A veces fue padre y madre. Y se emociona cuando, como en un rezo, dice: "Lo que más amo en la vida son mi mujer, mis hijos, mis nietos, mi hogar y el golf. Gracias a todos ellos, soy un hombre feliz. Un porcentaje fundamental de mis triunfos deportivos, pertenece a mi esposa que siempre estuvo a mi lado, aunque nos separase la distancia. Delia no daba los golpes, pero alentaba, cuidaba, educaba. Y supo mantener nuestra unión, porque cuando uno andaba viajando, podía desequilibrarse la relación. Si volviera a nacer buscaría jugar al golf nuevamente. Algunos lo califican como un juego diabólico. Yo digo formidable por todo lo que lo rodea: gente, naturaleza, alegrías y broncas".

PARÉNTESIS

Si se lee golf al revés aparece "flog".
Flog en inglés es pegar, azotar, repetir hasta el cansancio.

En 1940, en el Campeonato Abierto de la República, que se jugó en el Golf Club Argentino de Palermo, es cuando comienza su presencia a tener cuerpo público. Visitaba Buenos Aires el brasileño Mario González, que lograría notables triunfos en Argentina *siendo aún aficionado.*

De Vicenzo llamó la atención del público y del periodismo especializado, sobre todo por el alcance de sus drives. Fue elegido para disputar los 36 hoyos finales integrando el trío que completaban el puntero Mario González y el gran campeón argentino José Jurado.

Roberto terminó con 306 golpes, a 18 de Mario González y compartió el puesto 17 de la clasificación final, con Marcos Churio y Carlos Blasi.

Tomás García Escribano, escribió en diciembre de 1940 en *El golfer argentino*:

> "Un humilde muchachito de 17 años fue descubierto como uno de los más seguros elementos que formarán parte del plantel de los mejores golfers del futuro en el campo profesional. Se trata de Roberto De Vicenzo, quien, de pronto, en el último día, se encontró en el tee del hoyo uno con una gran cantidad de personas que fueron para seguir de cerca a Mario González. Pero iban a ser también testigos de cada uno de los golpes que el argentino ejecutara. Después de soportar como pudo los primeros momentos de nervios, entró en confianza y mostró toda su natural disposición para jugar muy bien al golf. De larga pegada con el drive, con mucho sentido de la distancia y un elevado grado de sensibilidad para la ejecución de los tiros precisos, se lo vio completar scores de 82 y 77, que aparecen elevados

por una sucesión de pequeñas causas que conducen a la pérdida de golpes".

El periodista había levantado la cortina del futuro y apenas había echado un vistazo.

Pero vio lejos.

En 1941, De Vicenzo pudo ver a Sam Snead y Jimmy Demaret, que vinieron contratados por la Asociación Argentina de Golf. Demaret ganó el Campeonato Abierto en el San Isidro, quebrando por primera vez la barrera de los 280 golpes, con 279. Snead se adjudicó, poco después, el Abierto del Centro con 282.

"El swing de Snead —comentaría Roberto años después— me pareció el más perfecto y elegante que yo había visto en jugador alguno. Él fue un ejemplo para que muchos profesionales aprendieran a concretar un swing impecable. En Ranelagh organizamos una exhibición enfrentándolos con Eduardo Blasi. Mientras jugábamos, yo me dedicaba a observarlos. También despertó en mí gran admiración la habilidad y destreza con que Jimmy Demaret manejaba la pelota, cómo movía sus piernas para dar el golpe. Demaret siempre se comportó como una excelente persona, me aconsejó corregir la posición de la mano izquierda del grip, desmontándola para evitar el pull. Me alentó para que realizara mi primer viaje a los Estados Unidos y cuando llegué, me ayudó a adaptarme a la gira profesional".

Jimmy Demaret (1910-1983) fue ganador de 31 grandes torneos entre 1935 y 1957 y el primero que ganó tres veces el gran Torneo de Maestros. Alcanzó la cumbre de su carrera en 1947, cuando siguió a Ben Hogan en el US Open y el PGA Championship. Llegó a las semifinales del PGA cuatro veces, pero nunca pudo ganar. Fue famoso por su increíble sentido del humor.

PARÉNTESIS

LA FALSA MADRE

"Some years back...", hace algunos años, comenta un periodista estadounidense, Roberto De Vicenzo ganó un torneo en Dallas, Texas, y como parte de la ceremonia final, recibió el cheque que premiaba su conquista. Sonrió a las cámaras que lo fotografiaban En el estacionamiento, cuando iba a subir a su auto, una mujer pálida, muy delgada, con un gesto de tristeza en su rostro, se le acercó.

—Qué gran día es para usted. Pero yo, en cambio, tengo a mi hija gravemente enferma. Tiene un mal incurable y los médicos me dicen que no tiene cura.

El golfista respiró profundo y en inglés lento le dijo:

—May I help your little girl? (¿Puedo ayudar a su hijita?)

La mujer enmudeció, moviendo la cabeza.

Él sacó su lapicera, hizo un cheque personal por unos cientos de dólares y lo puso en la mano de la mujer.

—Para su hijita —dijo De Vicenzo.

Una semana más tarde —continúa el periodista norteamericano— Roberto estaba almorzando en el club donde había ocurrido el episodio, cuando vino a verlo un miembro de la Comisión Directiva.

—Los chicos del estacionamiento me contaron que una mujer le habló la semana pasada y usted le dio algo.

De Vicenzo asintió.

—Tengo malas noticias. Esa persona es una mentirosa. No tiene ninguna hijita y ni siquiera está casada. Lo estafó, querido amigo.

El golfista lo miró fijo.

—¿Me está usted diciendo que no es cierto que una pequeña niña esté gravemente enferma y sin esperanzas?

El oficial abrumado confirmó lo dicho.

Roberto se paró, le dio fuerte la mano y afirmó con voz clara:

—Es la mejor noticia que me han podido dar.

En septiembre de 1942 no sólo iba a ganar *su primer torneo de golf*, el Abierto del Litoral jugado en el Rosario Golf Club. Además, establecería un nuevo récord con 277 golpes. (Su marca se mantuvo hasta 1985, cuando Armando Saavedra hizo 275). Un par de años antes, cuando jugó por primera vez en Rosario, De Vicenzo había hecho 318 golpes, cuarenta y uno más que los 277 de dos años después.

Fue una conquista con problemas. Con 69 golpes, fue puntero desde el primer día. Perdió su colocación con 72 en la segunda vuelta y recuperó la punta al término de los 54 hoyos con 70 golpes y un parcial de 211.

Enfrentó la última vuelta con la posibilidad de bajar el récord no solamente para los 72 hoyos, sino también para los 18, que Eduardo Blasi mantenía desde 1941, con 66.

Comenzó con birdies en los tres primeros hoyos. En el 5, el más largo de la cancha con 510 yardas, se pasó del green con su segundo tiro, pero su recovery fue perfecto y embocó con un putt para lograr un nuevo birdie. Luego, birdies en los hoyos 7 y 8, para una ida de 36 golpes, 6 bajo el par.

Al llegar al último hoyo, el destino le hizo una jugarreta y la pelota cayó en una laguna. *Nada menos. Una laguna.*

Roberto podía sacar la pelota como hacía en sus tiempos niños, perder un golpe de penalidad y jugar con más comodidad. Total, llevaba muchos golpes de ventaja. La gente que lo seguía le pidió que la jugara. Él pensó en su ropa, la iba a ensuciar y no tenía otra para cambiarse.

"¿Tendría que recibir el premio todo mugriento?"

La gente lo convenció. Jugó. Ganó con siete golpes de ventaja sobre Eduardo Blasi. En la ceremonia de cierre del torneo, lucía espantoso.

"Apestaba a barro podrido. Ahí sí que la embarré", se reía de sí mismo.

(En los cuatro años siguientes, alcanzó éxito en todos los torneos que por entonces se jugaban en el Río de la Plata, en algunos marcando récords importantes. Ganó el Abierto del Centro en 1943, el Campeonato Abierto y el de Profesionales en 1944, completando la serie con el Abierto del Sur en 1946).

En 1943, la Asociación Argentina de Profesionales de Golf buscaba auspiciantes para la organización de un fourball con profesionales. El empresario Juan Signorini se presentó y patrocinó el torneo que se denominó *El gran Cirio*, por la empresa de su propiedad y donó los cinco mil pesos para que se distribuyeran en premios, pero condicionando su apoyo sólo si Roberto De Vicenzo y Eduardo Blasi, los dos hombres más poderosos del golf argentino, integraban una de las parejas de profesionales. En teoría, la pareja imbatible.

Al cabo de las dos vueltas de clasificación entre veintinueve parejas, ellos cumplieron scores de 64 y 68 con cuatro de ventaja sobre los segundos. Sin embargo, auspiciantes y aficionados se perdieron el espectáculo esperado, porque un error en la anotación de las cifras en dos hoyos que aparecían cambiados, sin alterar la suma, motivó la descalificación de la pareja Blasi-De Vicenzo. *(Parecía una advertencia del destino).*

En 1944 lo convocaron al servicio militar: dos años en la Marina. Le permitieron seguir compitiendo. El club siguió pagándole su sueldo. Se presentaba a los torneos con su uniforme de marinero. El periodista Gregorio Milderman del diario *El Mundo*, comenzó a llamarlo Spaghetti, que era la forma local de Popeye, el dibujo animado estadounidense de un marino de ojos saltones (*Pop eye*) que noviaba con la flaquita Olivia y que cuando necesitaba fuerzas, engullía espinacas, su brazo adquiría fuerzas prodigiosas y sus golpes eran demoledores. El periodista unió marinero/brazo fuerte/golpe y el apodo prendió.

En 1945, recibió la baja del servicio militar. Se marchó a Rosario contratado como primer profesional del Rosario Golf Club.

El diario *La Prensa* de Buenos Aires, que durante años en su primera plana publicó solamente avisos clasificados, anunciaba que el jueves 21 de marzo de 1946, el cielo estaría claro con una temperatura máxima de 27 grados y una mínima de 19 grados.

Ese día, 21 de marzo de 1946, Roberto y Delia se casaron. Sus amigos e invitados organizaron la fiesta en el Ranelagh y cubrieron la entrada de la pareja con un ceremonial *techo* de palos de golf. Un ritual que se repetiría años después al regreso de uno de sus triunfos más espectaculares.

Cuatro días después de su casamiento con Delia, ganó el Abierto del Sur, con 273 golpes, su primer regalo de bodas deportivo, porque juntó pesos valiosos en aquellos tiempos. Ganó todos los premios del campeonato, empezando por los 100 pesos del primer puesto del foursome por la Copa Vesubio, en pareja con el aficionado Felipe Farjat y los 1.000 pesos donados por el diario *La Nación* para el ganador.

Al año siguiente, su primer trofeo fuera de su país, el Abierto de Chile, compartiendo el primer puesto con Enrique Bertolino, con 273 golpes. Era la primera vez que ganaba un Campeonato nacional de otro país.

A fines de 1946, con sus frescos 23 años, tenía excelente técnica y un impresionante juego largo. Concretaba jugadas insólitas, atrás de los árboles o dentro de un bunker.

Parecía tener una ventaja innata. Sin embargo, también se creaba situaciones con los obstáculos de la cancha. Desviaba sus drives a los lugares más complicados, alambrados, montes espesos, troncos añosos. *Inventaba* tiros que parecían diagramados con imaginación, astucia, audacia prudente y realizaba jugadas espectaculares por su técnica perfecta, resultado final y efectividad.

En setiembre de ese año se jugaba en la cancha del Golf Club Argentino de Palermo, la última vuelta del Gran Premio Masllorens, que Roberto ganó con 281 golpes. En el tee del 17, par 4, sabía que tenía que marcar los pares 4-4 en los últimos dos hoyos para establecer un nuevo récord en 72 hoyos para esa cancha. Su drive fue a parar detrás de un árbol, sin visión para el camino hacia el green. Fue cuando concretó una jugada *imposible* y extraordinaria. Consiguió el par, el récord y el primer premio con cinco golpes de ventaja sobre Arturo Soto.

De Vicenzo simplificó todo, asegurando que la jugada era más fácil de lo que parecía. El tiro de salida salió con un poco de slice y cuando iba caminando vio un grupo de personas que se interesaba por la situación en que había quedado la pelota y estudiaba la línea de juego. Le faltaban cien yardas para llegar y ya sabía que tendría que hacer alguna jugada rara para alcanzar el green, distante a 160 yardas del lugar en que debía hacer el segundo tiro. Primero, creyó conveniente usar el hierro 2, pero cambió de idea. Necesitaba hacer un tiro muy bajo y con mucho slice. Ese palo permitía lo primero y un poco lo segundo, pero no lo necesario para llegar al green. No era imprescindible sacar un 4 en ese hoyo, pues llevaba una ventaja de cinco golpes, pero sabía que con 4-4 batía el récord por un golpe. Cuando sacó el putter de la bolsa, las personas que se habían reunido alrededor comenzaron a hacer comentarios en voz baja.

Ellos estaban sorprendidos. Él estaba decidido.

Tomó como línea las personas que estaban en el borde izquierdo del green y todo salió como lo había planeado: un tiro muy bajo con un pronunciado slice. La pelota picó bastante lejos del green, pero como era un medio tiro de vuelo muy bajo, corrió hasta detenerse a seis metros del hoyo. Sacó el 4 que buscaba y con otro 4 en el hoyo final, terminó en 34, batiendo el récord de 282 que tenía Martín Pose.

En 1947, compitió en 16 torneos y ganó 10. Pocos días antes de jugarse el Abierto del Litoral, fue internado de urgencia y operado de apendicitis. A la semana de la intervención, jugó.

El doctor Norberto Baravalle comentó que no se trataba sólo de fuerza física, sino interior, un empuje casi mágico que lo transportaba y convertía en un Popeye de verdad. "Sólo le pedí que hiciera el menor esfuerzo en el swing, livianito y con pausa y tranquilidad".

De Vicenzo ganó el Abierto del Litoral.

Un día comprendió que no podía seguir siendo empleado profesional de un club. Comenzó a pensar en viajar al exterior.

La Asociación Argentina de Golf realizó una colecta entre socios de varios clubes para enviar a los Estados Unidos a Martín Pose y Roberto De Vicenzo. El Jockey Club hizo lo propio con Enrique Bertolino. Era todo un sueño pensar en 1947 que disputarían torneos en el centro neurálgico y económico del deporte. Algunos repartían 10.000 dólares de premios, comenzando por el ganador que se llevaba 2.000 y luego el reparto llegaba hasta el puesto 15° del marcador.

Los tres argentinos partieron en noviembre.

Escala en Colombia. Y bueno, ya que estaba, De Vicenzo gana el Abierto de Cali.

AHORA, ¡A DESCUBRIR AMÉRICA!

De Vicenzo recuerda y reconoce que Martín Pose, que hablaba muy bien inglés, condujo y dirigió la gira. Manejaba el auto que General Motors les había prestado, hacía las reservas, controlaba las valijas, elegía las rutas, las horas de práctica. Iban y venían en auto en largos y agotadores trayectos: aún no se había construido la gigantesca red de autopistas norteamericanas. La ida y la vuelta a los Estados Unidos se hacía volando en aquellos aviones que requerían tres días para alcanzar su destino. Una carta tardaba semanas y una llamada telefónica diez horas. El invierno era crudo y largo. Tres meses era mucho tiempo. Y Martín hacía y deshacía. Roberto jamás olvidó aquella gestión sacrificada.

Roberto musitaba: "Nosotros íbamos y veníamos como soldados obedientes, no sabíamos ni dónde estábamos parados. El pobre Martín se sacrificó tanto que sufrió a la hora de jugar".

Primer torneo: Miami. Roberto finalizó en el puesto 21° con otros once jugadores. Martín Pose en el 50° y Bertolino no clasificó. De Vicenzo jugó de forma irregular pero al final había ganado 31 dólares y monedas. El ganador, Jimmy Demaret, se alzó con 2.000. Nuestro héroe sintió que se le hacía agua la boca.

Con serenidad y frialdad, De Vicenzo hizo la crónica contando que en Miami jugó bien por momentos, haciendo muchos tiros buenos, pero no quedó conforme. El primer día le tocó jugar con Ben Hogan y el aficionado Frank Stranaham (que era hijo del dueño de la fábrica de las famosas bujías Champion). Confesó haber cometido muchos disparates: subió 4 golpes el par con 74. El segundo día jugó más tranquilo y sacó 67, fallando en el último green un put de 30 centímetros. Su score fue igual al de Hogan y dos mejor que el de Stranaham. La segunda vuelta la compartió con Tony Penna y otro aficionado. Su mejor rueda con 66. El resto, perfecto.

En la última vuelta salió con Herman Keiser. Tuvo hoyos buenos: 12 y 13. El primero, par 4 de 380 yardas, lo jugó por cuarta vez en birdie 3, embocando siempre con un putt. En el 13 de 460 yardas, par 5, pegó dos tiros perfectos para entrar al green y después embocó con un putt para alcanzar un águila 3.

(En las tres vueltas anteriores, en esos hoyos, había marcado un par 5 y dos birdies 4).

En otros hoyos de esa última vuelta hizo cosas desastrosas. Su peor hoyo en todo el torneo fue el 5 durante la primera vuelta. Ése era el hoyo más largo de la ida con 500 yardas. Primero pegó mal el drive, después sacó la vista en el approach y lo remató con tres putts para anotar un 7. Tomó revancha en las vueltas siguientes sacando tres veces birdie 4. Aparte de ese 7, sus tarjetas registraron sólo un 6 en los 72 hoyos: en el 15 de la vuelta final, el más largo de la cancha con 540 yardas. Había marcado par la primera vez y dos birdies 4 en las dos vuelta siguientes. El resumen en los greens fue: 19 greens de un putt y 8 greens de tres putts. Ganó 31 dólares y 82 centavos.

En ese torneo conoció a Ben Hogan, figura legendaria del golf mundial. Su verdadero nombre era William Benjamin Hogan, nacido en Texas en 1912. Su padre, mecánico de autos, se suicidó cuando Ben tenía 9 años. Para ayudar a su madre, vendía diarios y hacía cualquier trabajo que le era posible. Finalmente, pudo ser caddie en un campo cercano y allí nació su carrera que iba a estar marcada por su determinación, serenidad y frialdad, al punto que lo llamaron *The Iceman*, El hombre de hielo.

En 1946 ganó el título de la Asociación de Profesionales del Golf (PGA, por su sigla en inglés). En 1949 sufrió un terrible accidente automovilístico que hizo suponer a todos que terminaría definitivamente con su carrera. No sólo se repuso. Un año después competía.

En 1953, ganó el Torneo de Maestros, el Abierto de Estados Unidos y el Abierto Británico. Cuando regresó de Inglaterra, fue recibido por un desfile popular y al frente del comité de recepción, estaba el presidente Dwight Eisenhower.

Fue con Bobby Jones (Robert Tyre Jones Jr., 1902-1971) nacido en Atlanta, los únicos de aquellos tiempos en ganar cuatro abiertos de los Estados Unidos.

De Vicenzo admiró a Hogan, con quien jugó en la primera vuelta. Así lo describió:

> "Tenía un enorme control del juego y de sí mismo. Registraba cada detalle de la cancha y los jugadores. Lo admiré por su destreza para colocar la pelota en el sitio justo, para sacar el mejor provecho en el tiro siguiente y por su forma de caminar la cancha.
>
> En una ocasión, en un momento de la caminata, me advirtió que en un determinado hoyo había que cuidar el segundo

tiro porque el green parecía lejano, pero esto era porque la bandera estaba diez centímetros más baja que la del hoyo anterior. Casi no hablaba durante el juego. Iba masticando cada uno de los tiros. Fue quien insistió en ponderar y exaltar la importancia del control mental y él lo ejercía permanentemente".

Ben Hogan fue uno de los primeros que sugirió la necesidad de fabricar los palos de golf escalonadamente, que el hierro 2 tuviera una inclinación mayor que el 1 y así sucesivamente, y que los mangos fuesen más standards.

"Lo único que necesitamos los golfistas,
es días más largos... mucho más largos".

Ben Hogan

Roberto no anduvo bien en la primera parte de la gira norteamericana.

En el Open de Los Angeles, en el Riviera Country Club, empató el undécimo lugar con Jimmy Demaret, Frank Stranaham y Jim Turnesa. Un 77 en la última vuelta lo relegó a esa posición luego de haber estado segundo en los 36 hoyos con 140 golpes y el mejor parcial del día, 68 (34-34), ampliamente comentado por la prensa especializada.

Su fotografía apareció en la primera página de *Los Angeles Times* con el epígrafe: *Pro from the Pampas,* "Profesional de las Pampas".

El periodista, quizás asombrado porque un *gaucho* pudiese jugar en ese nivel, no tuvo reparos en compararlo con los grandes jugadores de aquella actualidad, por sus tiros con el driver y sus jugadas con los hierros.

El ganador fue Ben Hogan con 275 golpes, nuevo récord del torneo. Uno de los primeros torneos que jugó después del accidente.

El chiquilín de Ranelagh había crecido. Era mayor. Pertenecía. ¿Podría?

La gira continuó en California con el Torneo Invitación Bing Crosby. Roberto fue vigesimonoveno con 224.

(Bing Crosby, nació en 1904, en Tacoma, estado de Washington. Su verdadero nombre era Harris Lillis Crosby. Famoso cantante norteamericano reconocido mundialmente por su aclamada *White Christmas*, sus roles protagónicos en *El Buen Pastor* y las películas con Bob Hope. Ganó el Oscar de la Academia en 1944. Era scratch y amante del golf. Murió de un infarto, después de jugar un torneo de golf, caminando por un link en España, en 1977).

Luego vinieron los torneos en Richmond, estado de Virginia, 31° con 289.

Phoenix, la ciudad más grande y capital de Arizona, 6° con 276.

Tucson, al sudeste de Arizona, no clasificó.

Texas, el estado más grande de la Unión, finalizó fuera de premios con 285.

St. Petersburg, noroeste de la Florida, hizo 287 golpes y terminó con 15 más que el ganador Lawson Little.

En Phoenix hizo su primer 65 en una cancha de los Estados Unidos. Fue en la segunda vuelta y bajó seis golpes el par de la cancha, igualando la mejor tarjeta del torneo, junto con tres 65 que se produjeron en la primera vuelta. Comenzó a elaborar su score con un birdie en el hoyo 1 de 503 yardas, cuyo green alcanzó con el segundo tiro y después necesitó dos putts. Sacó el par en los tres hoyos siguientes y cuando llegó al tee del 5, se enfrentó con un hoyo de 305 yardas, par 4. Pegó un buen drive con el que entró al green y logró un birdie con dos putts. Sumó otro birdie embocando en el 6; después otro en el 12, con un putt de dos metros y lo mismo en los hoyos 14 y 15, embocando putts de tres metros.

La primera y única vez que subió el par fue en el 17, par 4 de 410 yardas, donde se pasó del green con el segundo tiro. Salvó la plata en el 8, de 510 yardas, en donde cosechó una gran salva de aplausos cuando con dos maderas puso la pelota a cinco metros del hoyo y después birdie con dos putts. El 32 de esos nueve hoyos le dio el 65.

Y pasó al Open de Nueva Orleáns, en la cancha Metairie Country Club, noveno torneo de la gira, donde se anotaron 140 jugadores, 15.000 dólares en premios; 2.500 al ganador. De Vicenzo se clasificó segundo a un golpe de Hamilton.

Comenzaron compitiendo los tres argentinos, pero Martín Pose abandonó en la primera vuelta. Bertolino hizo lo mismo en la tercera.

Frank Champ y Freddy Haas arrancaron como punteros con 67 golpes. Al día siguiente, Haas quedó solo al frente con otro 67 y 5 de ventaja sobre los segundos. Roberto estaba quinto con 140 (71-69).

En la tercera vuelta, Haas seguía en la punta con dos de ventaja sobre Dick Metz. A tres golpes y solo en el tercer puesto, estaba De Vicenzo con 210.

Salió a jugar con Haas, el puntero, y Hamilton. Cuando llegaron al tee del hoyo 1, comenzó a llover y después de jugar los primeros nueve hoyos, Roberto vio la posibilidad de ganar, pues su juego era muy firme. En el hoyo 4 ubicó su segundo tiro a menos de una yarda de la bandera, pero falló el putt. En el siguiente, no entró en el green con el segundo y después falló el putt, nuevamente, desde menos de dos metros para subir un golpe.

Los cuatro hoyos restantes los jugó en el par y cuando faltaban nueve hoyos, Haas tenía 243, Hamilton, 246 y él, 248. Su juego seguía firme y pareció que el de sus rivales, aflojaba.

En el 13, la pelota de Haas cayó en el borde de una zanja con agua. Hamilton pidió la presencia de un árbitro para decidir si aquella era una zanja de desagüe o no, porque en el primer caso la pelota podía ser levantada sin penalidad. El árbitro dijo que la zanja era para desagüe y Haas levantó la pelota dejándola caer en otro sitio. Hamilton volvió a protestar pues las reglas decían que había que dejar caer la pelota lo más cerca posible del agua, pero sin arrimarse al hoyo. Haas levantó de nuevo la pelota y la dejó caer en la forma en que su oponente demandaba. En ese hoyo, Haas hizo bogey.

Curiosamente, le ocurrió a De Vicenzo algo similar, inolvidable, aunque desagradable. Una de sus pelotas cayó a un zanjón de barro por una obra que estaban realizando en la cancha. No se trataba de un obstáculo artificial creado, sino de un problema circunstancial ajeno al juego.

El árbitro del encuentro era el padre de Freddy Haas y le obligó a jugar la pelota. (Roberto siempre sintió que algo no había funcionado bien.)

En el 16, par 5 de 448 yardas, pegó contra el viento un formidable drive que superó en varias yardas a los de sus adversarios y cuando se disponía a pegar su segundo tiro, Bertolino le gritó: "¡Fuerza, Roberto, que lo tenés!" Le dio ánimo y concretó su segundo tiro con el brassie. La pelota fue a detenerse a cuatro yardas de la bandera. Hamilton tiró entre los árboles y se colocó a una yarda del hoyo. Haas a dos. Roberto tiró para águila, pero la pelota tocó el borde del hoyo sin entrar. Haas embocó su putt. Hamilton erró el suyo.

El 18 era un par 4 de 484 yardas. Roberto con su tiro de driver quedó en el pasto alto de la izquierda; jugó el segundo tiro hacia la derecha, pero no entró al green. Lo mismo le sucedió a sus rivales, que debieron jugar su tercer tiro a la bandera. Haas quedó corto a siete metros, Roberto a cinco y Hamilton se pasó del hoyo dos metros y medio.

Haas y De Vicenzo volvieron a quedarse cortos con el putt y Hamilton embocó para ganar el torneo.

Con todo lo que había pasado, le quedó un consuelo: él no ganó. Haas tampoco.

El último torneo para los argentinos fue el *Fourball International* en Miami, por eliminación, entre 16 parejas. De Vicenzo se asoció a Bertolino para vencer en el primer encuentro a Sam Snead y Clayton Heafner. Roberto desplegó su mejor golf marcando 65. Enrique lo ayudó solamente en un hoyo, colocándose 3 arriba, al mediodía.

El juego de green de De Vicenzo fue excelente, embocando con un putt en quince hoyos. Los locales reaccionaron y en el hoyo 6 de la tarde, estaban uno arriba.

En el 7, esa ventaja fue anulada y tres hoyos después, los argentinos consiguieron ubicarse dos arriba, con dos birdies consecutivos.

Cuando faltaban tres hoyos para finalizar, Snead y Heafner descontaron uno y quedaron uno abajo. En el 16, Heafner falló desde menos de un metro y en el siguiente, fue Snead quien perdió la oportunidad del empate, al fallar un putt aún más corto.

Todos cumplieron el par en el 18 y los argentinos triunfaron por uno arriba.

PARÉNTESIS

SÓLO EN SUEÑOS

¿Alguna vez se encontró solo, en un lugar donde nadie lo conocía, sin ropa, sin dinero, sin saber dónde estaba parado, ni dónde estaba el norte, ni cuál iba a ser su suerte?

¿Sólo en sueños?

Un argentino en la corte del rey Arturo

La página oficial del British Open (www.british-open.com) asegura que el golf se jugaba en esas tierras cien años antes de que Colón llegase al Nuevo Mundo. El juego originariamente consistía en 22 hoyos, once ida y once de vuelta. Recién en 1764, *The Society of St. Andrews Golfers,* que luego se llamaría *The Royal and Ancient Golf Club*, decidió que algunos hoyos eran muy cortos y combinó alguno de ellos quedando establecido el recorrido de 18 hoyos que se convirtió en el standard mundial.

El British Open es el más antiguo torneo mayor del mundo, inaugurado el 17 de octubre de 1860, en el Prestwick Golf Club en Ayrshire, Escocia, para consagrar al "campeón del mundo". Ocho profesionales participaron de aquel encuentro sobre tres ruedas de 12 hoyos cada una, en un solo día. El ganador fue William *Willie* Park con 174 para los 36 hoyos.

Park no recibió un centavo. Su único premio fue el Cinturón Challenger donado por el Conde Eglington (*Earl of Eglington*). Recién en 1863 se instituyeron premios en dinero.

Cuando Tom Morris Jr. ganó el torneo por tercer año, tomó posesión permanente del cinturón o faja. Luego se estableció la Copa.

Después se extendió de 36 a 72 hoyos en 1892 y en 1927 una ronda clasificatoria de 36 hoyos. En 1860, el ganador fue Willie Park. En 1861, Tom Morris Sr., que repitió al año siguiente. Willie Park ganó en 1863. Tom Morris Sr. en 1864. Andrew Strath en 1865.

Willie Park en 1866. En 1867, apareció Tom Morris Jr. que ganó ese año y en 1868, 1869, 1870 y 1872.

(Morris padre e hijo son leyenda y sus tumbas, en la antigua iglesia del pueblo, son visitadas por turistas, peregrinos y golfistas de todo el mundo).

En 1871 no se disputó. Prestwick fue la sede del Abierto Británico hasta 1872. Luego se jugó en tres links escoceses: Prestwick, St. Andrews y Musselburgh.

Muirfield, también en Escocia, recibió al torneo en 1892 y pasó a suelo inglés en 1894, cuando se disputó en Sandwich. Los jugadores escoceses dominaron el certamen en los primeros años y recién en 1890, John Ball, fue el primer inglés y amateur en adjudicarse el triunfo.

El primer estadounidense en ganar el British Open fue Jock Hutshison en 1921, aunque en realidad había nacido en St. Andrews, Escocia, pero sus padres lo habían llevado a los Estados Unidos cuando era adolescente.

Al año siguiente, 1922, Walter Hagen, fue el primer nativo de los Estados Unidos en ganar el título.

Entre 1940 y 1945, no se jugó.

1946:	Sam Snead.
1947:	Fred Daly
1948:	Henry Cotton
1949/50/52:	Bobby Locke
1951:	Max Faulkner
1953:	Ben Hogan.
1954/55/56:	Peter Thomson
1957:	Bobby Locke
1958:	Peter Thomson
1959:	Gary Player
1960:	Kel Nagle
1961/62:	Arnold Palmer
1963:	Bob Charles
1964:	Tony Lema
1965:	Peter Thomson
1966:	Jack Nicklaus

Y en 1967, se interrumpiría la nomenclatura anglosajona: el triunfador sería el titular de un apellido que sonaba distinto, costaba pronunciar y remitía a otras latitudes.

Pero aún faltaban muchos caminos que recorrer, puentes que cruzar y mundos que descubrir.

En abril de *1948*, Roberto De Vicenzo regresa de los Estados Unidos a Buenos Aires y en junio viaja a Inglaterra para jugar el Abierto Británico. El idioma inglés lo perturbaba y lo encerraba, incomunicándolo. Como era representante de la marca Dunlop, pidió que le permitieran viajar acompañado y uno de los directivos de la firma le sugirió que buscara alguien que dominara el idioma. Surgió Ricardo Rossi, hijo de su querido amigo Amando Rossi.

Inglaterra todavía soportaba los efectos de la posguerra. Para hacer las compras se necesitaban cupones por el racionamiento. De Vicenzo perdió su valija y su ropa. Y sin cupones, no podía comprar. Anduvo casi dos semanas con las mismas *pilchas*. En la tercera semana, ganó el Abierto del Norte, y embolsó 500 libras, pero seguía sin cupones. Norman Von Nida acudió en su ayuda, le consiguió ropa y lo ayudó mucho. Roberto nunca lo olvidó. Pudo vestirse como un *gentleman*.

La actuación de Roberto en el Open Británico que se jugó en Muirfield fue espectacular. Terminó con 290 golpes en el tercer puesto y ganó su primera gran ovación en una cancha inglesa al embocar, en la primera vuelta, en dos golpes el hoyo 17, par 5 de 510 yardas. Pegó driver y hierro 2, la pelota picó en el green y rodó suavemente hasta quedar atrapada entre la bandera y el hoyo. Un clamoroso griterío le dio noticias a Roberto de lo que acababa de hacer y cuando llegó al green, movió la bandera y la pelota cayó dentro del hoyo. En medio de estruendosos aplausos, sacó la pelota y la arrojó al público.

"¡Qué maravilla!" "¡Qué golpe!" "¡Qué personalidad!" "¡Qué simpático!"

Los flemáticos ingleses y las compuestas inglesas miraron fijo al fornido hijo de las pampas. Nacía un idilio con uno de los públicos más exigentes del golf.

Con 70 golpes en la primera vuelta, quedó segundo a uno de los punteros. En la segunda vuelta, Henry Cotton sacó un 66, récord de cancha y saltó al primer puesto con 137.

En la tercera vuelta, Cotton produjo su peor score con 75 y su ventaja de cuatro quedó reducida a dos. Terminó con 72, ganando el Open

Británico por tercera vez, con 284 golpes. De Vicenzo concluyó con 70, 73, 72 y 75 = 290.

Muirfield era una cancha a la que los argentinos no estaban acostumbrados. Según los relatos de De Vicenzo era muy rústica. El cuidado de las canchas en Inglaterra era muy pobre después de la guerra. Haciendo lo contrario que los antiguos escoceses, que antaño cambiaron sus lanzas y espadas por palos de golf embelesados por el nuevo deporte, los ingleses habían abandonado sus palos de golf para cargar fusiles. Los campos fueron abandonados durante años, el pasto alto estaba sumamente crecido; los greens, muy ásperos y el rough, muy irregular.

En esos campos en tan malas condiciones, lo errores se pagan muy caros. En el fairway había roughs con medio metro de pasto y allí podía pasar cualquier cosa.

Hacia falta un poco de suerte y Roberto siempre aseguró haberla tenido. Y por eso arriesgaba. Arriesgar tiene directa relación con el estado emocional del jugador. Su optimismo, su alegría, su confianza en sí mismo, predisponen al riesgo porque está más seguro. El temeroso, el que duda, no puede producir el mismo tiro certero. En aquellos campos complicados hacía falta asumir riesgos, acertar el objetivo o pagar muy caro el error.

En los campos actuales, tan prolijos y bien cuidados, la cosa es más equitativa. Se emparejan los riesgos y con un poco de control, no ocurren episodios inesperados.

Lo que más impresionaba era el continuo y fuerte viento. La cancha exigía mantenerse dentro del fairway en todos los hoyos. Y por eso ganó Cotton. No era un gran pegador, pero tenía un ritmo de juego muy bien administrado, según explicó Roberto.

Y llegó el Abierto del Norte de Inglaterra, que se jugó en Harrogate, en la cancha del *Oakdale Golf Club*. Era un link corto, muy quebrado y cruzado por fuertes vientos del océano. Tenía algunos hoyos de par 4, en los que se podía alcanzar el green con el driver.

En la clasificación, De Vicenzo quedó a un golpe de Fred Daly, con 139. Ricardo Rossi, que no había conseguido clasificar para el Open, ahora entró con 149.

Al día siguiente, con una fuerte tormenta y vientos huracanados, se jugó la primera vuelta. Roberto terminó con 74 y estaba a cuatro de los punteros, Reginald Horne y Ernest Osborne.

Su actuación llamó la atención de los periodistas que lo calificaron como "el más grande pegador que se haya visto por estas tierras".

En el hoyo 2, de 470 yardas, con viento en contra, llegó con el segundo tiro al borde del green. A partir de entonces, era el favorito para ganar, a pesar incluso de que tras la segunda vuelta, aún seguía a cinco golpes del puntero, Johnny Fallon.

En las dos vueltas finales, estuvo sencillamente deslumbrante con 66 y 65, para un total de 277. Ganó el primer premio con dos de ventaja sobre Reginald Horne. Su vuelta final igualó el récord de la cancha con el inglés Ward, que terminó tercero, con 281.

De Vicenzo recuerda pensativo:

"Nuestras primeras vueltas de práctica en la cancha del Oakdale resultaron bastante flojas, luego mejoraron notablemente. Siempre había público rodeándonos, incluso en las prácticas. Les entusiasmaba que yo pegara un drive largo, y como en ese momento yo estaba en buen estado físico para darle con todo, no creo que hubiera otro en el torneo que pudiera superarme desde los tees. Mi victoria comenzó a gestarse en el hoyo 10 de la vuelta final. Por la mañana, al término de la tercera vuelta, gracias al 66 que saqué, había conseguido ubicarme a un golpe del puntero, Reginald Horne, que tenía 211. Yo, 212, igual que Fallon. En la ida de la ronda final, saqué 33. Horne ya había terminado su actuación con 279. Todos lo consideraron score ganador. La única amenaza que veían las cuatro mil personas que rodeaban el campo, éramos Dai Rees y yo.

En el tee del hoyo 10, se me acercó Ricardo Rossi y me dijo: 'Jugá tranquilo, Roberto, que podés ganar'. En su voz noté una emoción incontenible y el tic nervioso de su mandíbula se le había triplicado. Me inspiró confianza.

En el hoyo 10 de 470 yardas, mi drive no resultó bueno. La pelota picó en una loma y se desvió al pasto alto. Cuando llegué al sitio donde se encontraba la pelota, no podía ver la bandera. Ricardo había visto mi tiro de salida y de pronto lo divisé parado en una loma y comprendí que estaba allí para indicarme la dirección en que se encontraba la bandera.

Saqué el spoon de mi bolsa y pegué un tiro que resultó tan bueno que la pelota fue a detenerse a tres yardas del hoyo. Escuché los aplausos y gritos y comprendí que había hecho algo bueno. Cuando luego emboqué el putt para águila 3, la ovación se repitió con más fuerza".

La gente comenzó a seguir durante el trayecto al hombre del brazo de hierro.

En los siete hoyos siguientes, dos birdies y cinco pares. Parecía una marcha triunfal. Después de cada hoyo, los ingleses bramaban. Estaban con él. Roberto los estremecía.

Lo envolvía un estado de inconsciencia y automatismo. No parecía ser dueño de su voluntad o iba impulsado por una extraña fuerza que le inspiraba confianza y él se dejaba llevar gustosamente. Parecía un sueño. De tanto en tanto, volvía a la realidad.

Se produjo el siguiente diálogo con Ricardo Rossi:

—¡Dale, viejo, que ya está!

—¿Cuánto necesito para ganar?

—No te preocupés, tratá de hacer lo mejor posible.

—Es que éstos no son momentos para hacer lo mejor posible, sino lo necesario.

—Bueno... con cinco ganás.

Hoyo final. 305 yardas. Un zanjón de cinco metros de ancho lo cruzaba a la altura de las 260 yardas. Tomó el hierro 2 y le pegó muy bien. Cuando se acercó, le asaltó el temor de echar todo a perder: tenía que tirar por sobre esa inofensiva zanja un simple tiro de approach y sintió miedo. Hizo un plan de tiro y salió como pensado. La pelota pegó en el green y se detuvo en el pasto de la parte posterior. Arrimó a 30 centímetros y embocó para 4.

De Vicenzo rememora con ternura: "Los sentimientos que me inundaron no se podrán desprender de mi memoria. Vi a Ricardo entrar corriendo al green con los brazos abiertos. Nos abrazamos aturdidos".

Lloraron. Se estrujaron y aturdieron. A su alrededor cientos de personas aplaudían y vivaban. Los espectadores desbordaban de entusiasmo.

Ganó 500 libras esterlinas. Nunca había visto tanta plata porque se pagaban los premios en efectivo, billetes en mano. Roberto llevó ese dinero en su bolsillo, escondido en la bolsa de las pelotas, hasta cuando iba al baño. Convirtió al fajo en parte de su cuerpo, de miedo a perder semejante tesoro.

¿Dónde estaba el chiquilín de la laguna? Parecía que andaba saltando y jugueteando entre la gente. Roberto creyó ver la imagen de aquellos tiempos.

El hombre de nervios de acero, el gigante corpulento, tembló, sintió la piel de gallina, cerró los ojos y le pareció estar volando como las pelotas que cruzaban el aire de sus recuerdos.

Con 65 redujo en dos golpes el total de Horne e igualó el récord que para la cancha había logrado Fred Daly en la primera vuelta de clasificación, igualado después por Charles Ward en la vuelta final del torneo. Sus 277 golpes no constituyeron un récord para el certamen, pues el año anterior había ganado Norman Von Nida con un impresionante 271, aunque no en la misma cancha. Esta vez, Von Nida tuvo que abandonar temprano porque estaba enfermo.

Nunca en su vida de golfista se había encontrado en una situación semejante a la de la primera vuelta, cuando sopló un viento impresionante, con ráfagas de más de cien kilómetros por hora. La gente del lugar y los jugadores decían que nunca habían tenido en la región un viento de esas características. Era difícil tenerse en pie y en algunos casos la pelota echaba a rodar sola después de haber llegado y detenido en el green.

Fue un viento a medida, para ponerlo a prueba, para endurecerlo, para hacerle sentir las agujas del frío y exigir los esfuerzos máximos.

"El hombre cauto jamás deplora el mal presente.
Emplea el presente para prevenir el futuro".
William Shakespeare (1564-1616)

De Vicenzo recuerda claramente ese triunfo:

"Soporté bastante bien y marqué 34 de ida. Seguí jugando firme hasta que llegó el momento en que sucedió lo que nunca había hecho antes: ¡una papa! Fue en el hoyo 16. Mi drive fue desviado y la pelota quedó cerca de un paredón. No me decidí a declararla injugable para no perder golpes y me dispuse a sacarla lo mejor posible. Acomodé el cuerpo contra la pared y después de apuntarle bien con el palo, levanté y pegué. Me quedé helado. *Whiffff.* La pelota seguía allí. El hoyo me costó un 7, tres golpes más que el par y terminé con 40 para un 74 en la vuelta inicial, quedando a cuatro del puntero Horne. (*Whif: same as in baseball, a swing and a miss.* Como en el baseball: no pegarle a la pelota tras el swing).

El segundo día, el viento sopló con menos intensidad, pero igual se hizo sentir. Agregué un 72 a mi cuenta. A Ricardo le costó 80 y 74 que le impidieron clasificar para las dos vueltas finales, en la que participaron sólo 33 jugadores".

Roberto De Vicenzo hacía mucho que había empezado. Y recién estaba empezando.

Volvería por más.

En 1949 regresaron a Inglaterra Eduardo Blasi, Ricardo Rossi, Antonio Cerdá y Roberto De Vicenzo. La empresa Dunlop corrió con todos los gastos de traslado. Llegaron a Liverpool y de allí a Londres. Se registraron en un hotel cercano a Picadilly Circus y fueron rápidamente a reconocer la cancha del *Sudbury Golf Club.* Primeras prácticas y jugaron con socios del club.

El primer torneo fue el *Silver King,* en las canchas del *Moor Park Club,* la *High* y la *West.*

Roberto arrancó pegando mal con las maderas y en la primera vuelta no pudo bajar de 73. Al día siguiente, marcó 74, pero fue el único argentino que clasificó para la tercera vuelta. Terminó con 76-77 y 300 golpes, a 19 del ganador, Richard Burton.

La siguiente prueba fue la clasificación para el *Daily Mail.* En la primera vuelta, comenzó tirando su drive fuera de límites, pero terminó con 72. En el hoyo 11, tuvo otra pelota out y en general, sus drives andaban por los costados del fairway. Corrigió después. Se reencontró con su swing y volvió a pegar las maderas como él sabía hacerlo. Jugó muy bien la tercera vuelta: 40 en la ida. En el hoyo 11, se encontró con Ricardo Rossi y le comentó que si no hacía 34 de vuelta, se quedaba afuera.

Enseguida sacó dos birdies seguidos y cumplió todos los demás hoyos en pares y clasificó. Antonio Cerdá fue el mejor de los argentinos con 140 golpes a tres del ganador de la clasificación, Ken Bousfield con 137. De Vicenzo, 146; Blasi, 147 y Rossi, 148.

La primera vuelta se jugó bajó una lluvia persistente. Roberto consiguió un score que puso su nombre en los titulares de los diarios de la mañana siguiente: con un increíble 65 igualó el récord de la cancha que dos horas antes (cuando la lluvia no era tan fuerte), había presentado el escocés Johnny Fallon.

Comenzó la vuelta con tres birdies consecutivos, embocando putts desde cinco, dos y cuatro metros, todos ellos para tres y anotó otro tres en su tarjeta con el par en el hoyo 4. En el corto 12, plantó su teeshot a treinta centímetros de la bandera y sacó un dos. En el 13, subió un golpe, pero lo recuperó en el 14, embocando para birdie desde diez metros.

En el 18, un tremendo drive por encima de los árboles y a través de un camino, ubicó su pelota donde nunca antes había llegado otro jugador. A los 65, agregó vueltas de 72, 69 y 73, finalizando con 279 en el 17° lugar. Lo mismo que Eduardo Blasi. Rossi, no clasificó. Cerdá igualaba el sexto lugar con 275 golpes. El ganador fue Tommy Haliburton.

Vino luego el torneo Dunlop, jugado en las canchas de *Wentworth*. Los argentinos no encontraron el rumbo y el mejor colocado fue Cerdá con 79 golpes, en la cancha East. A los otros tres, les tocó la cancha West.

Roberto debutó con 81 golpes; Rossi con 80 y Blasi con 82. Ricardo Rossi escribió una crónica para *El golfer argentino*:

> "El 81 de Roberto tuvo un 35 de ida y un increíble 46 de vuelta, debido a tres greens de tres putts y un 7 en el hoyo 12 de 471 yardas por quedarle la pelota injugable. Al día siguiente, Cerdá pasó a la cancha West y salió de ella con un 78, mientras que nosotros nos fuimos a la East: Eduardo Blasi, 77; Roberto, 71, y yo 70. Los 159 golpes de Blasi en el total lo dejaron fuera de la competencia. El 71 de Roberto fue cumplido con muy buen juego, pero sin embocar ninguno de los muchos putts de dos y tres metros que le quedaron para birdies. El tercer día amaneció frío y lluvioso y luego se levantó viento. Roberto jugó una buena vuelta de 74 golpes, pero sin poder concretar algunas chances en los greens. Antonio volvió a jugar 79 golpes sumando 236. Yo cumplí un cómodo 80, con algunos errores con el driver que me penalizaron en cinco golpes.
>
> En la vuelta final, Roberto sacó un 77 para un total de 303 que lo llevaron al 15° lugar de la lista final, con 16 golpes más

que el ganador, Mark Faulkner. Cerdá se lució con un 71 final y que después del 70 de Sam King, resultó la mejor vuelta del día. El cordobés redondeó un score de 307, cuatro menos que yo, que terminé con 81 para un total de 311".

En el Torneo Spalding, De Vicenzo terminó con 290 golpes en la cancha del *Worthing Golf Club,* con 17 golpes más que el ganador, Charlie Ward.

Llegó hasta el tercer match del *Yorkshire Evening News* donde perdió con el hermano menor de Arthur Lees.

En el siguiente torneo, el *Manchester Evening Chronicle*, el juego de De Vicenzo fue tan malo, que rompió su tarjeta en la segunda vuela, después de un 75 en la primera.

Fueron a *Sandwich* a jugar la clasificación para el Open.

Eran 225 jugadores de varios países y continentes que buscaban un lugar en el Open y entre los 94 clasificados, los cuatro argentinos. El score límite fue de 155 y por poco, Roberto queda afuera, pues en la segunda vuelta había presentado un 81. Se sobrepuso e inició la primera vuelta del Open en el *Royal St. George* con 69 golpes. Estaba segundo empatado con Bradshaw a un solo tanto del líder, Jimmy Adams.

El periodista Charlie Buchan, dio testimonio:

> "El argentino De Vicenzo realizó un juego de drive prodigioso y cumplió las cifras de cada hoyo con toda facilidad. Después de salir en 33, alcanzó el green del hoyo 12 con un drive de 343 yardas, para sacar un birdie 3, y después de escapársele un golpe en el 15, embocó desde 12 yardas en el 16 para birdie 2. En su estado actual, Roberto es capaz de cualquier cosa".

Sin embargo, al día siguiente, subió tres golpes el par y con 75, descendió al cuarto puesto a tres golpes del primero. "Visité demasiados bunkers", fue su único comentario. No obstante, era el único sudamericano que seguía en carrera, pues Blasi, Rossi, Cerdá y el uruguayo Pascual Viola (el único jugador de esta nacionalidad que fue a jugar el Open), no superaron el corte.

Roberto terminó con 73-69 y con 285 se ubicó solo en el tercer puesto, a dos de distancia del sudafricano Bobby Locke ("el hombre más frío que he visto en una cancha", diría después De Vicenzo) y el irlandés Bradshaw. Estos dos jugadores hicieron el último día los mismos parciales de 68-70 y empataron con 283. Locke ganó luego el desempate, jugado a 36 hoyos, por una abrumadora diferencia de doce golpes, con scores excepcionales de 67-68.

De regreso en la Argentina, De Vicenzo recordó que al salir de Buenos Aires, pesaba, sin ropa, 92 kilos. Cuando volvió, después de tres meses, estaba en 81 kilos. Esos once kilos de diferencia es lo que a su físico le había demandado el intenso trajín a que habían estado sometidos con sus compañeros de gira. En esos tres meses, participaron en ocho competiciones a 72 hoyos con clasificaciones previas a 36, en algunas de ellas. Además, jugó en todos los matches que se programaron haciendo seis exhibiciones, la mayoría a 36 hoyos. Y en medio de todo esto, las vueltas de entrenamiento para conocer las canchas en las que iban a jugar. Cuarenta canchas en Inglaterra y Escocia. Jugaron mucho golf, pero el balance no fue satisfactorio, porque ellos imaginaron que la experiencia del año anterior haría más efectiva la segunda gira.

Los hechos que justificaban esa actuación fueron sin duda los continuos viajes, traslados de una cancha a otra, cambios de hoteles que no eran los mejores, porque debían cuidar sus escasos fondos, y el consecuente desgaste físico, que Roberto sufrió de manera más pronunciada que sus compañeros.

En la gran mayoría de las canchas británicas, los greens eran rápidos y con declives difíciles de leer. El año anterior Jimmy Adams había advertido: "Cuando uno se halla a tiro de un putt, hay que poner mucho cuidado para no emplear tres".

Las canchas británicas, salvo naturalmente las excepciones de las de campeonato, estaban construidas para un standard de pegada del jugador local, de menor longitud. En muchas de ellas, pegar largos drives, era un inconveniente, pues la pelota iba a parar a los bunkers puestos expresamente y en los cuales no encontraban la arena limpia a la que estaban habituados, sino de piedras arenosas y matorrales que hacían muy difícil la recuperación.

De Vicenzo sabía que el buen jugador inglés no era un pegador largo, pues condicionaba su golf al tipo de canchas en las que jugaba cotidianamente. Aunque sólo unos pocos podían igualar sus tiros, en esas canchas encontró anulada la ventaja de sus drives, lo mismo que sus compañeros, viéndose obligado a pegar igual que los ingleses, empleando el spoon o el brassie.

Un ejemplo fueron los matches que le tocó jugar en pareja con Frank Jowle en el torneo *Penfold*, en foursomes. Desde el principio, le propuso pegar él los drives, porque su pegada más corta se acomodaba mejor a la cancha. En los hoyos de par 3, era Roberto quien salía con un hierro.

En la cancha de Sandwich, donde jugaron el Open, no encontró ese inconveniente, pues era una cancha abierta y muy larga. Allí jugó mucho mejor en el green. Durante el campeonato, una noche, los cuatro argentinos, en la habitación del hotel, estudiaron su putting sobre una alfombra. Estuvieron de acuerdo en una cosa: no deberían nunca, salvo en casos muy especiales, tirar a embocar los putts, sino a arrimar.

Sin embargo, confesó:

"Ésta es una lección que después se olvida fácilmente cuando uno está en la cancha y más, cuando llega el momento de embocar un putt a poco menos de tres metros y eso puede significar ganar el Open. Me pasó en el hoyo 4 de la vuelta final de 460 yardas, pero la cancha estaba tan seca, que se llegaba al green con hierro 3 en el segundo tiro. Con el drive yo me había ido al pasto alto y con ese hierro llegué a la entrada del green. Arrimé a dos metros setenta del hoyo y necesité tres putts. En lugar del 4 que yo esperaba para afirmarme en el primer puesto, salí con un 5. Después saqué birdies en los hoyos 6 y 7. En el primero de ellos, caí en un bunker con la salida y desde allí, emboqué con explosión para birdie 2. Cuando me faltaban cuatro hoyos para terminar, tenía que sacar birdies en todos para empatar el primer puesto con Locke y Branshaw. Pero solamente pude sacar dos, embocando el último desde unos ocho metros".

Para jugar el Open, buscando una solución a sus males en el green, se le ocurrió comprar un nuevo putter, con el que salió a jugar el campeonato sin probarlo. Todos los demás palos que usó, tampoco eran suyos, sino los de Blasi, más livianos. El desgaste que sentía su cuerpo, hacía que sus palos resultaran pesados.

Esta segunda experiencia, que le dio el puesto inmediato a los que empataron, después de haber logrado el tercer puesto en el campeonato del año anterior, no hizo más que afirmar su convicción de que podía ganar el Open Británico y estaba decidido a intentarlo otra vez el año siguiente.

Fueron muchos los inconvenientes y duras las condiciones.

¿A quién se le ocurriría volver a jugar en Inglaterra?

¿Acaso al mago Merlín, el astuto alquimista que haciendo prodigios, rondaba en las aventuras de Arturo, el legendario rey de las Islas? ¿Popeye ahora era Merlín?

PARÉNTESIS

HIPOTECA

"Fui a ver al dueño del Teatro Gran Rex, don Alejandro Cordero y le pedí un préstamo ofreciendo mi casa como garantía. El hombre me dio cuatro cheques de quinientos dólares cada uno. Muchos me dijeron que yo estaba loco al hipotecar mi casa. Siempre contesté que el loco era Cordero, que me prestó la plata. Pero traje sus cheques intactos. Nunca los usé".

Roberto en el país de las maravillas

"El secreto del golf,
es hacer tres golpes en dos."
Bobby Jones

BOBBY JONES (Robert Tyre Jones, Jr., 1902-1971), nació en Atlanta, Georgia. Era hijo de un abogado de familia acomodada. Jugó al golf desde los 5 años y a los 9 ya era cosa seria. A los 14 jugó su primer US Amateur y figuró entre los diez primeros. En 1923, ganó su primer Major. Se retiró del golf competitivo en 1930. Su físico no lo ayudaba y fumaba demasiado, incluso en los links. Sólo dedicaba tres meses por año al golf y el resto a sus carreras de Leyes, Literatura Inglesa e Ingeniería Mecánica, en tres universidades distintas. Ganó el Abierto de los Estados Unidos, el Abierto Británico y fue el primero en ganar ambos torneos el mismo año, en 1926. En total ganó 13 torneos mayores. Fue un grande.

Una vez que se hubo retirado, soñó con su propia cancha de golf, para convertirla en sede de un gran torneo. Eligió Augusta, al este de Georgia, en las orillas del río Savannah. Antiguamente, centro de distribución del tabaco y del comercio fluvial. En 1735, James Oglethorpe la bautizó Augusta, en homenaje a la madre de Jorge III, rey de Inglaterra.

Bobby Jones diseñó con Clifford Roberts el Augusta National Invitation Tournament y creó el US Masters Championship. En 1934 comenzó a disputarse allí el prestigioso Masters. (La tragedia culminó la vida de Roberts. Estaba enfermo y se suicidó de un tiro en la cabeza en el hoyo 3 de la cancha de Augusta. Era un día de semana. Estaba solo.)

El torneo que se diseñó sería de cuatro días de 18 hoyos cada uno, en lugar de los habituales 36, eliminándose las rondas eliminatorias. Sólo el jugador y el caddie podían estar en el campo de juego. Fue prohibida toda forma de comercialización.

El primero se jugó el 22 de marzo de 1934 y fue ganado por Horton Smith. En 1935, el ganador fue Gene Sarazen que logró un doble águila en el hoyo 15, par 5. Uno de los puentes de la cancha recuerda la hazaña y se llama Sarazen Bridge.

El torneo no se jugó en 1943, 44 y 45 y los terrenos del Augusta fueron dedicados a la cría de ganado y pavos como contribución a los fondos destinados a financiar los gastos de la guerra.

En 1950, ganó Ben Hogan y en 1958, el primero de los cuatro que ganaría Arnold Palmer.

En 1965-66 Jack Nicklaus fue el primer campeón que defendió y revalidó su título.

En la década del 80 Severiano Ballesteros ganó dos veces. En 1986, a los 46 años años, Nicklaus se calzó su sexto saco verde, el tradicional *Green Jacket.* En 1997, Tiger Woods, que tenía 21 años fue el ganador más joven y quebró el récord después de 32 años. Woods nació en Cypress, California el 30 de diciembre de 1975 como Eldrick T. Woods. Ingresó al profesionalismo en 1996. Mide 1,87 y pesa 81 kilos.

GANADORES REITERADOS DEL AUGUSTA

Byron Nelson	1937, 1942
Jim Demaret	1940, 1947, 1950
Sam Snead	1949, 1952, 1954
Arnold Palmer	1958, 1960, 1962, 1964
Gary Player	1961, 1974, 1978
Jack Nicklaus*	1963, 1965, 1966, 1972, 1975, 1986
Tom Watson	1977, 1981
Seve Ballesteros	1980, 1983
Ben Crenshaw	1984,1995
Bernhard Langer	1982,1993
Nick Faldo	1989, 1990, 1996
José María Olazábal	1994, 1999
Tiger Woods	1997, 2001, 2002, 2005

*(El primero, cuando tenía 25. El último, cuando tenía 46).

(Es interesante advertir desde 1960 la sucesión Palmer, Player, Palmer, Nicklaus, Palmer, Nicklaus, Nicklaus. Gay Brewer rompió la secuencia en 1967. Y en 1968 se produce un fenómeno extraordinario del golf. De Vicenzo será el protagonista. Es cuestión de esperar).

En 1949, Roberto De Vicenzo fue invitado por Bobby Jones, presidente del Augusta Golf Club, a competir en el Torneo de los Maestros de 1950. Este certamen sólo permitía la participación (por invitación) de quienes habían ganado un abierto del circuito americano o eran primeras figuras golfísticas de un país y hubiesen competido exitosamente en los Estados Unidos y Europa.

El telegrama tembló en las manos de Roberto. No tenía dinero para afrontar los gastos, que eran muchos. Lo poco que había ganado antes le había servido para construir su casita.

Pidió prestado, hipotecándola. Su mujer aceptó. Se jugaron.

De Vicenzo hizo una serie de exhibiciones en Chile, Perú y Colombia antes de llegar a los Estados Unidos y con ese dinero financió su presencia. Salvado el hombre.

Llegó a Miami y pudo manejarse mejor con el idioma, por lo menos con el que cargó sus valijas, con el conductor del taxi y con la gente del hotel, donde había estado antes.

En Miami quedó sexto con 283 golpes, ganando 458 dólares. Después fue segundo en Seminole detrás de Cary Middlecoff y vigésimo segundo en el Open de Jacksonville, estado de Florida, que también ganó Middlecoff.

Viajó luego a Augusta para intervenir en el Torneo de Maestros. Con Norman Von Nida, de Australia, eran los únicos extranjeros en el certamen. Terminó en el 12° lugar con 296 golpes, a trece del ganador de la chaqueta verde, Jimmy Demaret. Las vueltas de Roberto fueron 76, 76, 73 y 71. Solamente en la última consiguió bajar el par de la cancha.

De Vicenzo sintió el impacto. La primera impresión al llegar al Augusta National fue muy distinta comparada con las otras canchas en que había jugado. El mayor contraste lo daban el color de los links, de tonos verdes parecidos al de las canchas argentinas, el pasto natural de los tees y fairways y los greens.

La cancha está situada en una loma y desde ella se pueden ver varios hoyos. Frente a la casa hay un gran putting green, que tiene ondulaciones de la misma naturaleza que la de los greens de la cancha.

Desde que llegó a Augusta, se propuso la más absoluta dedicación. Nueve horas por día practicando, con especial dedicación al putting. Llegó un momento en que no podía enderezarse por el dolor de cintura.

De Vicenzo y la mayoría de los profesionales aseguran que la cancha no es tan difícil.

Su mayor complicación está en los greens donde se requiere gran maestría para no emplear más de dos putts cuando la pelota está alejada del hoyo. Si no fueran tan rápidos, sería relativamente fácil sacar un buen score. Es muy difícil recuperar tiros en los greens.

En la última práctica, un día antes del torneo, Roberto necesitó tres putts en siete de los greens. Tomó diez pelotas y practicó otras cuatro horas más.

A la mañana siguiente, fue el primero en llegar y practicó otras dos horas con el putter. Estaba emocionado con su empecinamiento. Hinchaba el pecho confiado. En el primer hoyo necesitó tres putts. Bueno, faltaba mucho.

Y llegó el día. Augusta era una fiesta. Carpas coloridas, banderas, gente vestida con ropas llamativas y de tonos fuertes, policías controlando la masiva concurrencia, grandes pizarras con los resultados parciales.

De Vicenzo arrancó mal. Le tocó jugar con Lloyd Mangrum y los dos jugaron mal, finalizando la primera vuelta con 76. Estaba ubicado en la mitad de la lista de sesenta y cinco nombres (el mayor número congregado en los catorce años del Masters).

Al término de la primera vuelta, Skee Diegel tomó el primer puesto con 69. Lo seguían cinco jugadores con 70: Lawson Little, Jim Ferrier, Jimmy Demaret, Horton Smith y Herchel Spears.

A causa de los tres putts del primer hoyo, De Vicenzo subió el par en el par 4 de 400 yardas. Es un hoyo con el fairway cuesta arriba y ligero dog-leg hacia la derecha. (Según De Vicenzo, se parece algo al hoyo 4 de la cancha colorada del Jockey Club. En general, casi todos los greens de Augusta se parecían a los del Jockey Club, pero son más grandes y ligeros).

El hoyo 2 es el más largo de la cancha con 535 yardas. Roberto consiguió birdie con dos putts. En el 3, embocó desde veinte yardas para otro birdie (lo que no había podido hacer en las prácticas).

Las emociones de Roberto, afloraron: "Me sentía un mago. Pero en el tee del hoyo siguiente —par 3 de 220 yardas— tomé mucho palo y me pasé del green. Recobré a cinco yardas de la bandera y otra vez, tres putts. Terminé con doble bogey. En el 5, puse mi segundo tiro a metro y medio de la bandera para birdie, y fallé".

Cuando salieron de ese hoyo, Mangrum iba tres sobre el par y Roberto, uno más. En el 6, corto, de 185 yardas, los dos alcanzaron el par 3. En el 7, De Vicenzo se desvió a la derecha y subió el par. En el largo hoyo 8, de 520 yardas, cumplió en cinco golpes y en el 9 de 430 yardas, pegó dos muy buenos tiros para ubicarse a siete yardas de la bandera. Estudió y supuso que podía descontar un golpe, pero volvió a necesitar tres putts. Hizo 39 de ida. Mangrum, 38.

El regreso lo jugó muy bien, pero sin bajar un solo putt de los muchos que tiró para birdie. Con 37, terminó con 76 en el puesto 27°.

En la segunda vuelta salió con Jimmy Demaret. Jimmy no jugó bien. Hizo 38 de ida fallando algunos putts y en el 10, después de pegar un buen drive, sacó un tiro muy pesado, se fue al bunker a cincuenta yardas del green. Terminó con bogey. Falló después desde tres yardas para birdie y en el corto 12, se pasó del green y fue a parar al pasto alto. Desde allí le pegó tan fuerte que casi cayó al arroyo. Cuando culminó ese hoyo, Demaret iba cuatro sobre el par. En el 13, un par 5 de 480 yardas, Jimmy jugó un segundo tiro maravilloso. La pelota se elevó y en su largo vuelo parecía que iba a dar contra los árboles o caer en el arroyo que cruza frente al green. Pero la pelota tomó altura, superó el obstáculo, picó en el green y se detuvo a una yarda de la bandera.

Después de esa espectacular jugada, Demaret le hizo señas a De Vicenzo indicándole que había tirado con brassie. Roberto también empleó ese palo, alcanzando el green, pero a seis yardas del hoyo. Demaret sacó águila 3, Roberto, birdie 4.

En el 14, Demaret se salvó milagrosamente de emplear tres putts. Con el segundo, había entrado al green, pero muy corto y al jugar su primer putt, se pasó cuatro yardas. En su segundo intento, pudo embocar entrando la pelota por el costado del hoyo. Roberto volvió a resignarse con tres putts.

Pero cuando jugó el 15, par 5 de 485 yardas, con un lago frente al green, tuvo una compensación. Los buenos pegadores pueden pasar con su segundo tiro con madera. Pero siempre hay un riesgo que no todos se atreven a enfrentar. El día anterior Roberto había sacado en ese hoyo un birdie 4 y en la segunda vuelta, nuevamente entró al green con el segundo tiro, dejando la pelota a treinta yardas del hoyo.

Embocó para águila 3. Demaret sacó birdie con pitch y putt. En el 17, Demaret hizo birdie y quedó igualado con el par de la cancha. Metió desde unas quince yardas y terminó con par en el 18 que lo mantuvo prendido, aunque a cinco del puntero, Jim Ferrier, quien, con 67 golpes sacó el mejor score para 18 hoyos en todo el torneo.

De Vicenzo tuvo que afrontar el trago amargo de anotar otro 76 con un 6 en el hoyo 8. Ése fue su único 6 en los 72 hoyos, pero lo que le pareció aun peor es haber marcado en 23 hoyos, cinco golpes. Hizo 73 en la tercera vuelta para 225 y quedó en el puesto 23°, empatando con Von Nida, George Fazio, Bob Hamilton y el aficionado Dick Chapman, el mejor de su categoría.

Ferrier seguía en la punta con dos golpes sobre Ben Hogan, quien había practicado más que nadie en Augusta. De Vicenzo terminó con 71 golpes y tres putts, para 296. Sin saber el final, marchó enseguida al aeropuerto para tomar el avión a Miami.

Cuando dejó Augusta no sabía quién podía ganar. Cuando llegó al aeropuerto, en una oficina estaban escuchando la transmisión por radio del Masters. Roberto no podía entenderlo todo, pero pescó que Ferrier tenía que jugar los tres últimos hoyos en el par para ganar. Pero finalizó con 75. Un verdadero desastre. Salir segundo en ese magno certamen después de luchar por el puesto, es muy meritorio. Pero quedar segundo después de tener prácticamente ganado el primer puesto, es algo terrible en la vida profesional.

De Vicenzo meneaba la cabeza y afirmaba que el segundo era el *gran perdedor*. Lideraba a todos los que venían atrás, pero el segundo no había ganado, había perdido. Lo mismo sucede en los Campeonatos Mundiales de Fútbol o en los grandes torneos de tenis.

De Vicenzo regresó a Buenos Aires para prepararse para intervenir, por tercer año consecutivo, en julio, en el Open Británico.

Publicó un largo artículo en la revista *El golfer argentino*:

> "Trataré de reflejar el panorama que ofrece el golf profesional en Estados Unidos y las posibilidades —creo que amplias— que nos asisten a los argentinos para alternar en ese ambiente. Comenzaré por anotar el inusitado entusiasmo que provoca la realización de los más importantes campeonatos. Verdaderas multitudes, de las más diversas esferas sociales, concurren a presenciarlos. La organización es notable desde el comienzo hasta el final de las competencias. En Augusta, por ejemplo

(tomo el Torneo de los Maestros, porque aquí todo es superlativo), había locutores llamando a los participantes al primer tee, policías controlando el acceso del público, enormes playas de estacionamiento para las caravanas de automóviles de todas las ciudades de la Unión, jóvenes uniformados que, con las clásicas sogas, evitaban inconvenientes a los jugadores que llevaban junto a ellos rumorosas galerías. Para el periodismo, grandes y vistosas carpas, equipadas con todos los elementos de la moderna redacción. Una verdadera fiesta del golf.

De los profesionales que ocupan actualmente el primer plano, los que más me impresionaron fueron Snead, Hogan y Middlecoff. El primero de ellos ha logrado —después de muchos años— afirmarse notablemente en el juego corto y en particular, en el putting. Su juego largo sigue siendo como antes, poderoso y espectacular, y ésta es una de las razones por las cuales el público gusta seguir su juego más que el de otros. Otra pauta del interés que despierta: cuando hace exhibiciones de tiros varios, no sólo el público, sino los mismos profesionales, hacen rueda para estudiar y disfrutar sus detalles peculiares. Toma el hierro uno y empala cada tiro que es un poema. Se le distingue con el apodo de El Mago. Hogan, por su parte, no compitió muy activamente esta temporada. Pude verlo en el Open de Seminole y al final de los 54 hoyos, no estaba entre los premiados. Un mes después, actuó en Augusta y pude seguirlo durante su segunda vuelta. Yo estaba apesadumbrado con mis 152 golpes, pero debo asegurar que pronto olvidé mis pesares, para dedicar mi admiración a los hierros del pequeño Ben. Y no porque dejara sus segundos tiros pegados a la taza, sino por la facilidad y poder con que atacaban sus vigorosas muñecas. Completó esa vuelta en 68, más los 73 del primer día, se apoderó del segundo lugar a cuatro de Ferrier. El juego de Hogan siguió siendo sólido en la rueda siguiente.

Su 71 le dio 212 golpes, a dos del puntero que aún era el ex aficionado australiano. Sin embargo, ambos fallaron lamentablemente en los 18 hoyos finales: Ferrier 75 y Hogan 76. El que aprovechó esas peripecias, fue el siempre simpático Jimmy Demaret, quien con 69 de final, aventajó por dos golpes al gigantesco australiano y se adjudicó el magno certamen por tercera vez”.

Salvo Seminole, en los demás torneos, Roberto había jugado mal. Pese a ello, sus ingresos fueron relativamente buenos.

La diferencia de tamaño de la pelota afectaba mucho su putting. Las canchas de Jacksonville y Greensboro estaban muy mojadas, y las pelotas quedaban enterradas en su pique en el fairway. Para evitar en lo posible los problemas que trae aparejado la falta de costumbre de utilizar la pelota grande, había decidido, a su regreso de Inglaterra, *olvidarse* de la pelota inglesa. Quizá perjudicara posibilidades de triunfo en la Argentina durante algún tiempo, pero estaba seguro de que recuperaría con creces en el Norte.

En toda su permanencia había recibido trato amable y generoso. Todos los profesionales se adjudicaban el deber de hacerlo sentir cómodo y serle útiles de alguna manera. Los espectadores batían palmas por cualquier jugada considerada normal y eran los primeros en exteriorizar su pesar por algún desacierto suyo, con gestos y sonoros suspiros. En su anterior viaje, muchos de estos detalles se le habían escapado. "Pero ahora puedo afirmar —decía De Vicenzo— que toda la petulancia que se le atribuye a los estadounidenses, no se hizo sentir conmigo. No sólo por las atenciones recibidas, sino por las reiteradas demostraciones de confianza y afecto".

El golf le permitió advertir que el público estadounidense amaba lo espectacular, lo inusual, lo audaz, la hazaña, como si el golf fuese una producción de Hollywood. En aquellos tiempos, para los argentinos, las ciudades, los rascacielos, los autos, las carreteras, los servicios telefónicos, los artefactos del hogar, los carteles luminosos, la magnitud de todo, las multitudes siguiendo a los jugadores, el despliegue de brillos y organización, eran objeto de admiración e interrogantes.

Luego del torneo de Augusta, terminó su actuación en Estados Unidos y partió hacia Colombia. Participó de varias exhibiciones en Barranquilla. Luego Bogotá, donde se sorprendió por la calidad de las canchas, como la del Country Club y la del San Andrés Golf Club. Ambas instituciones tienen magníficos club houses y en las dependencias de la primera, hay departamentos para empleados con el más moderno confort y amplias comodidades para los caddies.

La cancha del Country tiene 36 hoyos muy bien diseñados, con incipiente y variada arbolada y magníficos pastos. En esta región llueve con matemática regularidad y ello otorga múltiples beneficios a las canchas. Además de exhibiciones, por primera vez, pudo dar lecciones colectivas.

AHORA EUROPA

En el Open Británico de 1950 se inscribieron 266 jugadores, de los cuales 93 iniciaron a mediados de julio la disputa del campeonato luego de la clasificación realizada sobre 36 hoyos en las canchas de Lochgreen y Troom.

Antonio Cerdá y John Innes Cruickshank acompañaron a Roberto De Vicenzo.

En el campeonato realizado en Troom, Roberto se clasificó segundo con 72, 71, 68 y 70, total de 281, dos más que el ganador Bobby Locke, el sudafricano que retuvo el título reduciendo el récord del torneo a 279.

De Vicenzo, Dai Rees y Locke empataban el primer puesto al término de los 54 hoyos, en 211 golpes. A De Vicenzo, la cancha de Troom le presentó serias dificultades para su condición de pegador largo, pues sus poderosos drives corrían más riesgo de terminar en el pasto alto o en un bunker que en el fairway. Su segundo puesto lo logró jugando el pitch y el putter de manera excelente.

En los nueve hoyos de vuelta, desvió el drive en cinco hoyos y solamente su buen juego corto le permitió bajar un golpe en el par 3 del hoyo 8, y otro en el par 4 del 10.

Por la tarde, jugó la ida de la última vuelta con 33 golpes, score igualado por Locke y Rees, con lo que se mantuvo el empate en el primer puesto.

Roberto comenzó los últimos 18 hoyos, enviando al pasto alto de la izquierda, su tiro de driver en el hoyo 1, pero nuevamente en el 6, de 580 yardas, tuvo que declarar su pelota injugable, porque con el tiro desde el tee, la había incrustado en el declive del bunker de la izquierda. Estudió la situación y no encontró manera de sacarla. Volvió al tee para pegar su segundo tiro con el mismo hierro y casi emboca dejando la pelota a cuarenta centímetros del hoyo. (Este hoyo cambió la historia del golf. El Reglamento anterior penaba con un golpe cuando se declaraba una pelota injugable. Para muchos, pena muy leve e injusta. Tiempo después la pena fue de dos golpes).

Sin embargo, perdió el campeonato en el hoyo 12, de 385 yardas. Nuevamente en la salida con hierro 2, mandó su pelota al pasto alto de la derecha, desvió su segundo tiro hacia la izquierda del green y otra vez cayó en el pasto alto, cuesta abajo y con un bunker por delante. De allí se fue a la arena y recién pudo entrar al green con el cuarto tiro. La pelota quedó a un metro del hoyo. Falló el putt y salió con un 6.

En el 13, su tiro de salida fue muy bueno, pero con el segundo se desvió hacia la derecha, la pelota pegó en un espectador y cayó de nuevo en el pasto alto. Recobró a tres metros del hoyo, pero erró el putt. No obstante, completó un estupendo final con birdies en el 16 y 17. En el primero, un par 5 de 566 yardas, pegó drive desde el tee, luego otra madera al borde del green, arrimó a un metro y embocó. En el 17, 240 yardas, entró al green con hierro 3, pero a diez metros de la bandera. Desde allí, embocó para birdie. El par del 18 le permitió completar la vuelta en el par 70 de la cancha.

Cuando Roberto terminó y su score fue expuesto en la pizarra como puntero, Locke se encontraba en el hoyo 15, donde embocó desde tres metros para salvar el par 4. Pero su situación era mucho más cómoda, porque solamente le bastaba cumplir con el par en los tres hoyos finales para ganar por dos golpes. Y así fue. Su score de 68 le dio un total de 279 y Locke se consagró campeón del Open Británico.

Terminado el Open, Roberto inició una gira de tres semanas por el continente europeo. Suficiente para ganar los Campeonatos Abiertos de Holanda, Bélgica y Francia.

Antonio Cerdá, por su parte, ganó el Abierto de España y se clasificó segundo en Bélgica, detrás de De Vicenzo.

Llegó a Holanda unos días antes de la iniciación del campeonato y tuvo tiempo de jugar tres o cuatro vueltas de práctica en una cancha difícil, cuya longitud total estaba expresada en metros: 6.113 y un par de 70. En ninguna de sus prácticas pudo bajar 70 y su impresión era que allí no se podría ganar con menos de 288 golpes.

Ganó el Abierto de Holanda con 269, seis menos que el récord anterior que, desde 1935, estaba en poder del sudafricano Sidney Brews.

En la primera vuelta, su score de 69, lo dejó un golpe detrás del holandés De Witt, pero al final de la segunda vuelta, jugada esa misma tarde, De Vicenzo pasó al frente con 65 (30-35). Su 134 era récord para la cancha en 36 hoyos.

A la mañana siguiente, nuevo récord para su colección, marcando por primera vez en competición, un score de 63 golpes, con ida de 28, 6 bajo el par 34 y a pesar de marcar un bogey 5 en el hoyo 6.

El regreso lo comenzó con otro bogey 6, al caer con su salida en un bunker. En ese hoyo de par 5 y 500 metros de longitud, no pudo bajar el par en ninguna de las cuatro vueltas.

En el 17 tuvo otro problema al emplear tres putts, pero recuperó en el 18 embocando desde diez metros para completar su 63.

En la cuarta vuelta, hizo 33 de ida y tras sacar el par 5 en el hoyo 10, subió dos golpes en el 11 por caer entre los árboles. Fue su segundo 6 en 72 hoyos. En el 18, otra vez a la arboleda con el driver y otro golpe perdido, que lo llevó a su vuelta más alta con 72.

Fue muy agradable el espíritu festivo de los holandeses durante la entrega de premios. Primero, una banda de música que apareció entre los árboles. Los músicos llegaron caminando por el fairway del 18. Después, varios discursos en diferentes idiomas.

Cuando le entregaron el premio, la banda tocó el Himno Nacional Argentino completo. Y el público se puso de pie para escucharlo.

Fue muy buena la performance de John Innes Cruickshan que compartió, con 283 golpes, el segundo puesto con el inglés Eric Brown. Cuando le entregaron el premio ¡tocaron el himno escocés...! Con sus nombres y apellido, no lo imaginaron argentino. O quizá porque al día siguiente, Cruickshank viajó a Escocia a visitar a su madre.

Roberto fue a Bélgica a jugar el abierto nacional en la cancha de Le Zoute. Viajó en tren, transbordó a otro tren, abordó un barco y trepó a dos ómnibus. Y para cruzar la frontera, un pequeño tranvía. Y cuando parecía que había llegado, otro tranvía. Por suerte para él, su viaje desde Rotterdam lo hizo con otro jugador holandés que conocía el paño. Les faltó un taxi más para llegar al hotel, donde se encontraron con Cerdá que venía de ganar en España.

Había grandes premios donados por el casino. Un total de 250.000 francos, 60.000 para el ganador. La organización muy buena, aunque poco público en la cancha que medía 6.178 metros y que estaba dura y seca debido al calor, aunque no era tan difícil como la de Holanda, pues no tenía árboles. Era del tipo de las canchas costeras británicas.

El hotel donde se alojaron era parte del club y la cancha se extendía al frente. La ventana de la habitación de De Vicenzo y Cerdá daba sobre el putting green. En un momento en que se habían reunido muchos jugadores de varias nacionales practicando los putts, Cerdá se asomó a la venta y chapurreando inglés, les dijo:

—*Listen... who will be he third in the championship?* (Escuchen... ¿quién va a ser tercero en el torneo?)

—*What? Why?* (¿Qué? ¿Por qué?)

—*Because Roberto will be first and I will be second.* (Porque Roberto será primero y yo seré el segundo.)

Algunos sonrieron, otros no entendieron y otros se mordieron los labios.

En las dos vueltas de práctica, Roberto calculó que el score ganador no bajaría de 282 golpes y ése fue el score con que se impuso, con vueltas de 72, 68, 68 y 74 y aventajó a Cerdá que con 74, 70, 70 y 72, quedó segundo, aventajando por un golpe al británico Cecil Denny, quien empleó 287.

—¿Y... qué les dije? —tronó Cerdá.

Al día siguiente, Roberto, en compañía de un aficionado norteamericano, visitó unas fortificaciones subterráneas, construidas por los alemanes durante la ocupación para defender las costas. Tras la excursión, viajó a Bruselas para gestionar su pasaporte y poder viajar a Francia. Cerdá ya había marchado a Londres para jugar el *North British.*

De Vicenzo fue de Bruselas a París y luego a Chantilly, donde se encontraba la cancha que le daría su tercer triunfo europeo.

El juego comenzó a la mañana siguiente. Roberto salió sin práctica. Su primera vuelta de 68 lo puso en el primer puesto, seguido por un aficionado francés y por el español Marcelino Morcillo con 71. Por la tarde, alcanzó un 71 para 139 y siguió primero a tres de Morcillo. La tercera vuelta la hizo en 69, a pesar de tres bogeys en los tres últimos hoyos.

Por la tarde, llevaba cinco golpes de ventaja siempre sobre Morcillo. De Vicenzo ya no controló tanto su juego y sacó otro 71 para un total de 279. Triunfó por cinco golpes sobre el español, que en el Abierto de España, había terminado segundo de Cerdá.

Importa destacar que antes, al haber menos jugadores anotados, se jugaban 18 hoyos los viernes, 18 hoyos los sábados y los domingos, cuando quedaban aún menos, se jugaban 36 hoyos. Actualmente sería imposible, por la cantidad de jugadores y los muchos interesantes premios.

Roberto hizo una reducida crónica: "Ganar o perder entre golfistas tan brillantes como los que me tocó enfrentar en Europa, es problema de segundo orden, comparado con la satisfacción de enfrentarlos. Jamás he competido con tanto placer como en esta gira, sólo empañada por mi mala fortuna en Gran Bretaña, donde mis maderas se empeñaron en no andar, obligándome a utilizar los hierros desde la salida".

De Vicenzo declinaba todo halago personal. Había ganado el deporte argentino. Lo suyo siempre en segundo plano. Aunque no representaba oficialmente a la Argentina, él sentía igual su responsabilidad nacional. Nunca cambiaba su manera de ser amable y cordial, de expresión siempre sencilla. Porque era modesto, porque era prudente o porque sabía en su íntima fibra que todo lo hecho aún era poco. Faltaba lo mejor.

"El secreto de la sabiduría, del poder
y del conocimiento, es la humildad".
Ernest Hemingway (1899-1961)

En 1951, recorrió 160.000 kilómetros. Entre Argentina y otros nueve países, jugó treinta torneos. Ganó nueve, cuatro en su país, dos en los Estados Unidos, dos en Colombia y uno en México.

El 13 de febrero llegó a Ciudad de México. En la primera vuelta del Abierto Mexicano, bajó dos golpes el par con 70 y quedó a otros dos de Jimmy Demaret y Stan Dudas. Al día siguiente, deslumbró con 65 y pasó al frente con cuatro sobre Demaret y mantuvo su liderazgo con dos vueltas más de 72 y 68. Con 275 golpes, venció a los norteamericanos Besseling, por seis, y Victor Ghezzi, por siete. Embolsó 15.000 pesos mexicanos.

El periodista mexicano Jorge Plank escribió:

> "El extraordinario golfista pampeano es un tipazo. Dueño de una gran personalidad y contagiosa alegría. Es alto y fornido. Ha de medir alrededor de un metro ochenta y pesar unos noventa kilos. Fuerte, joven, pues cuenta 27 años y tiene mucho golf de gran categoría por delante. Su swing es rítmico y

acusa excepcional coordinación. Sus bolas salen disparadas con un poder fantástico. Todo el mundo se dio cuenta que estábamos ante uno de los mejores jugadores del mundo.

Cuando se dispuso a pegar su primera bola en México, debió hacerlo con bastones prestados pues los suyos habían quedado olvidados en Panamá. Fue un cañonazo de 317 yardas.

Pero la pelota rodó, después de picar y tras cruzar el green, se fue más allá de límites. Después, pegó otro drive conteniendo algo su potencia y se puso en las barbas del lado derecho del green, desde donde acercó al hoyo para lograr su primer birdie en un hoyo mexicano. Un jugador fenómeno, el che".

De Vicenzo era el primer jugador internacional latinoamericano que llegaba a México. Como siempre, conquistó a los espectadores y a los periodistas.¡Se podía hablar en español con el campeón! Y él hablaba sin retaceos, contestaba todas las preguntas con sencillez y amabilidad.

Al comenzar el campeonato, seguía De Vicenzo sin sus palos. Se lo vio "potear" de modo incierto, pero de todos modos, logró un 70, 2 bajo el par de la cancha que mide 6.700 yardas. Quedó dos golpes atrás de Demaret y Dudas. En el hoyo 8 de 480 yardas, realizó una gran jugada: pegó un drive largo y luego ubicó con su segundo tiro, la pelota en el green, a sólo 30 centímetros de la bandera, para lograr águila 3, la primera anotación de este tipo registrada en el torneo. Stan Dudas, con tres putts en el 9 y una bola fuera de límites en el 10, hizo un gran 68, score que después igualó Demaret para el primer puesto. Detrás de ellos, marchaba el defensor del título, Antonio *Pocho* Holguín, ganador en los años anteriores. Después, venía Snead.

Roberto recuperó sus palos. Y comenzaron las maravillas. En la segunda vuelta, tiró un 65 para ponerse al frente con cuatro golpes de diferencia con Demaret. De paso, impuso un récord para este campeonato y para todas las pruebas extraoficiales del club organizador. Ese 65 representaba 7 bajo el par y según los mexicanos, fue elaborado con "la más exquisita clase de golf que jamás hayamos presenciado por estas latitudes, sin olvidar que años anteriores habíamos visto a Sam Snead, Frank Stranaham y otros grandes ases".

Los tiros del argentino eran cañonazos que parecían tener furia de triunfo. Abrió en el hoyo uno de 317 yardas, con un tiro de salida que ubicó la pelota en la falda del green, para sacar el primero de los siete birdies que iba a conquistar esa jornada. En el 5, dog-leg de 503 yardas, tiró, cortando camino, cruzando el rough. Su pelota cayó en una hondonada pequeña de la que solamente asomaba una parte, cubierta de hierba gruesa con púas. Roberto metió un hachazo con el hierro 9 y apenas pudo salir al fairway. Pero desde allí, con un magistral tiro de hierro, ubicó su pelota a un metro de la bandera. Embocó. Cuarto birdie.

Continuó su marcha triunfal en los hoyos de regreso. Tras jugar par 4 el hoyo 10, sacó otro birdie de maravillas en el largo 11, hoyo que mide 627 yardas. Metió un tacazo de más de 300 yardas, otra madera a la falda del green, un approach y un putt.

Las series de proezas, tras logar el sexto birdie en el 15, las culminó con su último birdie en el 18, de 341 yardas. Al finalizar la segunda vuelta del campeonato, parecía que ya tenía el triunfo, aún faltando dos vueltas.

El joven De Vicenzo envuelto por los mexicanos en una aureola de victoria, lucía como un gladiador triunfante. Era el mejor jugador de los 71 competidores. Su final con 68 golpes, le dio el magnífico total triunfador con 275 golpes. Pero poco antes de terminar, hizo otro malabarismo. *En el hoyo 11, el más largo de todas las canchas de México, con 627 yardas de longitud, anotó un águila 3, el primero de esa categoría en la historia de ese hoyo.* Y lo logró de manera espectacular. Tras un drive potente que volvió a pasar holgadamente las 300 yardas, pegó después un segundo tiro con spoon. Le sobraba fuerza, pues con ese palo se pasó del green. Ahí demostró además de su potencia, su alta precisión, pues con el approach desde atrás del green, envió su pelota dentro del hoyo.

Hay quienes dicen que, aún hoy, cuando se dice Roberto De Vicenzo en voz alta, reaparecen los ecos de los vítores.

Después de semejante conquista, fue invitado a una celebración majestuosa en uno de los lugares más refinados donde actuaba como figura central la famosa bailarina francesa de origen estadounidense, Josephine Baker (1906-1975), reconocida mundialmente por sus danzas estilizadas y exóticas. Cuando la *prima donna* se enteró que en su audiencia estaba el campeón de golf, el argentino Roberto De Vicenzo, la diva bajó del escenario y le pidió bailar con ella... por supuesto, un tango. Nada del mundo le haría perder esa posibilidad a la inmensa Josephine: bailar con el gigante campeón idolatrado en esas y muchas otras tierras.

En 1952, viajó a México para defender el título de campeón nacional. Era la octava edición del Campeonato Abierto en el Country Club y participaban 84 jugadores, entre aficionados y profesionales.

Roberto comenzó cediendo dos golpes en el hoyo uno, un dogleg en donde pegó un buen drive por encima del codo, para acortar camino. Pero a la pelota le faltó vuelo y fue detenida por los arbustos. Quedó metida entre las ramas y por mucho que estudió la situación, tuvo que resignarse a perder dos golpes. Volvió al tee y jugó el tercer tiro. Buscó el mismo camino y sacó un birdie, pero en su tarjeta tuvo que anotar un 5. Pero no era hombre de desánimos. Completó la ida en 34, dos bajo el par.

En el hoyo 12, después de un drive que lo dejó entre los árboles, jugó un buen recovery, haciendo pasar la pelota por la horqueta de un árbol, pero se pasó del green. Fue bogey. Luego otros birdies y en el último hoyo, nuevo tropiezo empleando tres putts. Entre buenas y malas, el 68 que sacó lo puso en el primer puesto, empatado con Locke.

En la segunda vuelta, el sudafricano sacó un 67 contra 72 de De Vicenzo. En la tercera rueda, Jimmy Demaret hizo el mejor score del día con 68; Locke y De Vicenzo, 70. Al término de los 54 hoyos : Locke, 205. Demaret, 208. De Vicenzo, 210.

Salieron a jugar juntos la última vuelta y junto a ellos, miles de espectadores. Hasta el hoyo 14, Demaret y De Vicenzo habían logrado, birdies tras birdies, descontar algo de la ventaja que llevaba Locke. En el tee del 15, Locke tenía 260; Demaret y De Vicenzo, 262.

La presión se hacía sentir, máxime cuando Roberto marcó un sensacional águila 3 en el hoyo 10. El puntero imperturbable.

En el hoyo 15, Locke envió su segundo tiro a uno de los bunkers que rodeaban el green. Roberto, que había pegado el drive más largo, utilizó el hierro 6 y su pelota dio cerca de la bandera, pero al rebotar se fue al fondo del green. Locke realizó el recovery a unos seis metros. Demaret se quedó corto delante del green.

De Vicenzo y Demaret arrimaron a dos metros en sus líneas de putt. Roberto jugó su putt y la pelota bien dirigida, rodó hasta el borde izquierdo del hoyo. Lo mismo le pasó a Demaret, pero cuando iba a jugar su tercer putt, la pelota se movió y cayó por sí sola.

La rotación de la tierra, el viento o un temblor oportuno. (En el pasado, se podía esperar un tiempo prudencial, había tolerancia para ver si la pelota caía o no. Hoy, no se espera).

El par 4 le permitió acercarse a un golpe del puntero. Faltaban tres hoyos. Roberto había quedado a dos de distancia. Pero perdió su chance de pelear la punta, cuando en el hoyo 17 se pasó del green con su tiro de hierro 8. Le costó un bogey 4 y quedó a tres golpes de Locke y dos de Demaret.

En el hoyo final, en un par 4 con viento en contra, Roberto volvió a pegar el drive más largo y luego con el hierro 6 se pasó nuevamente del green.

Demaret con el hierro 2 no alcanzó a entrar y terminó el hoyo con un approach muy corto y dos putts para 5. Roberto hizo bogey y se ubicó a cuatro de Bobby Locke.

CLASIFICACIÓN FINAL:

Bobby Locke	68	67	70	71	276
Jimmy Demaret	71	69	68	70	278
Roberto De Vicenzo	68	72	70	70	280

Después de jugar el Abierto de México de 1952, De Vicenzo participó en el Primer Campeonato Panamericano, organizado con motivo de la inauguración del México Golf Club, cuya cancha de 7.347 yardas y par 72, había sido diseñada por el arquitecto Lawrence Hughes sobre cenizas volcánicas esparcidas en la región más de dos mil años atrás.

Roberto jugó fuera de su estilo habitual y sólo en la primera vuelta pudo bajar el par con 71. Sus scores siguientes, fueron 77, 76 y 73 para un total de 297, nueve sobre el par. Ganó 800 dólares por su octavo puesto a 18 golpes de diferencia con el ganador Lloyd Mangrum que obtuvo 1.600 dólares.

De México viajó a los Estados Unidos para participar del *Palm Beach Round Robin*, en la cancha de Wykagyl, clasificándose en el 11° lugar.

Luego Texas para el *Open Colonial.* El torneo se inició el 22 de mayo y Roberto comenzó con 77 y mejorando, 74, 73 y 71. Con 295 golpes apareció muy retrasado, a 16 golpes del ganador Ben Hogan. Ganó 350 dólares.

El siguiente encuentro fue en el Campeonato Abierto del Oeste, *The Western Open*, una de las pruebas clásicas del golf en los Estados Unidos. Lloyd Mangrum agregó este título a su larga lista de triunfos y lo hizo con 274 golpes, uno de los scores más bajos registrados en la historia de cuarenta y nueve años de este certamen. Superó por ocho a Bobby Locke. De Vicenzo con 288, empató en el lugar 12° con otros cinco jugadores. Ganó 280 dólares.

Las cosas iban a cambiar

Vino el Open de Baltimore. En la primera vuelta hizo 65 golpes, 5 bajo el par y se puso al frente. Había jugado con un putter prestado por Bob Toski y desde el principio ya había embolsado 185 dólares: 100 por presentar el mejor score del día; 60 por seis birdies y 25 por haber bajado cinco golpes el par.

Jugó muy buen golf con un solo bogey en el hoyo 5 de 517 yardas, en donde necesitó tres putts desde seis metros. Su juego con los hierros fue calificado de brillante y en todos los hoyos tuvo posibilidad de marcar birdies: dejó todos los tiros en un radio de tres metros a la bandera.

En la segunda vuelta, agregó un 73 y quedó a un golpe de los punteros, junto a otros tres jugadores. Dave Douglas ganó con 279, superando por dos a E. H. Harrison.

De Vicenzo finalizó con 72 y 74 y con 284 empató el quinto puesto con Ted Kroll y Al Besselink, ganando 833 dólares, cada uno.

Poco después clasificó tercero en el *Motor City Open* con 277 golpes, tres más de los que empataron el primer puesto: Cary Middlecoff y Ted Kroll. Middlecoff ganó en el primer hoyo extra.

Una semana más tarde, fue a jugar el *St. Paul Open,* Estado de Minnesota. El propio maestro argentino explicó cómo se desarrolló este torneo en *El golfer argentino*:

> "Mi golf anda ahora como nunca y el green lo juego como en mis mejores tiempos. La meto en todos lados. Estoy jugando brassie desde el tee y pego muy derecho. Estoy contento porque es la mejor de todas las giras en este país. Los mucha-

chos de aquí son terriblemente buenos y cuando no es uno, es otro el que me encuentro siempre por delante. Una vez es Middlecoff, que hace lo increíble; otras es Mangrum, o Ferrier, Hogan, Middlecoff, Palmer, Middlecoff..., Middlecoff, siempre él y ahora, para colmo, este Boros. No me dejan arrimar al primer puesto, pero siento que en algún momento la voy a pegar. Tengo esperanzas".

Don Riley periodista de los medios *St. Paul Sunday* y *Pioneer Press*, escribió:

"No pierdan de vista a Roberto De Vicenzo. El optimista y eufórico gaucho de Argentina, pega enormes drives y está jugando el mejor golf de su carrera internacional. Por primera vez en mi vida, he visto jugar 54 hoyos sin subir el par en ninguno de ellos. Y esto lo ratificó Roberto cuando salió del último green, empatando el segundo lugar a tres golpes de Middlecoff, que marchaba al frente con 200 golpes. Junto a Roberto, con 203, estaban Henry Ranson y Ted Kroll.

Su innata delicadeza fue quizá la causa de la pérdida de dos golpes en la tercera vuelta, cuando en las cercanías del green, por miedo de golpear con su palo a los espectadores que se apiñaban atrás suyo, no pegó con toda la fuerza y dirección.

De Vicenzo, un Buenos Aires beauty va en camino de reemplazar a los más coloridos y populares jugadores de los links. Es alegre, simpático y juguetón.

En uno de los hoyos respondió a los aplausos del público con una reverencia y sus piernas cruzadas. Otras veces, se aplaude a sí mismo cuando emboca o exhibe su perplejidad cuando no emboca".

Middlecoff ganó el torneo con 266, superando por cinco a Sam Snead. Después se ubicaron Ranson con 272, De Vicenzo y Skie Riegel con 274. Roberto jugó los primeros 63 hoyos sin subir el par en ninguno, hasta que en los nueve finales, hizo tres bogeys. Ganó 1.100 dólares con 69, 66, 68 y 71: 274.

El siguiente fue el *Sioux City Open*. Décimo, a pesar de haber hecho once golpes bajo el par de la cancha. El ganador fue Al Besseling.

Ahora, Canadá y el Open Nacional disputado en la cancha par 72 del St. Charles.

Séptimo con 277 empatando con Dutch Harrison, a catorce golpes del campeón Johnny Palmer, que estableció un nuevo récord mundial para 72 hoyos con 263 golpes, 25 bajo el par. La cifra anterior era de 268 con la cual Bobby Locke había ganado este mismo campeonato en 1947. Los scores de Roberto fueron 69, 67, 72 y 69 y obtuvo un premio de 525 dólares.

En los tres meses de la gira, disputó nueve torneos a 72 hoyos y la clasificación de los Campeonatos Abiertos y de Profesionales de 36 hoyos cada uno. Para jugar la clasificación del Open disputado en la cancha de St. Louis, Roberto salió a jugar a las 7:40 de la mañana del día siguiente en que había jugado el *Western Open*. No clasificó.

La cancha del *Big Spring Golf Club*, donde se jugó el Campeonato de Profesionales, tiene un recorrido de 6.620 yardas y par 72. Roberto se clasificó tercero entre los sesenta y cuatro profesionales.

En la primera rueda, le ganó a Eric Monti por uno arriba y por la tarde, venció a Jack Burke por la misma diferencia. Se destacó el primer día por la exactitud y efectividad de sus jugadas en el green. Cuando salió sonriente del último green, después de vencer a Jack Burke, llevó la cabeza del putter a sus labios y la besó, mientras miles de espectadores aplaudían entusiasmados.

Hablando un inglés aprendido a la fuerza, se las ingenió para decir en voz alta:

—A este palo le debo todo. Hace dos semanas me lo dio mi amigo Bob Toski. Es una maravilla. Me gustó desde que lo probé, pero recién hoy sentí que le había tomado la mano.

Un fotógrafo le pidió que posara abrazando a su caddie y besando el putter al mismo tiempo. Rápido y certero, Roberto respondió:

—A quien debería besar es al caddie. Fue una gran ayuda.

—OK —dijo el fotógrafo— bese al caddie.

De Vicenzo, histriónico, giró su cabeza, tomó la cara del muchacho, hizo un gesto gracioso y dijo:

—Mejor beso al palo.

El público estalló entre carcajadas y aplausos, el caddie se doblaba de la risa, el fotógrafo disparaba como poseído. El astro brillaba.

Ese manejo de las circunstancias, quitándole dramatismo a los momentos claves, gesticulando con los espectadores y jugando un golf excepcional, le hizo ganar admiradores y seguidores, especialmente ante la dura y severa prensa.

Al día siguiente, Jim Turnesa, el futuro campeón, venció a Roberto en la tercera rueda por 5 y 4 sobre 36 hoyos. De Vicenzo perdió el primer hoyo, un par 5 de 529 yardas, en donde su segundo tiro picó en el green, pero la pelota al rebotar, fue a parar junto al tronco de un árbol. Turnesa se colocó 4 arriba en el hoyo 9; 2 arriba en el 18 y nuevamente aumentó su ventaja cumpliendo la ida por la tarde en 33. Cinco hoyos después, Roberto aceptaba su derrota con un gesto de resignación.

Los últimos campeonatos que jugó fueron el *All American* y el *Campeonato del Mundo*, organizados por George S. May en el *Tam O'Shanter Golf Club* de Chicago. En el primero de ellos, se ubicó 36° a diecinueve golpes del ganador, Sam Snead. Sus vueltas fueron 70, 73, 75 y 72: 290.

En el segundo, marcó scores de 67, 70, 71 y 69: 277, once bajo el par y se clasificó tercero a solo un golpe de los que empataron el primer puesto: Jimmy Boros y Cary Middlecoff.

De Vicenzo, con 70,52 de promedio, ocupaba el segundo lugar, detrás de Snead (70,32) en la disputa del Trofeo Vardon, que se otorgaba al jugador que obtuviese el mejor promedio medal play del año y además, figuraba en el decimocuarto lugar en la lista de dólares ganados hasta ese momento en el año.

En el Torneo de Maestros finalizó en el puesto 19. Viajó a Nueva York para la gira de invierno. En el *Wykagyl Country Club* participaron 16 de los mejores profesionales; sólo dos extranjeros. Bobby Locke de Sudáfrica y Roberto De Vicenzo. El argentino fue la figura de la cancha. En la segunda vuelta saltó al primer puesto y no lo abandonó.

Un periodista de *New Rochelle*, sede de la cancha, se entusiasmó:

"De Vicenzo tiene derecho a llevarse el hoyo 18 a la Argentina. Es de su propiedad. Es un par 5 de 487 yardas. El campeón no tocó el par en ninguna de las cinco vueltas".

Dos semanas después conquistó su segunda victoria consecutiva en Estados Unidos en Inverness. Y poco después fue admitido como socio del PGA, Professional Golf Association (Asociación de Profesionales del Golf), un honor que por primera vez en la historia le era concedido a un argentino, a un latinoamericano y a pocos jugadores extranjeros. La designación le daba entrada para jugar el campeonato de Profesionales en la cancha del *Oakmont Golf Club*. La suerte le fue adversa. Quedó a cuatro puntos del último puesto admitido.

Varios torneos con resultados discretos. Duro contraste. ¿Bajar la cabeza, desmoronarse?

PARÉNTESIS

EL MENOS POPULAR DE LOS DEPORTES

En aquellos tiempos El Gráfico era la revista deportiva por excelencia, leída en todo el mundo de habla hispana. Naturalmente, sus espacios estaban directamente proporcionados a la popularidad. La tapa de El Gráfico era el podium que ansiaban todos los deportistas y fue ocupada por las grandes estrellas. El 4 de marzo de 1952, la tapa fue para Roberto De Vicenzo "Doble campeón argentino de golf y ganador de títulos nacionales en otros siete países", decía el epígrafe. Un joven y sonriente de camisa y zapatos blancos, con un palo de golf en la mano comenzaba a ser conocido por las grandes multitudes.

Copa Canadá: nuevos y viejos Continentes

EN 1934, GENE SARAZEN, lanzó la idea de crear un Campeonato Mundial de Golf. Sarazen había viajado por todo el mundo tratando de popularizar al golf.

La Segunda Guerra Mundial había terminado con su carga de millones de muertos, ciudades arrasadas y odios frescos. El deporte podía ayudar a que los seres humanos confrontaran con objetivos bien distintos. Además, el avión se había convertido en un medio de transporte nuevo, rápido y cómodo.

El golf también entró en el nuevo mundo que nacía.

El Open Británico se pobló de nuevos campeones y Europa continental comenzaba a ser considerada como escenario de futuras giras.

El sudafricano Bobby Locke y el australiano Peter Thomson, dominaron a su gusto el Open Británico con cuatro y cinco victorias, respectivamente.

Un destacado hombre de negocios y la ciencia del Canadá, John Jay Hopkins, fundó la IGA, International Golf Association Asociación Internacional de Golf bajo el lema: "Buena voluntad internacional a través del golf". Hopkins no estaba conforme con la Copa Ryder en la que sólo podían competir jugadores de Gran Bretaña y los Estados Unidos.

Sus esfuerzos y dedicación tuvieron premio: nació la Copa Canadá (que iba a llamarse Copa del Mundo en los años 60). Se invitaron a las figuras más importantes del mundo del golf de cada país, con todos los gastos pagos y una prima de 500 dólares para cada uno.

En 1953, la Copa Canadá comenzó a jugarse en *Beaconsfield Golf Club*, cerca de Montreal.

Fue una aventura modesta. Sólo concurrieron catorce jugadores que representaban a siete países. De Vicenzo y Cerdá por Argentina. Los periodista señalaban como principales candidatos a los estadounidenses Julius Boros, campeón del US Open y al campeón de Profesionales, Jim Turnesa, a los británicos y argentinos, en ese orden.

Candidato al trofeo individual era Roberto en mérito a sus recientes actuaciones en América Central, América del Sur y Australia.

Cuando llegaron al extremo norte del Continente Americano, Cerdá, afirmó: "Roberto y yo vamos a ganar la Canadá Cup". La prensa levantó el anuncio y titularon: "Los gauchos argentinos pronosticaron decididamente su triunfo".

Después de la primera rueda, las perspectivas eran inmejorables para Argentina. La pareja arrancó muy bien, especialmente Cerdá con 70 golpes, mientras Roberto lograba 75.

En la segunda vuelta, Cerdá, inspirado, volvió a anotar 70, lo mejor del día, igualado por Julius Boros, el canadiense Sam Leonard y el australiano Ossie Pickworth.

Se comenzó jugando a 36 hoyos. *Los argentinos ganaron la Copa Canadá con 287 golpes*, diez menos que Canadá y y once menos que Australia. Gran Bretaña, representada por Harry Weetman y el sudafricano (Sudáfrica era entonces parte del Commonwealth) Bobby Locke, quedó cuarto con 299.

Además, Cerdá se quedó con el Trofeo Individual con 140 golpes (36-34-35-35).

La cancha era de par 72, pero durante el desarrollo de los 36 hoyos, corrió un fuerte viento que dificultó los tiros largos y puso a los greens en problemas para jugar el putt.

En la primera vuelta Cerdá logró superar el problema del viento, pese a que en los segundos nueve hoyos cayó cuatro veces en los bunkers. En todos los casos logró salvar con explosión y putt. Desvió en varias ocasiones sus drives, pero resolvió con perfección.

Roberto encontró sus mayores dificultades en los greens. Varios de sus putts tocaron los bordes de los hoyos y otros se desviaron fuera de la línea por las ráfagas. Su individual fue de 147 golpes.

Argentina estaba ahora en todas las crónicas golfísticas del mundo.

Un año más tarde, 1954, se volvió a disputar en Canadá, muy cerca de Montreal, en el *Laval-Sur-Le Lac Golf Club*, con dos novedades importantes: se extendió el juego de 36 a 72 hoyos y los países presentes eran 25.

Ganaron los australianos Peter Thomson y Kel Nagle, superando a Cerdá y De Vicenzo y a San Snead y Jim Demaret. Si hubiese existido un ranking mundial, los argentinos habrían estado entre los diez mejores del mundo.

La propuesta era simple y se extendió: cada país seleccionaba a sus dos mejores jugadores y reunidos en alguna ciudad del mundo, competían a 72 hoyos, en un lapso de cuatro días. Los mejores scores agregados ganaban la Copa y el mejor score individual, se llevaba el Trofeo personal.

El año 1955 marcó la primera victoria para los Estados Unidos, con un equipo integrado por Chick Harbert y Ed Furgol (ganadores del PGA y del Open, respectivamente). El certamen se celebró en Nueva York. El episodio extraordinario fue el Trofeo Individual ganado por Ed Furgol, quien tenía un brazo atrofiado, y lo conquistó tras desempatar con Peter Thomson y el belga Flory Van Docck.

Tras esas aventuras, los dos argentinos viajaron a Inglaterra para jugar el Abierto Británico en la cancha de Carnoustie.

Ya hablamos de Ben Hogan. Él habló de De Vicenzo:

> "El hombre que posee el talento especial para medirse con la cancha Carnoustie es Roberto De Vicenzo. Habiendo gran número de jugadores listos para competir, se preguntarán ustedes por qué razón especial elijo a De Vicenzo. Hay una sola palabra para expresarlo: Poder. Con mayúscula. Roberto tiene toda clase de poder. Pega sus tiros de salida tan largos como para traspasar todos los bunkers que hay en el medio de los fairways.
>
> Nosotros tenemos que alegrarnos de buscar un lugar seguro en los costados de esos bunkers. En los tiros de recuperación desde el pasto alto, él puede prácticamente arar su camino hacia la pelota metida en un matorral, mientras nosotros nos rompemos las muñecas tratando de zafar.
>
> Su exuberante vigor lo mantiene intacto cuando otros ya están cansados.

Pero no quiero dejar la impresión de que Roberto es solamente poder. Ustedes, los británicos, lo saben muy bien, porque ese jugador ha finalizado muy cerca cada año que ha competido en el Open, cualesquiera fueran las condiciones del tiempo y las canchas".

El Abierto Británico lo ganó Ben Hogan con 282 golpes, convirtiéndose en el segundo jugador en ganar un *Grand Slam* (Abierto Británico, Abierto de los Estados Unidos, el Masters de Augusta y el Campeonato de Profesionales de los Estados Unidos).

También en 1953, Hogan igualó con Willie Anderson y Bobby Jones, la mayor cantidad de triunfos en el Abierto de Estados Unidos, todos ellos con cuatro, y se agregó a Jones y Gene Sarazen, como los tres únicos que ganaron en el mismo año el Abierto de los Estados Unidos y el de Gran Bretaña. Hogan fue el primer golfista que en un mismo año conquistó esos dos títulos y el Torneo de Maestros de Augusta.

Disputados 54 hoyos, Hogan y De Vicenzo igualaban con 214 golpes. Cinco mil espectadores acompañaban la vuelta final. Hogan muy concentrado, jugando lentamente, pero seguro, meditando y estudiando cada pliegue del terreno. Venció a la cancha con un notable récord de 68 golpes.

De Vicenzo cedió con 73 y fue superado por otros cuatro jugadores, entre ellos Antonio Cerdá que empató el segundo puesto con Frank Stranaham, Dai Rees y Peter Thomson con 286 golpes.

Roberto concretó la ida con 2 sobre el par, con bogeys en 7 y 9. En este último, su recobre desde el bunker, envió la pelota al fondo del green.

En el hoyo 3, después de enviar su salida al pasto alto, se ubicó a cinco metros de la bandera para un seguro 4. En el hoyo 5, dejó su chip al borde de un bunker, pero después con un gran tiro, su pelota quedó a pocos centímetros del hoyo. En el 7, su drive fue a parar a un bunker y cuando realizó su recovery la pelota pegó en el borde del obstáculo y sólo recorrió 20 yardas. Después entró al green a nueve metros de la bandera y con el primer putt, la pelota quedó "colgada" del hoyo, temblando por decidirse.

De Vicenzo y su acompañante, Lloyd Mangrum, esperaron durante un minuto a que se decidiera a caer. Pero no cayó y con un 38 de ida y 35 de vuelta, uno bajo el par, Roberto finalizó en el sexto lugar.

De Vicenzo contó su experiencia:

"Cuando terminé la tercera vuelta me fui al hotel a descansar. Me recosté. Estaba solo porque Antonio aún jugaba. Cerré los ojos. Buscaba descanso físico y calma mental. Pero me asaltaron los pensamientos. Repetí en mi cabeza las jugadas en que había fallado, algunas veces, increíblemente. Se me representó el green del hoyo , y con la imaginación volví a jugar el putt que había fallado desde unos dos metros para birdie y ahora lo veía clarísimo. En el 3, también se me escapó otro birdie desde la misma distancia y también me pasó en el green del 4, del 6 y lo del insólito 7, donde desde tres metros, tiré para 3, tocó el hoyo y al final salí con un 5 debido a tres putts.

En esa sucesión de imágenes, me vi en el green del 8 frente a un putt de dos metros y medio y también fallé.

El descanso se convirtió en pesadilla. Mi cabeza ardía. Me levanté agitado, la cara ardiendo y estaba cubierto de transpiración.

Me calmé y volví a la cancha. Fui a la pizarra tratando de ver qué jugadores tenía por delante. Yo había perdido demasiadas oportunidades y seguro que habría jugadores tres o cuatro golpes mejor que mi score.

¡Pero era yo quien estaba empatado con Hogan en 214 golpes!"

¡Qué inyección de entusiasmo! De Vicenzo estaba junto a quien tanto admiraba, a quien todos consideraban una estrella y máximo candidato. Y Hogan era quien lo había elogiado e indicado para ganar. Basaba su juicio en las características de Carnoustie, cuyos fairways están todos salpicados de cross-bunkers inmensos y hondos, a la altura de los drive normales.

Tanto durante las vueltas de entrenamiento que jugó con Hogan, Cerdá y Stranaham, como durante el campeonato, no vio esos bunkers en sus drives, pues sus pelotas los sobrepasaban con holgado vuelo, mientras los demás jugadores, incluso Hogan, tenían que buscar mejor ubicación en los costados de los bunkers, que en algunos casos no dejaban margen mayor de diez a quince yardas a ambos lados. Hogan se mostró siempre formidable en el gobierno y dirección de sus drives, a pesar de que había elegido jugar con la pelota más chica que la americana, quizá por el viento.

Las dos últimas vueltas, De Vicenzo las jugó en compañía de Lloyd Mangrum, quien, apoyando la teoría de su superioridad en el juego largo con que muchas veces Roberto lo pasaba con su pelota por cincuenta yardas, no cesó en ningún momento de alentarlo. Cuando se reunieron en el tee para comenzar la vuelta final, le dijo: "Bueno, Roberto, ahora a jugar tranquilo, porque este campeonato no lo puedes perder".

Hogan había subido dos golpes el par 17. Había hecho 6, donde Roberto sacó 3. Salió Roberto con Mangrum mucho antes del turno de Hogan. Siguió desplegando su juego largo desde los tees hacia el green, y él mismo aseguró que no creía haber jugado mejor en su vida. Pero los putts no quisieron entrar. Lo mismo que por la mañana, putts de dos y tres metros, no se concretaron. En el hoyo 9, tiró para birdie 3 y salió con 5. Logró una ida de 38. Eran muchos golpes. La carrera parecía perdida.

Hizo esfuerzos desesperados por recuperar el terreno perdido y el resultado fue que en el hoyo 12, de 467 yardas, sacó un hook con el driver y se metió en el pasto alto. Tomó el hierro 3 y pegó un tiro que llegó al green. Pero nuevamente, la decepción: tres putts.

Hogan ganó el magno certamen.
De Vicenzo ya era otra estrella en la galaxia compleja.

De Vicenzo dejó Europa. Y retornó al nuevo mundo. Pero es bueno ahora rebobinar, repasar, rememorar.

En 1945, había debutado en el Abierto de Brasil, cuando se jugó por primera vez en la cancha del Gavea Country Club de Río de Janeiro. Terminó segundo con 277 golpes, detrás del entonces campeón argentino, Martín Pose. Un año después, en San Pablo, fue nuevamente subcampeón con 275, uno más que el aficionado Mario González. En 1948, en San Pablo, González ganó con récord de 270. Roberto fue quinto con 284. Por tres años consecutivos a partir de 1949, quedó segundo. En 1952, fue Sam Snead quien triunfó, quebrando el récord.

Recién en 1954, en San Pablo, De Vicenzo se adjudicó el título con 277 golpes, dejando segundo a González con 281. Roberto tenía la convicción de que en el Abierto de Brasil, lo importante no era vencer a la cancha, sino a Mario González, amo y señor del campeonato. Para lograrlo, era indispensable jugar en menos de 67 golpes por vuelta, pues estadísticamente, las seis veces que había ganado González, su promedio para las cuatro vueltas fue 270 y fracción, 67,50 por vuelta.

En 1954, una sequía de más de tres meses había endurecido la cancha y Mario perdió su ritmo y no pudo jugar en menos de 281 golpes, promedio de 70 y fracción por vuelta.

González se puso al frente en la primera vuelta con 68, seguido por De Vicenzo, Juan Dappiaggi y el brasileño Schillipack, todos con 69. En la segunda rueda, el estadounidense Ted Kroll presentó un 66 —el mejor del campeonato— y pasó al frente con 140, seguido por González con 141 y De Vicenzo y Schillipack con 142. En la tercera jornada, Kroll se mantuvo al frente con 209. De Vicenzo con 210, González, 211 y con 213, Fidel De Luca, Flory Van Donck y el norteamericano Walter Burkemo.

Kroll salió a jugar los últimos 18 hoyos con De Luca y el aficionado José María González, hermano de Mario. En el three-some siguiente, salieron De Vicenzo, Van Donck y el amateur Juan Segura. Tras ellos, Mario González, Burkemo y Carlos Almeida. Kroll comenzó con par en el hoyo uno. Roberto hizo birdie 3. Empatados.

En el hoyo 3, el más largo de la cancha con 582 yardas, tanto Kroll como Roberto, subieron el par con un 6. González aprovechó y se puso a un golpe de los punteros. Kroll hizo birdie 3 en el 5 y sacó un golpe a Roberto, que hizo par. González con birdie empató con Roberto.

Pero en el corto 7, González empleó tres putts y se atrasó un golpe. Los tres luego sacaron birdie 4 en el largo hoyo 8, de 553 yardas, y el único que entró al green fue González. Pero el brasileño quedó fuera de la lucha en el hoyo 9, cuando volvió a emplear tres putts.

Faltando nueve hoyos: Kroll, 243. De Vicenzo, 244. González, 246.

Kroll venía de ganar 50.000 dólares en el Tom O'Shanter de Chicago y era el *boom* del momento y por eso era el invitado de lujo en Brasil. Pero Kroll no ganaría ni entraría segundo ni tercero. Perdió en los hoyos 15 y 16 donde González necesitó 6 golpes (eran par 3 y 4), De Vicenzo sumó 8 y Kroll, empleó ¡trece golpes! ¿Qué sucedió en esta verdadera tragedia del golf?

El hoyo 15 mide 230 yardas. El green estaba protegido por una zanja que corría por la derecha y un bunker en el costado izquierdo. Kroll pegó con un hierro y le salió un tiro abierto y se fue a la zanja. El reglamento lo autorizaba a sacar la pelota con un tanto de pena. Debía dropear al costado de la zanja y jugar su tercero hacia el green. Pero no quiso perder ese golpe que podía ser decisivo en la definición y se arriesgó a pegarle a la pelota.

Logró sacarla, pero la pelota pegó contra un árbol y volvió a la zanja. Ahora, peor que antes. Kroll aceptó el Reglamento y dropeó, perdiendo otro golpe.

Mientras ocurría todo esto, Roberto, enterado de que Kroll había perdido dos golpes y aún estaba en la zanja, encontró de pronto el panorama hacia la meta completamente despejado. Pegó su tee-shot y tratando de no cometer el mismo error que el norteamericano, desvió deliberadamente el golpe hacia el otro lado, a la izquierda... y cayó en el bunker. Sacó y terminó con dos putts para un 4. Después pasó González, que hizo par 3 y descontó a tres los golpes que lo separaban de Roberto. Kroll, mientras tanto, sacó la pelota, dropeó hacia un costado y pegó su cuarto tiro... pero fue a parar al bunker. Sacó y con dos putts completó el increíble 7, 4 sobre el par. Fue al hoyo 16, par 4 de 359 yardas, desconcentrado y con los nervios alterados, pegó con el driver un top que envió la pelota rodando unas pocas yardas.

Le siguió otro semi-top con el que no alcanzó a entrar al green y después, cuando llegó con su tercer tiro, empleó tres putts para anotar en su tarjeta un 6.

De Vicenzo había ganado.

* * *

El 9 de mayo de 1955, De Vicenzo y su familia, emprenden una aventura distinta. Roberto, Delia y sus hijos Roberto y Eduardo, emigran. Se van a México contratado por el *Country Club* de México. Quería perfeccionarse y estar más cerca de los Estados Unidos. Se iban a quedar hasta 1961.

"Fueron años maravillosos", confiesa el maestro. México le dio amigos, recompensas profesionales... algunos sustos sísmicos y competencias reiteradas. El pasaje a los Estados Unidos costaba cien dólares. Desde Argentina, mil.

El golf se había desarrollado en México y él era un ídolo deportivo de magnitud.

En 1952, se había clasificado tercero.

En 1953 pudo lograr el marcador más bajo hasta entonces, con 267 golpes, 21 bajo el par, cuando ganó el Campeonato Abierto Nacional, en la cancha de Chapultepec. Fue un certamen de primer nivel donde se reunieron los jugadores más notables de los Estados Unidos y Roberto lo consideró uno de sus triunfos más importantes "El más grande Campeonato que gané en mi vida, porque estaban reunidos muchos de los más notables jugadores de los Estados Unidos".

De Vicenzo jugó muy firme y vuelta tras vuelta fue haciendo jugadas más precisas y por eso, tenía la impresión de no haber logrado en toda su vida tantos birdies en 36 hoyos, como los que sacó en las dos vueltas finales.

Conquistó el título con el récord de 267, 21 bajo el par, superando a rivales como Byron Nelson, Lloyd Mangrum, Jimmy Demaret, Wally Ulrich, Johnny Palmer, Cary Middlecoff y Al Brosch.

Hizo vueltas de 69, 68, 66 y 64 y superó por tres golpes a Cary Middlecoff, que era la estrella de la época. Comenzó la vuelta decisiva cuatro golpes detrás del puntero Al Brosch y con un águila en el hoyo 6, pasó al frente con tres de ventaja. Pero Middlecoff había terminado con 6 golpes menos para un total de 270, y pasó a ser ganador en la pizarra con un golpes menos que Lee Worsham.

Roberto inició el regreso con tres birdies consecutivos, pero con su tiro de salida del hoyo 13, se fue de límites y pagó con un doble bogey.

Ahora necesitaba el par en cada uno de los hoyos restantes para empatar el primer puesto. Roberto hizo birdies en el 14, 15 y 16, para 64 y un récord de 267. Bosch se derrumbó con 73 y su 272 final sólo le alcanzó para ubicarse cuarto.

No volvió a ganar el Abierto de México, pero sí cuatro veces el Campeonato de los profesionales.

Participó todos esos años en la gira PGA de los Estados Unidos, aunque menos de lo que hubiera deseado, porque el contrato con el club de México, no le permitía ausentarse por varias semanas. Ganó el *Colonial Invitation* en Austin, Texas y el *All American* de Chicago, el Abierto de Jamaica y el Abierto de Brasil en 1957.

(Había sido el único extranjero invitado a jugar el Torneo Colonial en 1952, en la difícil cancha de más de 7.000 yardas, par 70. Hizo 295 golpes para quedar perdido en la clasificación general a 16 tantos de distancia del ganador, Ben Hogan, que se ganó 4.000 dólares. Roberto, 350).

Cinco años más tarde, en Dallas, Texas, él ganó los 5.000 dólares del primer premio más un bono de 600 dólares para comprar ropa en la gran tienda Macy's. Allí marchó, pero sólo compró para su esposa, Delia. Sonriendo, haciendo una mueca de picardía, asegura "quizás haya sido el más grande regalo que le hice. Con ese dinero se compraba mucho y de gran calidad. Algunas cosas todavía las tiene... bueno, en mi casa se cuida mucho la plata".

Ganó con 72, 74, 68 y 70, 4 golpes sobre el par de la cancha, en gran medida por la pesadez del campo. El sol apareció en la tercera vuelta y él ascendió del sexto al segundo puesto, pero a cuatro golpes del puntero, Dick Mayer. Con 34 golpes en los nueve hoyos de la ida en la última vuelta, Roberto alcanzó a Mayer y con 36 en los nueve del regreso, lo venció por la mínima diferencia.

De Vicenzo fue el segundo jugador extranjero que triunfó sobre los profesionales norteamericanos en una de las selectas pruebas creada por el viejo millonario George S. May y que tenían por escenario su cancha del *Tam O'Shanter,* de Chicago.

Debutó en 1951 y con 295 golpes quedó muy lejos del 274 de Cary Middlecoff. Pocos días después, en el Mundial, que tenía como primer premio 12.500 dólares, mejoró en ocho golpes el total, pero con 287 quedó fuera de los puestos rentados. Un año después, en 1952, estuvo cerca de ganar el Mundial, pero en el penúltimo green erró un putt de tres metros, que le hubiese permitido empatar el primer puesto con Julius Boros y el siempre presente Middlecoff. Fue segundo a un golpe con 277. Pero ya había empezado a ganar dólares. En 1957 tenía en su cuenta 16.500.

Su total de 273 fue el segundo entre los mejores logrados a lo largo de 16 años de la historia que tenían esas dos competencias, sólo superado por el récord que Byron Nelson registró en 1945 con 269.

En la segunda vuelta, Roberto deslumbró con un fantástico 64 que le permitió apoderarse del primer puesto con dos de ventaja sobre Billy Casper y tres sobre Paul Harney.

La tercera vuelta fue suspendida por la lluvia y cuando se reanudó, la cancha estaba muy pesada, pero eso lo beneficiaba. Se mantuvo en el primer puesto a pesar de que Sam Snead hizo 66, porque Roberto aunque marcó 70, su total fue de 203 contra 207 de Snead.

Sabía que en la rueda decisiva tenía que bajar el par, pero sin exigirse demasiado, pues Snead habría necesitado otro 66 para empatar y un 65 para ganarle. Snead terminó con 71 y quedó a cinco golpes de De Vicenzo.

Gene Litler, que en el hoyo 54 estaba a once del puntero, levantó notablemente y alcanzó el segundo puesto con una vuelta final de 63 y un total de 277.

MÁS VIAJES. MÁS RETORNOS

Nuevamente en Saint Andrews, donde se reunieron trescientos ochenta golfistas para disputar la Clasificación del Abierto Británico. Tres argentinos: Leopoldo Ruiz, Fidel de Luca y De Vicenzo.

Gary Player ganó la etapa clasificatoria con 135 golpes (67-68) que tuvo lugar en las dos canchas principales, la Vieja y la Nueva, de las cuatro que posee el *Royal and Ancient Golf Club.* Superó al irlandés Christy O'Connor. Fidel De Luca, tercero, con 139; De Vicenzo undécimo, con 142 y Leopoldo Ruiz con 146, apenas entró por un golpe.

Sólo setenta y cuatro jugadores pudieron anotarse.

Cuando el campeonato comenzó en el Old Course, era un día ventoso, muy frío y con persistente llovizna durante toda la jornada.

Roberto elaboró un 67 para quedar puntero, seguido por De Luca, con 68. Detrás, el que habría de ser el ganador, el australiano Kel Nagle que hizo 69. Tras él, el favorito Arnold Palmer, con 70.

En la segunda vuelta, Roberto desarrolló una táctica muy inteligente contra la cancha, conservando en todo momento el aplomo y la seguridad necesarias para todos sus tiros en lo más adecuado de los links. Hizo un despliegue de poder con sus drives y en los greens lució delicadeza y precisión para mantenerse en el primer puesto al cabo de 36 hoyos con 67.

Lamentablemente, perdió todas sus posibilidades de ganar cuando, en la tercera vuelta, hizo tres putts en el hoyo 4 y a partir de ahí, se quebró su ritmo de juego. Terminó con 73.

Todo lo levantado, se derrumbó. Sin embargo, seguía con dos golpes más que Nagle, nuevo puntero con 207. Arnold Palmer, tercero con 211.

De Vicenzo y Nagle salieron juntos el último día. Fueron protagonistas de una dramática lucha, a la que se sumó Palmer, que tuvo un arranque legendario con dos birdies en los dos primeros hoyos.

En el 3, Arnold le había descontado dos de los cuatro golpes a Nagle y quedó empatado con Roberto, quien a su vez, le sacó un golpe a ambos con un birdie 4 en el largo hoyo 5 de 550 yardas, que cubrió con dos tiros. Después de eso, cuando estaba a sólo un golpe del puntero, sus putts perdieron la línea del hoyo y se fue retrasando más y más.

Nagle hizo dos birdies en la ida y aumentó su ventaja a cuatro.

En el hoyo 63:	
Nagle	241
De Vicenzo	243
Palmer	245

Arnold comenzó su arremetida final jugando en 34 golpes los hoyos de regreso, mientras De Vicenzo hacía 39 y Nagle, par, con 37. Palmer hizo birdies en los hoyos 13, 15 y 17 y quedó a dos de la punta. Puso su objetivo en lograr un birdie 3 en el hoyo final. Pegó un larguísimo drive que dejó su pelota a metro y medio del green. La ovación alteró los nervios de Nagle que estaba en el green del 17 ante un putt de dos metros. Pero lo embocó. Fue en busca del par 4 en el hoyo final para ganar por un golpe. Con 287 superó por uno a Palmer y por cuatro a Roberto.

Una semana después, Roberto ganó el Open de Francia por tercera vez, en la cancha de St. Cloud, en las afueras de París. En la mitad del torneo estaba a seis golpes detrás del puntero Bill Johnston. Durante los últimos 36 hoyos que entonces se disputaban en una misma jornada, Roberto hizo por la mañana 68 y se puso a tres del nuevo líder, el australiano Peter Thomson. Por la tarde, De Vicenzo jugó excepcionalmente bien y presentó un 65 (31-34) para un total de 275. Ganó por tres de ventaja sobre Johnston y Leopoldo Ruiz.

De Francia, regresó a México y posteriormente, realizó una breve gira por Brasil y Argentina. Ganó el Abierto de Brasil, el Argentino de Profesionales y el Gran Premio Charles of the Ritz de Argentina.

Más tarde, sería protagonista —protagonista, nunca palabra mejor empleada— de la primera filmación de un partido de golf que se iba a desarrollar en la Argentina. La televisión de los Estados Unidos organizó un match entre él y Mike Souchak. *El maravilloso mundo del Golf* auspiciado por Shell en la cancha del Jockey Club. Fue una producción de alta calidad y De Vicenzo ganó por cuatro golpes. Gene Sarazen fue el comentarista. El encuentro finalizó con la victoria de De Vicenzo con 70 golpes (38-32) contra 74 (36-38) de Souchak.

Luego del match prosiguió su gira por Argentina. No pudo jugar el Abierto de la República, en Lomas, por una lesión en su mano. Se recuperó y ganó el Gran Premio Ranelagh. Después viajó a Chile, donde ganó el Abierto y regresó a México.

México le había propuesto que se tomara vacaciones por un año con sus sueldos intactos, porque lo quería retener. Pero, pese al cariño, respeto y consideraciones que recibió de esa gente cordial y generosa, dejó 1.500 dólares mensuales para retornar al terruño. Hablaron con Delia y se plantearon que sus hijos estudiaran en la Argentina y sus nietos nacieran en su propia tierra. "O volvemos ahora o no volvemos nunca más".

Volvieron. Diciembre de 1961. Ranelagh estaba esperándolos. Había ganado dinero suficiente para comprar una casa frente a la estación de ferrocarril, cerca, muy cerca del club que le dio cobijo, techo y amor.

Roberto tenía 38 años y creía que ya estaba de regreso no sólo a su país, sino de su deporte.

Con nostalgia y no disimulada tristeza, abrió su corazón:

"La idea era instalarme nuevamente y empezar a dar clases, seguir ligado al golf, pero jamás pensé que podía volver a ser jugador activo, aunque mi juego fuese casi el mismo. Posiblemente más controlado y no tan fuerte como cuando tenía 20 años. Pero a los 38, me creía terminado".

Pero en su inmenso corazón había lugares que faltaban llenar. Y uno de ellos era el Open Británico. Compró una cuota para ser socio vitalicio del Ranelagh y pudo usar la cancha cuantas veces quiso. Y vaya si la usó.

De potencial retirado comenzó el camino hacia el apogeo.

Su primer gran triunfo en esta nueva etapa, fue en noviembre de 1962, en el Trofeo Internacional de la Copa Canadá. A principios de ese año, reasumió el liderazgo del golf nacional, al ganar la Copa de Oro en Los Acantilados; luego el Abierto del Sur; el Abierto del Centro en desempate con Bertolino y el Abierto del Norte, en el Jockey Club de Tucumán. Ésa fue su victoria *Número 100*.

Encabezaba el ranking de jugadores profesionales de la AAPG (Asociación Argentina de Profesionales de Golf), seguido por Fidel De Luca y ambos fueron designados para representar a la Argentina en la Copa Canadá, competencia que por primera vez iba a jugarse en una cancha sudamericana: el Jockey Club Argentino en San Isidro.

Desde 1944, cuando ganó el Abierto Argentino, conquistó títulos en once países. Chile, Uruguay, Panamá, Brasil, Jamaica, Colombia, Perú, Holanda, Francia, Bélgica, México y en 1964, agregó el Abierto de Alemania con 275 golpes: hizo cuatro vueltas bajo el par 73 de la cancha de Krefeld con 69, 68, 70 y 68, superando por un golpe al español Ramón Sota y al sudafricano Harold Henning. También en 1964, ganó por segunda vez el Abierto de Francia con 272 golpes, 12 bajo el par de la cancha de Chantilly, luego de un desempate con Cobie Lagrange. Después conquistó los títulos nacionales de Brasil, Uruguay, Argentino de Profesionales, el Torneo de Maestros de Argentina, el Gran Premio Jockey Club de Rosario, el Abierto de Bogotá y un año más tarde, los abiertos de Perú, Chile, Brasil y Panamá.

España fue el país número catorce que sumó a su colección de títulos nacionales, pues en 1966 obtuvo su único triunfo en el Campeonato Nacional de ese país.

La competencia tuvo por escenario la cancha de 6.329 metros y par 72 del Club de Golf de Sotogrande, cerca del Peñón de Gibraltar. Roberto comenzó con 71 golpes a tres de distancia de los que compartían el primer lugar, el español Valentín Barrios y los británicos Bill Hector y Dave Thomas. Un 66 en la segunda vuelta, le permitió saltar a la vanguardia con 137 y cuatro de ventaja. Su juego fue arrollador. Cuando terminó con 70, la diferencia era de siete sobre Sota y nueve sobre Bernard Hunt.

En el diario *La Nación,* el profesional de golf, Luis Obarrio, comentó así la victoria:

> "En 1940, yo era capitán del Club Náutico San Isidro, cuando el profesional Juan Gardino me pidió permiso para que un jovencito pudiera tomar parte en un torneo con profesionales que se celebraba allí anualmente. Gardino avaló su solicitud con una clara y visionaria definición: 'Te lo pido porque este chico tiene dos virtudes difíciles de encontrar en un golfista: poder en sus golpes y habilidad en los tiros cortos'. Ese muchachito: Roberto De Vicenzo".

Su primera vuelta en el Abierto Español fue impecable. Usó varias veces para su salida el hierro 1, pero su green no lo acompañó y varias veces se tomó tres putts desde distancias cercanas. Fue muy bueno el par 5 que logró en el hoyo 14, donde tuvo que sacar de un lago, donde había caído. Utilizó una madera 3 para alcanzar el green muy distante y con viento en contra.

En la segunda vuelta, el fuerte viento dificultó la ubicación precisa de los drives en el medio del fairway y más aún, el tiro a la bandera. Pero Roberto ubicó la pelota en los mejores sitios y cuando no lo hizo, como en el 9 y en el 16, sus recuperaciones fueron fantásticas.

Comenzó el día anterior con un birdie en el uno desde cuatro metros. Birdie en el hoyo 2 de 530 yardas, donde dejó su tercer tiro desde el costado del green, a cuarenta centímetros contra viento. En el 5 erró el tiro hacia el bunker de la izquierda y luego de pasar por encima del hoyo no embocó desde un metro. Bajó nuevamente el par 5 del hoyo 6, luego de dos drives magníficos. Ejecutó un tercero desde diez yardas y dejó la pelota al lado del hoyo.

Bajó el par en el 9, donde su drive quedó atrapado por el bunker a la izquierda del fairway. Desde allí, a unas 150 yardas, dejó la pelota a un metro ochenta y embocó para completar la ida en 33 golpes. A partir de allí, su juego alcanzó niveles sorprendentes. Siempre usaba el wedge o el sand-wedge para tirar a la bandera. Par en el 10, en el 11 y en el 12, en donde dejó su tercer tiro contra viento, a un metro y medio del hoyo, pero erró el putt. En el 14, par 5, con un green en lo alto, usó hierro 7 para el segundo, pero envió la pelota al bunker de la izquierda. Desde allí a sólo treinta centímetros, su séptimo birdie. En el 15, bajó nuevamente con un segundo tiro de sand-wedge a un metro de la bandera. El tiro de salida del 16 lo hizo con hierro uno, quedó en el pasto alto y desde allí la puso en el green. Par en el 17 y en el 18 tratando de embocar su primer putt desde cuatro metros para completar una extraordinaria vuelta de 64. Falló y erró el siguiente. Completó con 33 su récord de 66.

Al día siguiente, tercera vuelta. Primer birdie en el par 5 del hoyo 2, en donde alcanzó el green con el segundo tiro de spoon. Aumentó a dos bajo el par, pero en el 7, necesitó tres putts, pues creyendo que el viento y el declive del terreno en el green llevarían la pelota cerca del hoyo, no le pegó con la fuerza necesaria. El otro golpe que llevaba de ventaja, lo perdió en el hoyo 8, par 3 de 200 yardas.

La ida en 36 le dio otro golpe de ventaja con respecto a Sota y Barrios. Siguió con pares hasta el hoyo 15, donde embocó su primer putt largo desde seis metros. Los dos hoyos siguientes jugó par, pero en el 18 se tomó revancha de la vuelta anterior, embocando desde tres metros para un 70 y lograr una ventaja de seis sobre Sota.

Por la tarde, jugó a mantener la ventaja. En los últimos nueve hoyos volvió a lucir el esplendor de su gran juego con un 33, no obstante haber subido el par en los hoyos 15 y 16.

La jugada más notable fue el águila del hoyo 14, donde embocó desde un metro y medio.

Deseaba con toda su alma hacer birdie en el último hoyo para disfrute de los espectadores. Pegó un largo drive al centro del fairway, un approach de tres metros y luego embocó para terminar a lo grande.

Su caddie, el periodista Obarrio que lo seguía y muchos otros se confundieron en un racimo.

Ya era uno de los grandes del siglo.

¿Descanso, maestro?

Veamos.

Viejo narigudo. Campeonísimo. Hoylake, 1967

Arnold Palmer, Jack Nicklaus y Gary Player eran los tres grandes del golf y sus nombres siempre estaban al frente en los grandes certámenes.

En 1967, el gran torneo del mundo era el Abierto Británico (después lo sería el Abierto de los Estados Unidos). Se había creado un ambiente muy especial para este certamen. Gay Brewer había ganado el Master de Augusta, quebrando la seguidilla de triunfos de Palmer-Player-Palmer-Nicklaus-Palmer-Nicklaus-Nicklaus desde 1960.

Palmer además venía herido del US Open del 66 cuando, con seis golpes de ventaja faltando nueve hoyos, terminó empatando con Billy Casper y perdió el desempate al día siguiente. Gary Player, por su parte, estaba listo y ansioso por ganar otro gran torneo. Ansiaba el British Open más que ninguno.

Roberto De Vicenzo también ambicionaba este torneo, tanto, que llegó a "amarlo". Hizo una proceso de concentración y dejó de lado la edad, las estadísticas, la ley de probabilidades y la muralla de los Tres Grandes.

Hurgó en sus bolsillos y apostó por él mismo en aquel julio de 1967 en Hoylake, cancha que sería por última vez sede del Open Británico.

De Vicenzo tenía mala historia con el magno encuentro. Los periodistas lo consideraban un jugador infortunado para ese específico certamen y él también lo creyó, pues varias veces estuvo a punto de ganar y perdió en los últimos tramos.

Ahora tenía 44 años. Ningún jugador de esa edad había ganado este título. Era una ausencia en su vida, como un sueño que se repetía y se diluía una y otra vez. Sus proximidades con el cetro ansiado y no logrado, le hizo centro de bromas amistosas. "Roberto sólo alcanza a besar a la novia".

Y se lanzó al ruedo. Perseverante, medido, motivado. Quizás esta era una montaña demasiado alta. Sin embargo, en medio del campo, cuando estaban jugando, le confesó a un amigo en el tee del hoyo uno, antes de salir: "El ganador va a ser un viejo narigudo que chapurrea el inglés".

La última vuelta se emitió por la televisión norteamericana y por medio del satélite, en canal 7 de Buenos Aires. Eran tiempos de blanco y negro y escasos aficionados televisivos para semejante espectáculo. El golf era para minorías. Nadie sabía lo que se venía.

El campeonato comenzó el 12 de julio y Roberto hizo 70 golpes, 2 bajo el par del Royal Liverpool y se puso a dos del puntero, el inglés Lionel Platts. En los primeros nueve hoyos su actuación fue muy buena: 3 bajo el par y 33 en total. En el hoyo 10 su tiro con el driver cayó en el pasto alto y necesitó dos golpes para entrar al green. Hizo bogey 5.

En el 14, de 515 yardas, pudo conseguir un águila, luego de quedar con su segundo tiro a dos metros y medio de la bandera. Pero necesitó tres putts y terminó con el par.

Sacó un nuevo birdie en el 16 y finalizó con 37, uno arriba.

El segundo día hizo 71 y con 141 estaba a uno de los líderes, Jack Nicklaus y el australiano Bruce Devlin. Otra vez logró un águila en el hoyo 3, de 491 yardas, a ocho metros de la bandera, desde donde embocó.

En el hoyo 13, de 158 yardas, *no hizo hoyo en uno por milímetros*, pero aun así su putter no rindió todo lo que esperaba y cometió varios errores. Erró el green en el par 3 del hoyo 7; en el 15 se pasó del green con su segundo tiro de hierro 9. Aunque consiguió birdies en los dos hoyos finales, erró putts desde corta distancia.

Tan pronto pudo, generoso y locuaz, dio explicaciones: "Hoy no jugué tan bien como ayer, erré demasiados golpes. Quedé en el pasto alto muchas veces, pero siempre salí bien. No sé si el rough está más fácil o porque tengo un buen caddie".

Tras la tercera vuelta, De Vicenzo quedó como líder con 208 golpes; dos de ventaja sobre Gary Player. Los dos hicieron 67, 5 bajo el par, estableciendo el récord de la cancha. Roberto recorrió la ida en 33 y uno más en el regreso. En el hoyo, 13 conquistó un birdie embocando desde cuatro metros.

Exhibió un juego brillante, tanto en el largo como la media distancia y en los greens asombró a los quince mil espectadores que lo seguían y alentaban.

Ofreció un notable espectáculo por la sutileza de sus tiros que llevaban dirección impecable y sus approachs que quedaban, casi siempre, pegados a la bandera.

Y llegó la última vuelta.

Era una mañana soleada el 15 de julio de 1967. Roberto integró el último horario con Gary Player, detrás de Jack Nicklaus que los perseguía en el score con 211. Roberto llevaba dos golpes de ventaja. Salió a mantenerlos. Jugó prudente y sin tomar riesgos. Hizo la ida en el par 36, con un bogey en el 2 y birdie en el 4. Gary Player comenzó con bogey en el hoyo 1 y luego continuó con pares los dos siguientes. Jack Nicklaus inició su ataque con birdie en el 2.

Faltando nueve hoyos, De Vicenzo encabezaba con 244, Player y Nicklaus con 246.

Roberto comenzó con birdie en el 10 y volvió a bajar en el 14. Bogey en el 15 porque se fue al bunker y no sacó approach y putt. Volvió a hacer birdie en el 16 y tranquilamente, par en los últimos dos hoyos, para un 34, 2 bajo el par y un total de 70.

Nicklaus ya había superado a Player que se había descartado con un bogey en el hoyo 10.

La importante obra de la especialidad *The World Atlas of Golf* (Atlas Mundial de Golf), dedicó un gran artículo a la contienda:

> "Aunque ningún arquitecto moderno tomaría el hoyo 16 del Royal Liverpool como modelo, el mérito de su diseño es innegable. Su desafío es sencillo. La inserción dentro de su fairway en un rincón del campo de práctica, incita al jugador a dirigir su drive hacia la izquierda.
>
> Apuntar al green en esa línea significa un golpe que no admite falla alguna. Si se elige una línea cautelosa, la pelota podría terminar en el bunker o en el rough, desde donde un progreso sustancial es improbable.
>
> Cuando De Vicenzo llegó al sitio de salida del hoyo 16, par 5 de 533 yardas, en la última vuelta del Abierto Británico, lideraba

el torneo por dos golpes y sabía que sólo tenía que ganarle a Jack Nicklaus, quien jugaba inmediatamente delante de él.

De Vicenzo jugó su drive en una línea demasiado a la derecha de su objetivo y la pelota se dirigía a un zanjón poco profundo que separaba el fairway del campo de práctica. Fue un momento angustioso. Se iba, se perdía...

Pero la pelota se detuvo unos metros antes.

Desde ese lugar, el green se veía distante, abierto y acogedor, pero la línea de juego era totalmente por encima del campo de práctica.

Ejecutar golpes con madera 3 desde un buen lie, es algo que normalmente De Vicenzo puede hacer a ciegas, pero una esperanza gigantesca como el Abierto Británico, podía depender de ese golpe. Si golpeaba la pelota una fracción demasiado baja, podía rebotar en el pequeño talud del zanjón que tenía por delante y si le pegaba un poco pesada, la pelota podría no sobrevolar el límite más alejado.

Resueltamente tomó el spoon, golpeó la pelota y ejecutó un golpe tan notable —especialmente por lo que estaba en juego— que ni la imaginación más excitada podría haberlo concebido mejor. La pelota voló firme y derechita al corazón del green.

Dos hoyos después, caminando el largo fairway del hoyo 18 como un emperador, su séquito le ofreció una recepción llena de calor y afecto, como rara vez se ha visto. Un verdadero tributo a un magnífico golfista y un excepcional ser humano".

(A esta altura de la historia, el lector debería regresar unas líneas por el texto hasta reconfirmar: el párrafo anterior no lo escribió un colega, un compatriota, un admirador localista, un exagerado aficionado argentino. Es el registro de una de las obras más importantes del golf, editada en Europa, leída en el mundo).

En el golf hay dos clases de personas: los espectadores y los que arriesgan en el juego.

A él no le gustaba presenciar el triunfo de los otros. Sentía que los triunfos le pertenecían, los ansiaba, los amaba, los buscaba, los peleaba. De una manera ejemplar.

Roberto De Vicenzo ganó el trofeo más ambicionado del Planeta.

La primera vez que lo conquistaba un jugador de habla hispana, un latinoamericano.

La ovación que cerró su actuación fue impresionante.

Se convirtió en el campeón de mayor edad del siglo XX: 44 años y 93 días. Harry Vardon tenía 51 días menos cuando ganó en 1914.

Sólo en el siglo XIX, Tom Morris Sr. tenía 46 cuando ganó su cuarto Open en 1866.

Habían transcurrido 19 años desde su debut en 1948, cuando empató el tercer puesto detrás de Henry Cotton en Muirfield. Desde entonces jugó el Open en diez ocasiones y según las estadísticas británicas, ningún jugador tenía récord comparable en el mismo período.

1948: tercero
1949: tercero
1950: segundo
1953: sexto
1956: tercero
1960: tercero
1964: tercero
1965: cuarto
1966: vigésimo

Hasta 1967 el score más bajo del campeonato de Gran Bretaña, en la cancha del Royal Liverpool, pertenecía a Peter Thomson con 286 cuando obtuvo su tercera victoria consecutiva en 1956.

En Hoylake, De Vicenzo lo mejoró en ocho golpes, estableciendo el récord de la cancha para 72 hoyos.

En los cuatro días hizo 46 pares, 14 birdies, 2 águilas y 8 bogeys, con un total de 10 bajo el par. Ningún ganador había bajado de 70 golpes. Él quebró la marca con 67 en la tercera vuelta, cifra que compartió con Gary Player.

Marcador final:

Roberto De Vicenzo	70 71 67 70	*278*
Jack Nicklaus	71 69 71 70	*281*
Gary Player	72 71 67 74	*284*

Jack Nicklaus, nacido en Columbus, Ohio en 1940, ha sido considerado uno de los más grandes golfistas de todos los tiempos. Lo llaman el Oso de Oro. El súper crack dijo:

> "Siempre creí que la copa la ganaría un americano, pero no imaginé que sería un americano del sur. No pude haber perdido ante mejor caballero".

De Vicenzo ganó 2.100 libras esterlinas. En Inglaterra las apuestas deportivas son legítimas y populares. Tuvo la visión y apostó a sí mismo unos buenos billetes. Pagó a 70 a 1. Dio un batacazo y embolsó más dinero por la apuesta que por el Gran Premio.

Cuando entró al último green lo esperaba una ovación. Caminó hacia el ruedo verde con su gorra en la mano saludando al público vociferante (¡y eran los flemáticos ingleses!).

Tenía tres golpes para ganar. Estaba a seis metros de la bandera. Nadie lo supo jamás, pero el gigante argentino, el Popeye de hierro, dejó escapar unas lágrimas saladas que le corrieron por el rostro curtido por el sol. Player que jugaba con él, embocó. Se apartó y le dejó espacio abierto. Roberto embocó el segundo. Y un nuevo sismo marcó su vida. Todo tembló. Sus brazos, el piso, la multitud. Creía estar sordo porque no oía el rugido de la admiración.

Vio cómo las nubes se corrieron para entregarle todo el Sol posible y las cámaras de la BBC de Londres registraron sus palabras de campeón, en español: "Fabuloso, fantástico, es el día más feliz de mi vida. La realización de mi mayor ambición".

Nadie tradujo, pero todos sabían lo que estaba diciendo.

Resulta difícil de comprender, a menos que se conozca a Roberto De Vicenzo y la ternura que despierta en quienes lo tratan, la reacción de la prensa británica. La mañana del 16 de julio de 1967 los suplementos deportivos ingleses, con letras inmensas, titularon:

"Viva De Vicenzo"

El cronista Hugh McLivanney detalló:

> "Ninguna victoria, ni siquiera la de un golfista inglés, pudo haber producido tan calurosa acogida en la multitud presente. Fue la victoria más popular en el Abierto desde que el general

Montgomery tuvo su espectacular rehabilitación en las arenas de El Alamein, durante la Segunda Guerra Mundial".

Era un elogio de proporciones legendarias. Bernard Law Montgomery (1887-1976), nació en Londres, era un ídolo militar, el general de la victoria, héroe nacional, que había derrotado al mítico mariscal Erwin Rommel (1891-1944) en el norte de África, en El Alamein. Montgomery, un guerrero emblemático. Usar semejante figura, sólo puede explicarse por la dimensión del deportista y del triunfo logrado por el golfista argentino. La personalidad de De Vicenzo había cautivado a los ingleses y se habían rendido a sus palos.

Henry Cotton, que había venido a la Argentina como profesor de golf y se casó con una argentina, se deleitó escribiendo:

> "El gran hombre de Buenos Aires tenía lágrimas en los ojos. Este argentino, amigo mío, es el que mejor golpea una pelota de golf en el mundo. En todos mis años de golf no he visto que se diera tal apoteótica salutación a un vencedor extranjero, como la que los aficionados ingleses dieron a De Vicenzo".

Donald Stell, del *Sunday Telegraph*:

> "Aproximadamente a las cinco horas menos diez minutos de una tarde de sol, la multitud congregada en las tribunas del último green, se puso de pie en homenaje a De Vicenzo. El bronceado gigante argentino (que jugó su primer campeonato británico cuando Jack Nicklaus tenía 8 años), por fin había ganado y nadie en el mundo podía ser tan merecedor de una victoria tan popular.
>
> Para De Vicenzo, quien a los 44 años, es el ganador de más edad del campeonato, la victoria señala una cumbre distinguida en una carrera en la que ha obtenido más de ciento cuarenta torneos".

Los medios argentinos fueron entusiastas, pero no tanto como los ingleses. El 16 de julio publicaron:

> "De Vicenzo campeón de Gran Bretaña. Por dos golpes se impuso a Nicklaus, adjudicándose el título tan esperado". *(La Nación)*

"De Vicenzo dio el golpe. Resultó el mejor golfista del mundo, al adjudicarse el certamen de Gran Bretaña en una performance que es sensación para nuestro deporte". *(El Mundo)*

"Campeón. Roberto De Vicenzo jalonó el golf argentino con su triunfo en el Campeonato Abierto de Gran Bretaña. Los ingleses lo alentaron y ovacionaron como a un hijo dilecto". *(Golf Internacional)*

"De Vicenzo: clamorosa ovación británica. A los 44 años obtiene el halago que esperó durante cuatro lustros". *(Clarín)*

Este libro debería terminar en este momento. Si fuese una crónica contemporánea, el autor, cerraría su anotador y daría por concluida la tarea, la historia.

¿Qué más podría hacer este hombre?

"Hay una fueza motriz más poderosa que el vapor, la electricidad y la energía atómica: la voluntad".

Albert Einstein (1979-1955)

Crónica de una proeza buscada

El propio Roberto De Vicenzo cuenta cómo ganó el Open:

"Llegué una semana antes a Hoylake para el entrenamiento. Practicábamos con Nicklaus. La cancha del Royal Liverpool es un escenario muy difícil. Hay muchos médanos. Colocar la pelota en el fairway es parte de la batalla porque los roughs son muy problemáticos. Los greens son muy chicos. Comencé a practicar con un putter que tenía una cabeza en forma de banana y ese palo me dio cierta fama, porque tenía insólito diseño. El único plan que armé fue el de arriesgar sólo lo indispensable. No jugar con precaución. Pero sólo arriesgar lo necesario.

Un certamen es como una carrera de ciclismo. Uno trata de no dejar escapar al pelotón. Hay que ir prendido y rematar al final.

El par de la cancha para 72 hoyos es de 288 golpes y el que gana, saca uno o dos golpes. Nada más. Todo es extremadamente sensible;

no se admiten errores. Una falla puede significar la pérdida de muchos tantos. Me mantuve todo el desarrollo y en la tercera vuelta saqué dos golpes".

Antes de empezar la última jornada, recibió telegramas, cartas, mensajes de amigos, conocidos, clubes, pero no leyó ninguno. Ni una sola línea. Recién dos días después de finalizado, abrió la carta de su esposa. El último día estaba nervioso. Ya no tenía ganas de bromear como en las primeras jornadas. Iba caminando junto a Gary Player, lo miraba y pensaba: *"¿Cómo me va a ganar este petiso?"*

En el hoyo 16, par 5, le llevaba dos golpes a Nicklaus. Es un hoyo muy difícil porque a la derecha hay una cancha de práctica y se debe jugar por encima. Al menor descuido la pelota se queda allí y se pierden dos golpes. Si lograba hacer el par, mantendría la diferencia, porque Nicklaus ya había pasado haciendo el par. Lo prudente hubiera sido un hierro para asegurar el par y no arriesgar con madera, pero en todo el torneo había pegado muy bien y estaba seguro de no fallar. La madera 1 le había dado muchas satisfacciones.

"Quizás muchos no lo comprendan, porque no conocen lo difícil que es el campo", aseguró Roberto. Los hoyos son muy largos y había fallado en muy pocas salidas. Fue uno de los que mejor pegaron con madera. Le pidió la madera 3 a Willy, su caddie, un hombre de 34 años que lo asistió muchas veces, y él lo aprobó quizá para no entorpecer su juego. Pero De Vicenzo notó que estaba nervioso: "El caddie me decía, tranquilo, tranquilo; pero el que estaba nervioso era él".

Todos pensaban que se había equivocado o que era un valiente. Jugar con madera era arriesgar. ¡Pero lo hizo! El público, los periodistas, todos, estaban convencidos de su error.

Pegó y siguió caminando sin ninguna duda de que había superado la parte más difícil. Todos quedaron asombrados porque el tiro había sido perfecto y dejó la pelota a seis o siete metros del hoyo para águila. Había corrido las 240 yardas en una línea prácticamente recta y después con el primer putt, la pelota besó el hoyo como queriendo convertirse en un águila y luego se detuvo treinta centímetros detrás. Esto podría haberse decidido de otra manera y en ese caso, lo más probable es que su estado mental hubiera cambiado.

"Para ser campeón, hay que arriesgar. El que no arriesga es muy difícil que gane", afirma el hombre que siempre recomendó prudencia, pero no flaquezas.

Entró al hoyo 18 como un mariscal. La gente aplaudió entusiasmada. De Vicenzo terminó con dos putts y toda felicidad. Tomó una cerveza en el bar e invitó a todos para celebrar el acontecimiento.

Ésta es la historia del Open. Antes de empezar hay más de mil candidatos. Una vez iniciado, sólo ciento cincuenta que no quieren perder terreno. Tratando de no regalar posibilidades. Mente fría, no especular excesivamente, pero saber arriesgar. Determinar el instante en que se puede iniciar la atropellada para alejarse o mantenerse, pero estar siempre a tiro.

Aunque el público rodea y abraza, la competencia aleja y se siente picazón en las manos. De Vicenzo afirma que el jugador debe mantenerse siempre lúcido para apreciar el encanto del juego. Es muy difícil de explicar. Hay que sentirlo. El golpe a la pelota, el césped, que parece volatilizarse al ser afeitado por el palo y la pelotita que se va, zumbando en el aire, cayendo lejos como una pequeña bola de nieve que se arroja sobre una alfombra verde. Y ese *shiyyyyiiikkk* del césped, un ruidito que acompaña y conmueve.

Ovación, aplausos, serenidad, caminata imperturbable. Sacó un pañuelo, se lo pasó por la frente (en el golf se transpira mucho). Habían pasado 72 hoyos.

Los había esperado toda su vida. Ahora eran suyos. El trofeo inmenso, los gritos de admiración, el verde, los árboles, las fotos, el cielo, todo, resumido en un instante glorioso para quien ocupaba el gran sitial.

Pocos días después, las terrazas de Ezeiza comenzaron a poblarse de entusiastas. En el salón principal del aeropuerto, esperaban Leopoldo Ruiz, representante de la Asociación de Profesionales de Golf, amigos, Delia y los hijos. Ranelagh organizó una caravana de autos y carteles. Banderas argentinas. Brazos en alto.Y un cartelón gigantesco iba de punta a punta en la baranda de la terraza:

"BIENVENIDO CAMPEÓN DE VICENZO".

Cuando bajó del avión, hubo un rugido de alegría. Él levantó la copa y se la entregó a José Jurado. En ese momento de gloria, lo primero que dijo fue: "Aquí se las traigo. La mitad es de ustedes". Jurado la mostró al público.

De Vicenzo explicó que José Jurado había encabezado el Open Británico de 1931 hasta el hoyo 71, donde cometió un error, permitiendo que Tony Armour se llevara el campeonato. Jurado no sólo había arañado la victoria, sino que dejó el nombre de Argentina en alto y brillante. Por eso la copa fue a sus manos.

Una caravana de 300 autos apareció en la pantalla de Canal 7. Roberto viajaba en el de Ignacio Ramos, presidente de la AAG.

A medida que avanzaban por la Avenida General Paz, muchos se interrogaban al respecto. No eran tiempos para manifestaciones populares. Otros grupos numerosos sabían de qué se trataba e hicieron sonar sus bocinas: estaban pasando frente al puente de Migueletes, donde alguna vez alcanzó los remaches. Su cuna de golf.

Sonaron las bocinas, se agitaban los pañuelos. "¡Allí va el campeón!"

Fueron a la cancha municipal de Palermo. Al llegar, una larga fila de golfistas con sus palos levantados, hicieron techo ceremonial, como a los monarcas. Alfombra roja. Más admiradores.

Comenzaron a sonar sirenas. Roberto sonreía con el rostro encendido, los ojos inmensos, con sólo dos manos para saludar, con muchas ganas de llorar:

> "Esto no lo imaginaba. Pensaba que tanta gente sólo se juntaba para recibir a otros deportistas. Creía que sólo a los futbolistas. Ojalá pueda el golf convertirse en un deporte más popular. Cuando gané la Copa, creí que había sido el momento más feliz de mi vida. Ahora comprendo que estaba equivocado. Esta recepción borra todo. Será inolvidable. Que todo el apoyo que he recibido, lo puedan tener los demás. A mí me ha tocado ser el ganador, pero el triunfo también tendrán que lograrlo otros argentinos. Valores tenemos, aunque sorprenda, como en los países más importantes del mundo golfístico".

En el momento de mayor gloria, De Vicenzo pensaba en el golf y en otras personas. Y presentía bien. El golf crecería como deporte de manera exponencial en el país. La superficie generosa de la Argentina ofrecía inmensas posibilidades y pronto comenzaron a construirse canchas en casi todas las ciudades del país, en muchos clubes y en tantos countries. Y cada vez que se jugara un torneo importante, la figura invitada, el centro de atracción y el núcleo del remolino, sería siempre Roberto De Vicenzo.

La llegada a Ranelagh fue indescriptible. Los vecinos rubicundos y maravillados con el hijo amado. Carteles, banderas, gritos, aplausos. Y la entrada al club donde la familia esperaba.

Mil abrazos. Roberto había regresado. Ya no traía su propio colchón.

Ahora venía laureado, proclamado, campeonísimo.

Ranelagh que lo había adoptado, ahora era suya.

El diario *Clarín* hizo la siguiente crónica:

"La realidad superando a las más fantasiosas de las imaginaciones. Un gran recibimiento estaba dentro de las presunciones de todos. Era lo esperado por la gente. La que sigue de cerca el golf y la que sólo conoce algún detalle del juego, de las caminatas, de los palazos y de los hoyos. Pero ese recibimiento no entraba en las estimaciones de nadie. Esa multitud que llegó a Ezeiza, superó los cálculos más optimistas. Esas banderas con el "*¡Bienvenido... Campeón!*", resultaron muchas más de las esperadas. Tal vez por encima del triunfo, haya privado la figura humana del vencedor. Porque no hay duda de que Roberto De Vicenzo, el promotor de semejante despliegue, es una figura curiosa. Es la corporización más acabada del deportista ejemplo. Del ídolo puro. Del individuo que, por encima de una actuación deportiva, trabaja como embajador de nuestro país.

Pasemos por alto la llegada a Ezeiza. No porque carezca de valor informativo. De ninguna manera. Pero resulta que allí a Roberto De Vicenzo no lo pudimos ver. Fue imposible franquear las cuatro o cinco mil personas presentes. Tuvimos que conformarnos con la visión de una Copa. Una inmensa Copa que Spaghetti mostraba, aferrada por sus dos famosas manos, por encima del delirio de todos.

Preferimos escaparle a las demoras aduaneras y al paso lento de la ruidosa caravana. Abandonamos Ezeiza y fuimos a buscar el nuevo contacto del otro lado de la ciudad: el Campo Municipal de Golf de Palermo. Otra vez la gran sorpresa. Una nueva multitud a la espera del vencedor del Open de Gran Bretaña. La alfombra roja dispuesta para su llegada, bordeada por una treintena de caddies con sus palos juntándose en lo alto haciendo techo para su entrada. De esos caddies y de su mismo amor por el golf, había surgido esta figura inmensa que llegaba victoriosa".

Roberto De Vicenzo, el gigante de acero, temblaba, abría y cerraba sus ojos para que no se le escaparan lágrimas, y balbuceaba: "Gracias... muchas gracias".

José Jurado, gloria del golf argentino, dijo:

> "Después de cincuenta años de búsqueda, la Argentina logró el más trascendente triunfo en su historial golfístico. Y para alegría de todos, lo ha traído De Vicenzo. El más grande, el más simpático y el más querido de todos los golfistas de nuestra historia".

* * *

El triunfo en Gran Bretaña le dio el derecho a participar de la Serie Mundial que se jugó en septiembre en Akron, Ohio, Estados Unidos. El torneo reunió a Jack Nicklaus, ganador del Abierto de los Estados Unidos; Gay Brewer, ganador del Torneo de Maestros; Roberto De Vicenzo, del Abierto Británico y Don January, del Campeonato de Profesionales de Estados Unidos. El escenario fue la cancha par 70 del Firestone Country Club, considerada entre las más difíciles del mundo.

Antes de partir, De Vicenzo confió a la revista *Primera Plana*:

> "Cualquiera de los cuatro puede ganar, pero el candidato más serio es Nicklaus, porque conoce la cancha como la palma de su mano. Además, habrá un tremendo problema de concentración, porque como el torneo es televisado y seremos nada más que cuatro los participantes, cada uno llevará un micrófono para explicar lo que va haciendo. Yo seré el más perjudicado porque, como no domino el inglés, tendré que pensar muy bien lo que voy a decir y la concentración en el juego se va al demonio".

La serie mundial se inició el sábado 9 de setiembre y los cuatro tuvieron que luchar contra los problemas provocados por el agua, el granizo y el posterior viento seco.

Además, los inconvenientes propios de la cancha. Supusieron que iba a suspenderse. Los cuatro campeones subieron el par 35 en los primeros nueves hoyos. Nicklaus, De Vicenzo y Brewer emplearon 37 golpes y January, 38. Bajo la lluvia y cubiertos por enormes paraguas, los jugadores daban una impresión penosa: remeras y pantalones pegados al cuerpo; los pies chapoteando dentro de zapatos mojados por dentro y por fuera. Cada movimiento de cabeza antes de pegar, los cegaba por la fuerza del viento y la lluvia. De Vicenzo, infaltable y siempre de buen humor, concluyó la primera vuelta diciendo: "Tuve una ventaja: era el único al que el pelo no le tapaba los ojos. La ventaja de ser pelado".

Los comentaristas de la televisión adjudicaron a Roberto la mejor jugada de la tarde en el hoyo 3. Con su salida fue a dar al pasto alto y la pelota se metió entre unas ramas con una laguna al frente. Desde allí, con su segundo golpe, puso la pelota junto a la bandera para salvar el par. En el regreso, De Vicenzo empleó 33 golpes y con un 70, se ubicó al frente de la Serie con tres golpes de ventaja sobre Brewer y January y cuatro sobre Nicklaus. Arnold Palmer confesó que "los últimos nueve hoyos de Roberto son los mejores que he visto jugar en esta cancha tan difícil".

En el hoyo 11, el argentino embocó un difícil putt que tenía una loma por delante y en el 15, con magnífica explosión desde el bunker, dejó la pelota pegada a la taza.

En la mañana del domingo, la lluvia se fue, pero vino un viento seco y furioso con ráfagas de cuarenta y cinco kilómetros por hora al avanzar la tarde, lo que desorientó la acción de los jugadores en el green, el punto débil de Roberto. Su tarjeta al terminar la vuelta, presentaba un total de seis sobre el par (76) y con 146 se clasificó tercero a dos golpes de Jack Nicklaus, quien habiendo empezado muy flojo, cuando observó los altibajos de sus rivales, inició una ofensiva arrolladora e impecable.

Nicklaus, en el hoyo 11 había empatado con De Vicenzo y Brewer y en el tramo final impuso su calidad fuera de serie. Jugando con notable seguridad y demorando cada tiro, igualó con De Vicenzo el score de 33 para nueve hoyos y 70 para la vuelta.

Los errores cometidos por Roberto lo enfurecieron y perdió algo de su autocontrol. Se recuperó en los últimos cinco hoyos, lo que le permitió superar por cinco golpes a January.

Brewer se clasificó segundo con 145. Los premios fueron:

Serie Mundial	
Jack Nicklaus	50.000 dólares
Gay Brewer	15.000
Roberto De Vicenzo	7.500
Don January	5.000

Roberto no se justificó con el mal tiempo:

"Tuve las mismas dificultades que mis adversarios, simplemente jugué muy mal los segundos 18 hoyos. No quise jugar a conservar mi ventaja, porque siempre me gustó atacar la cancha, y cuando arriesgué, lo hice mal, sin confianza, con poca fe. Lamento haber perdido la oportunidad".

El desastre de Augusta

PARÉNTESIS

REGLA 6: SCORE EQUIVOCADO PARA EL HOYO

"El competidor es responsable de la exactitud del score anotado para cada hoyo. Si anota para un hoyo un score menor que el realmente empleado, será descalificado. Si anota para un hoyo un score mayor que el realmente empleado, el score anotado se tendrá por válido".

EN 1934, BOBBY JONES Y CLIFFORD ROBERTS, decidieron organizar un torneo anual de golf que originalmente iba a llamarse Master Tournament y terminó siendo el Augusta National Invitation Tournament.

Un periodista norteamericano afirmó que si se preguntase por el ganador del Augusta 1968, nadie recordaría su nombre. Todos recuerdan, en cambio, el nombre de Roberto De Vicenzo.

Viajó a Estados Unidos especialmente invitado a participar en el 32° Torneo de Maestros, en la cancha de Augusta.

El torneo inició el 11 de abril de 1968. En la primera vuelta hizo 69 golpes, 3 bajo par. Al día siguiente, subió con 73 y quedó a tres de los punteros, Gary Player y Don January.

"Fueron las andanzas de un mono y un pato –comentó Roberto respecto a su juego en esa vuelta—. Bogey en el hoyo 8, cuando jugué como un mono y envié la pelota de un árbol a otro. En el 16, jugué como un pato al enviar la pelota al agua y hacer otro bogey".

En la tercera vuelta, marcó 70 y con 212 estaba a dos de Player, quien marcó un birdie desde dos metros en el 18 y evitó un múltiple empate en el primer puesto, pues cinco jugadores más, igualaban en 211.

La última vuelta fue el 14 de abril, el día del cumpleaños de Roberto. Cuando embocó su segundo tiro en el hoyo 1, logrando un águila 2, el público comenzó a cantar *Happy birthday to you.*

No era sólo el golpe y el impacto de la jugada, era su simpatía, la calidez de su figura y el afecto que despertaba en públicos dispares y ajenos.

Después hizo birdies en el 2, 3 y 8. Llegado el 61, era el único puntero con un golpe de ventaja sobre Bruce Devlin. Completó en 31, igualando el récord de los primeros nueve hoyos. En el arranque del 10, De Vicenzo tenía –9. Devlin –8. Bob Goalby –7,

Con –6 estaban Gary Player, Don January y Miller Barber.

Goalby surgió en los nueves hoyos finales con birdies en el 13 y 14 y águila en el 15. Pasó al frente, pero en el 17 necesitó tres putts y De Vicenzo con un birdie en ese par 4, recuperó la punta. En el 18, el segundo tiro de Roberto, se pasó del green y se perdió entre el público. Con el wedge entró a dos metros del hoyo y erró el putt, finalizando el torneo con un decisivo bogey 5. Terminó con 277.

Goalby embocó un putt difícil de un metro y medio, cuesta arriba, en el 18, para un par que le dio un total de 277 *empatando* el primer puesto con De Vicenzo.

Los periodistas y el público estaban excitados por el desempate que se desarrollaría en el hoyo 10. En ese momento, Hord Hardin, presidente del Augusta, le informó a De Vicenzo que había firmado su tarjeta con *un golpe de más* en el hoyo 17, donde había marcado un 3, pero estaba anotado un 4. No habría desempate. Bob Goalby fue declarado campeón oficial del Torneo de Maestros 1968.

Official Score Card
Sunday, April 14, 1968

Hole	1	2	3	4	5	6	7	8	9	Out
Yardage	400	555	355	220	450	190	365	530	420	3485
Par	4	5	4	3	4	3	4	5	4	36
Player	2	4	3	3	4	3	4	4	4	31

Hole	10	11	12	13	14	15	16	17	18	In	Totals
Yardage	470	445	155	475	420	520	190	400	420	3495	6980
Par	4	4	3	5	4	5	3	4	4	36	72
Player	4	4	2	5	4	4	3	(4)	5	35	66

Player signature:
Roberto De Vicenzo / Tom Aaron

Roberto estaba deshecho, disgustado, triste, pero nada podía hacer para evitar lo irreparable. Se mostró sereno y sonriente cuando se presentó en la televisión junto a Bob Goalby y las autoridades del Club Nacional deAugusta. Roberto asumió la responsabilidad del error, pero la prensa lo convirtió en un mártir. El episodio tenía ribetes dramáticos.

El *New York Times,* en su sección *El hombre de la noticia,* tituló:

"Millones ven un empate en el Torneo de Maestros, pero gana Goalby por un error. Probablemente De Vicenzo debe haber experimentado la frustración máxima de un juego, cuya característica principal es la frustración. El jugador argentino aceptó el golpe con resignación, demostrando ser un cabal deportista".

Quien llevaba la tarjeta de Roberto, era Tommy Aaron (que irónicamente tenía el título de Master en matemáticas en Florida), descubrió su error diez minutos tarde y dijo:

"Estaba sentado junto a la mesa de los funcionarios, cuando advertí que había cometido el error de anotarle 4 golpes, en lugar de 3, en el hoyo 17. Miré a mi alrededor y traté de encontrar a Roberto, pero él ya se había ido a la sala de prensa".

Bob Goalby, el ganador:

"Lamento profundamente la mala suerte de Roberto. Hubiera preferido ganarle en la cancha".

(Bob Goalby diría años después que tuvo que soportar como un estigma haber ganado ese torneo. Lo consideraban culpable. Recibió más de 500 cartas de estadounidenses indignados que le reclamaban por "su conducta").

El aficionado Viney Giles, dijo:

"Nunca en mi vida había visto nada que quedara grabado en mi memoria como el maravilloso despliegue de fortaleza moral del argentino, al aceptar su infortunio".

El tema provocó un escándalo en la cancha ese mismo día, y luego en los medios que llamaron al asunto "el desastre de Augusta", culpando a la reglamentación que había postergado a De Vicenzo. Y esto lo dijo el muy influyente y serio *New York Times*. La prensa, los profesionales, lo convirtieron en un héroe nacional. Todos sabían que las autoridades habían procedido bien, de acuerdo a las reglas.

El *Washington Post* sugirió se jugase el desempate para declarar al verdadero ganador.

El presidente del Augusta, Clifford Roberts, dijo al respecto:

"Algunos críticos no comprenden la diferencia entre el golf y los deportes de espectáculo, como el fútbol y el baseball, donde los jugadores no tienen la responsabilidad de llevar la anotación.

Las Reglas especifican que no pueden introducirse alteraciones en las tarjetas después de que un competidor las ha entregado a la Comisión fiscalizadora. Además, la tarjeta lleva impresa la leyenda "he revisado mi score hoyo por hoyo".

"Nosotros dirigimos un torneo de golf. No dirigimos la United States Golf Association (USGA). Organizamos un torneo con la reglamentación de esa entidad".

De Vicenzo fue terminante y, como siempre, de una sola pieza:

"Fue culpa mía. Cuántas veces habré firmado tarjetas sin mirarlas. Todo lo que puedo decir es qué estúpido fui. Es un error que un profesional no debe cometer. Voy a sufrir por mucho tiempo y siempre habrá alguien que me lo recuerde. Ese error será la sombra de mi vida. Ni miré la tarjeta. La firmé. No habían pasado quince minutos y todo el mundo sabía lo que había pasado. Ya era tarde. El reglamento lo establece. No hay protestas luego de firmar la tarjeta. Quedé segundo, pero yo sentí que había ganado y todos me lo hicieron sentir".

Se propusieron construir casetas de cristal para que el profesional pudiera verificar su score sin ser molestado por los periodistas y el público. En otras situaciones, la policía ha tenido que proteger a los jugadores de quienes deseaban hablarles y felicitarlos cuando debían estar revisando sus tarjetas. Ben Hogan y Jack Nicklaus estuvieron alguna vez diez minutos para estudiar cada uno de sus golpes y cada uno de los hoyos. De Vicenzo propondría más tarde que la pena se aplicase no sólo al titular de la tarjeta, sino a quien la confeccionara, porque de esa manera, el verdadero responsable tendría más cuidado y sufriría él mismo las consecuencias de su error.

De Vicenzo pasó a ser una figura idolatrada y reconocida en todo el mundo. El desastre de Augusta, exaltó su nombre a otros planos de la consideración. Ya no sólo por sus golpes, su figura, sus triunfos, su buen humor. Ahora era además, con mayúsculas, un Caballero, auténtico representante del *fair play*, que asumía un golpe terrible (perder el torneo magno y una cifra muy importante) sin quejarse, sin echar culpas, sin recurrir a la prensa para "vengarse".

No hubo nadie que asumiera las cosas con mayor dignidad y entereza. En la ceremonia de entrega de premios mantuvo una calma y serenidad pasmosas.

Él había firmado una tarjeta equivocada, mal hecha por otra persona. No se le ocurrió impugnarlo. No lloró. No pataleó. No vociferó.

¿Cómo se logra semejante autonomía mental? ¿Cómo se supera tal angustia?

Con jerarquía moral. Con plenitud espiritual. Y todo el mundo lo vio. Él pasó a ser un héroe civil y deportivo. Desde entonces, centenas de crónicas recorren miles de páginas de Internet, aún hoy, relatando la hazaña de saber perder.

Quizá resulte obvio advertir que si su gesto produjo semejante fenómeno cultural, es porque la gran mayoría de las personas no hubiera hecho lo mismo. Roberto fue consagrado por hacer bien lo que debía hacerse bien. Pero no es como ocurren las cosas. A él le ocurrió.

Volvió a jugar en Augusta, pero ya no tuvo actuación destacada. Para el público seguía siendo aquella víctima inocente, "el que se equivocó al firmar".

En 1970, la Asociación de Golf de los Estados Unidos le entregó un galardón:

"Por su distinguida calidad deportiva en golf".

La Asociación de Periodistas de Estados Unidos lo premió con el *Richardson Award* al deportista del año. Los hombres de prensa lo agasajaron de muchas maneras, con abrazos, fotos, gestos de admiración y naturalmente, bromas. El gran Roberto, en medio de una ceremonia fastuosa, no perdió su sentido del humor y les marcó con el rostro lleno de picardía que ellos, los escribas, habían cometido tres errores con su nombre: en el lugar de la mesa que le habían asignado, en el menú... y *¡oh...! my friends,* en el propio trofeo.

Las risas fueron ensordecedoras. Aplausos y vítores. Todos de pie. El Waldorf Astoria, lucía de galas. Y Roberto habló:

"Vine a los Estados Unidos para hacer dinero. Como no pude jugar tan bien como Palmer o Player, me dediqué a cosechar amigos. Éste es mi capital".

No quedaba homenaje por ofrecerle. Donde fuese o llegase o jugase.

Habría un galardón más. La Asociación Internacional de Golf, dispuso que la Copa del Mundo de 1970, se jugase en la Argentina, en honor de Roberto De Vicenzo.

El chiquilín de la laguna era comandante de mar abierto.

Muchos diarios del mundo clamaron por el "robo" que se había cometido contra De Vicenzo. La regla aplicada al argentino —sostuvieron— era buena para 1868, cuando no había público presenciando las jugadas. En 1968, exigirle a los jugadores que sean sus propios marcadores en torneos tan importantes, en los que se compite por miles de dólares, es mucho pedir. Aseguraron que el "ganador real" del torneo era De Vicenzo.

(En realidad, el torneo debió terminar con un empate y posterior definición). Pero el fallo popular y profesional, le otorgó podium y medalla de oro a De Vicenzo.

La defensa surgió de los profesionales. Pocos deportes son tan complicados. Un competidor puede ser penalizado por llevar más de 14 palos en su bolsa; dos golpes por cada palo de más.

Puede ser sancionado por mover accidentalmente la pelota. Por jugar demasiado lento.

Se intentó en una ocasión utilizar anotadores oficiales en los torneos profesionales, pero aparecieron problemas aún más graves. Cuando un anotador se equivocaba o confundía, se creaba una situación insostenible y tenían que lidiar con decenas de anotadores.

El Reglamento como ha sido diseñado —sostienen los golfistas— constituye la mejor protección para el jugador. Le concede la oportunidad de revisar su puntaje y no atascarse por el error que comete otro.

Otras voces y otros ámbitos.

Clarín de Buenos Aires:

"Para asumir representaciones tácitas no se requiere necesariamente la formalidad del grado diplomático. Un médico, un cosmonauta, una estrella de cine o un deportista, pueden contribuir a la buena imagen de su país con mucha eficacia cuando cumplen con decoro su función. En ese sentido, la caballeresca dignidad con que De Vicenzo acató la aplicación de una norma reglamentaria, dura pero clara, constituye un destacable ejemplo de ética deportiva".

La Nación de Buenos Aires:

"Roberto De Vicenzo fue la noticia del mes de abril de 1968 en los Estados Unidos. La mañana del 15 superó en los titulares de la primera plan del *New York Times* a la guerra de Vietnam. Y no porque haya ganado. Esos títulos los ganó por perder. Llovieron los elogios. Su comportamiento, al aceptar lo ocurrido con un simple 'yo solo tuve la culpa', recorrió el mundo envuelto en la cinta perforada de los teletipos. Y allí completó su escala de victorias, la del ídolo que se mezcla con su propio país, que lo representa no en el putt bien metido, sino en lo que de íntegro y puro tiene una Nación.

"Roberto conmovió a la opinión pública universal llevando en el estribo de su gesto a su Patria".

Washington Post:

"El tratamiento que se le ha dado a Roberto De Vicenzo en el Torneo de Maestros de Golf, debe provocar un sentimiento de ira y de vergüenza. Un error técnico enteramente inocente, le costó no sólo un título, sino también una fortuna considerable. Pero le costó a los Estados Unidos que pocos deportistas en el mundo, piensen que a De Vicenzo se lo trató con generosidad o siquiera limpiamente. El reglamento debe ser cambiado y De Vicenzo y Goalby deben disputar un match desempate para determinar cuál de ellos es el campeón".

Arthur Daley, del *New York Times*, afirmó:

"La regla actual sobre la anotación es ridícula y es necesaria su inmediata suspensión. El golf es el único deporte en que el competidor es obligado a llevar el score, lo que pudo justificarse en las primeras épocas o en compromisos de poca importancia. Pero no en los grandes torneos en que los competidores deben dedicar su mayor esfuerzo mental al juego.

Ocurre que los golfers son los competidores más honestos del mundo.

Bobby Jones perdió una vez la corona del abierto por imponerse un golpe adicional: aunque nadie lo había visto, le pareció que se movía la pelota cuando se preparaba para golpearla. Quizá se haya movido. Quizá no. Pero él decidió castigarse.

Lo que hace al contratiempo de Augusta tan escandaloso, es que fue expuesto a toda la Nación por televisión ante millones de testigos. Todos vieron al argentino jugar un birdie en el hoyo 17 y supieron que estaban en vísperas de un desempate. Se horrorizaron al enterarse de que la firma de una tarjeta errónea, había anulado todo.

La ceremonia de entrega de premios, se convirtió en una grotesca burla".

En un diario de Detroit:

"Roberto De Vicenzo será el único jugador de la historia del golf que será recordado siempre como el que entró segundo en un torneo.

Los argentinos deben sentirse orgullosos de este señor".

Clasificación final oficial. 11-14 de abril de 1968

1 B. Goalby	70 70 71 66	277	-11
2 R. De Vicenzo	69 73 70 66	278	-10
3 B. Yancey	71 71 72 65	279	-9
4 B. Devlin	69 73 69 69	280	-8
5 F. Beard	75 65 71 70	281	-7
J. Nicklaus	69 71 74 67	281	-7
7 T. Aaron	69 72 72 69	282	-6
R. Floyd	71 71 69 71	282	-6
L. Hebert	72 71 71 68	282	-6
J. Pittman	70 73 70 69	282	-6
G. Player	72 67 71 72	282	-6

PARÉNTESIS

LA REVISTA *GOLF MAGAZINE* DE JULIO 2003, PUBLICÓ EL RANKING DE INCIDENTES INCREÍBLES OCURRIDOS EN IMPORTANTES TORNEOS DE GOLF:

9°) *Trey Holland-Vuelta final del US Open-1994:*
El ganador Ernie Els fue ayudado cuando el oficial de la USGA, Trey Holland, autorizó un drop incorrecto en el primer hoyo.

*8°) Bobby Jones – US Open – Primera vuelta – 1925
Después de castigarse a sí mismo por una probable pelota movida, que sólo él advirtió.*
*7°) Byron Nelson – US Open tercera vuelta – 1946
El caddie de Nelson perdió el equilibrio e involuntariamente pateó la pelota. Después de la penalidad, Nelson perdió el torneo en desempate.*
*6°) Ed "Porky" Oliver – US Open – Vuelta final – 1940
Para evitar la tormenta que se avecinaba, Oliver salió del tee antes del horario. Hubiese empatado el primer puesto, pero fue descalificado.*
*5°) Craig Stadler – Andy Williams Open – Tercera vuelta
Una persona que estaba viendo el torneo por televisión, llamó a la organización y denunció que Sadler había puesto una toalla en el suelo para apoyar su rodilla y desde allí pegar. Estaba debajo de un árbol. Fue descalificado.*
*4°) Lloyd Mangrum – US Open playoff – 1950
En ese entonces, los jugadores no podían tocar la pelota. Mangrum levantó la suya para soplar un insecto. Fue penado con dos golpes.*
*3°) Jackie Pung – US Women's Open – Vuelta final – 1957
Después de que Pung firmara su tarjeta con un score menor, fue descalificada. Los asistentes hicieron una colecta en su favor.*
*2°) Ian Woosnam – British Open ronda final – 2001
Cuando marchaba al frente, Woosnam descubrió que llevaba 15 palos en su bolsa. Después de dos golpes de penalidad, finalizó tercero.*
*1°) Roberto De Vicenzo – Masters ronda final – 1968
Después de firmar un score más alto la tarjeta hecha por Tom Aaron, el argentino expresó en inglés su ahora famosa frase: "What a stupid I am".*

Hasta en esto De Vicenzo va primero en el ranking.

LAS REGLAS DEL JUEGO

El reglamento del juego del golf es uno solo y rige en todo el mundo y en todo tipo de torneo. El jugador es su propio árbitro, quien juzga su juego. Básicamente, la pelota se debe jugar donde está, luego de un golpe lícito. Se debe jugar en el estado que se encuentre la cancha. Hay normas locales muy claras que indican, cuándo, cómo y dónde se pueden alterar ciertas premisas, según el criterio del Capitán, pero que nunca alterarán las normas generales. El reglamento fija el número de palos que se pueden llevar en la bolsa, sus formas, ciertas medidas y la pelota descripta en su forma, tamaño y peso.

Los jugadores son celosos del cumplimiento de esas normas estrictas y no admiten al jugador que intenta algo ilegítimo. Los propios jugadores denuncian las faltas y como hemos visto, hasta los televidentes pueden actuar como fiscales y veedores.

Generalmente, las faltas se cometen por ignorancia, por distracción, o por buscar una ventaja no deportiva: mover ramas en un monte, marcar o reponer mal la pelota en los greens, buscar una pelota más tiempo del necesario (cinco minutos como máximo).

Roberto De Vicenzo explica con seriedad y severidad que quien quebranta las leyes del golf, engaña a sus compañeros, al capitán, al club, y a la esencia del golf: quien acepta su propia mentira es un débil de espíritu.

Sin reglas no hay deporte. Sin reglas no hay sociedad.

Copa del Mundo

CUANDO EN ABRIL DE 1958, el Jockey Club recuperó el control de sus tierras e instalaciones de San Isidro, se abrió la actual Avenida Fleming y quedaron separados el Hipódromo de césped y las canchas de golf. Otros terrenos fueron cedidos para la construcción del Hospital del partido.

Después del triunfo de Enrique Bertolino, el Campeonato Abierto de la República, no volvió a jugarse en el Jockey Club hasta 1976. En ese tiempo, la cancha Colorada fue escenario de dos copas del Mundo: en 1962 y 1970.

1962*:* Copa del Mundo. En representación de 34 países, 68 jugadores, los mejores del mundo, entre ellos, el mejor en ese momento, Arnold Palmer, acompañado por Sam Snead. Primera vez que Argentina sería sede de un Campeonato Mundial, como lo era la Copa Canadá.

La décima edición se inició el 8 de noviembre de *1962*. Los pronósticos se confirmaron ampliamente. El candidato era Estados Unidos, simplemente porque su equipo estaba integrado por dos imbatibles del golf contemporáneo. Como candidatos al segundo puesto, se mencionaba a Fidel de Luca y Roberto De Vicenzo y para el tercero, a los australianos Peter Thomson y Ken Nagle.

Fidel Luca tuvo un comienzo notable. Hizo birdie 3 en el hoyo 1; birdie 3, en el hoyo 2; birdie 2, en el hoyo 3; birdie 3, en el hoyo 4 y birdie 3, en el hoyo 5.

Iba 5 bajo el par en el tee del hoyo 6. Dominado por el entusiasmo desbordante de la multitud, Fidel inició el juego del hoyo siguiente. Pegó un drive al centro del fairway. Quedó a cien yardas de la bandera, ubicada sobre el costado derecho del green y cerca del bunker. Buscando un nuevo birdie, tomó el wedge y jugó el segundo tiro directo a la bandera. No resultó. Apenas movió la pelota un metro contra el borde del bunker. Otro tiro prácticamente imposible. Logró sacar la pelota a tres metros del hoyo y desde allí hizo doble bogey.

Fuera de control, De Luca perdió en los dos hoyos siguientes los cinco golpes que había sacado de ventaja. Lo que comenzó en sueño, terminó en pesadilla.

El torneo había comenzado con Palmer y Snead a la cabeza con 68 golpes cada uno, 136 total. Tres golpes atrás, los argentinos. Terminada la tercera vuelta: Roberto, 68. De Luca, 73, seguían segundos separados por cuatro golpes de Estados Unidos. Snead lideraba el individual con 205, seguido por el italiano Alfonso Angelini con 207, De Vicenzo con 208 y Palmer con 209.

En la última vuelta, Roberto, cerebral y certero, marcó 32 en la ida, 3 bajo el par y 35 en el regreso, otro 67 para 276, ganando el torneo individual con dos de ventaja sobre Palmer, Peter Allis y Snead.

La definición del torneo fue brillante. San Snead con gran efectividad en los primeros 36 hoyos, gracias a su maravilloso juego en el green y la armonía de su swing, sufrió un duro contraste en los últimos nueve hoyos, comprometiendo la victoria del equipo.

Para terminar con 72, debió hacer tres birdies en los cuatro hoyos finales. Palmer comprendió que el triunfo dependía de él. Intentaba además forzar un empate con Roberto en el Trofeo Individual. Para lograrlo, debía sacar dos birdies en los últimos tres hoyos.

Erró su primer intento en el 16 y culminó en par los dos hoyos restantes.

En el hoyo 16 tiró por detrás de unos árboles, elevó su tiró y cayó a tres metros... pero no embocó. Su tensión llegó al límite. Erró el putt, perdió la calma, arrojó su visera al suelo, viendo cómo se le escapaba la posibilidad de llevar al argentino al desempate.

"La mejor manera de ganar un torneo, es esperando cómodamente en el clubhouse", dijo Roberto con una inmensa sonrisa, mientras almorzaba.

Estados Unidos ganó la Copa con 557 golpes. Argentina salió segunda con 559, con diez de ventaja sobre la pareja australiana. Fidel De Luca fue sexto en el Individual.

En 1970, volvió a jugarse en el Jockey Club de Buenos Aires, esta vez —como se dijo antes— en homenaje a De Vicenzo, iniciativa del golf internacional inmediatamente después del "desastre de Augusta". Era el jugador que más veces había participado en la Copa: desde su primera disputa en 1953 hasta 1970, la jugó en 16 ocasiones. Para Argentina en forma consecutiva hasta 1955 y desde 1962 al 66. No jugó en 1967. Nuevamente integró el equipo argentino en 1968 y 69. Y jugó para México en 1956 y tres años consecutivos desde 1959.

Cuando llegó 1970 y se iba a jugar la 18° edición, Roberto, no estaba jugando bien, rendía por abajo de su nivel habitual y no pegaba bien en los tiros delicados.

El ranking anual era la base para la designación de los representantes para el magno certamen. Lo lideraba Vicente Fernández, seguido por Fidel De Luca, Florentino Molina y De Vicenzo.

Pero ¿cómo podía quedar fuera del torneo el gran Roberto?

Ya tenía 48 años. Él mismo reconoció que no era el mejor momento de su carrera y que mucha gente no confiaba en él en esos momentos. Confesó:

> "Yo estaba preocupado, porque la responsabilidad de representar a la Argentina, me tomaba en un momento que no era el más brillante de mi carrera. Estaba bien física y mentalmente, pero no podía decir lo mismo de mi juego. Ya había cumplido 48 y trabajé como un chino los últimos meses. Tenía en mis manos los primeros callos de mi vida. Pero no logré un estado satisfactorio.
>
> Cuando comencé estaba nervioso, con un temor que empezó a desaparecer el primer día de juego. Los rumores me llegaban y sabía que la gente, sobre todo la entendida, no confiaba en mí, y eso me perturbaba. Por supuesto yo reconocía que Fidel De Luca o Florentino Molina, por ejemplo, andaban muy bien".

Tras los cabildeos, Roberto De Vicenzo y Vicente Fernández integraron la pareja local.

El 12 de noviembre llovía. Igualmente, miles de personas se habían congregado. Ochenta y ocho jugadores, ochenta y ocho caddies, supervisores de campo, periodistas de todo el mundo, cámaras, micrófonos, máximas autoridades del golf mundial, banderas de 44 países. Un espectáculo impresionante.

A las 9:30 una ovación recibe a De Vicenzo cuando se apresta a ejecutar el primer drive del torneo. Su tiro salió bien dirigido y quedó en el medio del fairway. Vicente Fernández pegó una buena salida y luego siguieron los canadienses Al Balding y Bob Cox.

El público entusiasmado acompañaba enfervorizado a De Vicenzo que celebró seis birdies en los hoyos 2, 4, 5, 11, 13 y 15 y un águila en el 10, para quedar –8 en el tee del 18.

Pegó una salida que envió la pelota cerca de una arboleda a la izquierda del fairway. Tenía varias ramas que molestaban el próximo tiro. Pero desde allí la dejó a tres metros, errando luego el putt por milímetros.

Con 64 golpes iba al frente del Torneo Individual. Fernández aportó sus 70 golpes, ubicando a la Argentina en el segundo lugar con 134, atrás de los australianos con 131.

Segunda jornada. Diez mil espectadores y un día primaveral. Australia registró 136 golpes y se mantenía en el primer lugar con 267. A diez golpes, Argentina, que había sumado 143 (Fernández 76 y De Vicenzo 67). Roberto mantenía el liderazgo individual con 131, superando por un golpe a Graham y por tres a Devlin.

En el hoyo 18, necesitaba birdie 3 para no empatar con Graham. Pegó un tiro de driver tan largo que dejó a la pelota a pocas yardas del green. Con el approach la dejó a un metro y medio y la gran vibración cuando la pelota se zambulló mansamente en el hoyo.

Ese día ocurrió un episodio insólito. Roberto tiró torcido y cuando la pelota viajaba con destino ignoto, pegó accidentalmente en la cabeza de un espectador y se quedó en el fairway. De Vicenzo se asustó porque la herida leve sangraba, pero el sufrido espectador mismo le dijo que estaba bien... y muy contento. Su cabeza había cumplido.

En la tercera vuelta, la pareja australiana funcionó precisa y metódicamente, logrando una decisiva ventaja sobre Argentina. Graham, ahora, encabezaba la individual con score récord de 197. De Vicenzo era escolta con 199.

Y llegó el día final. El ritmo infernal de los australianos declinó, en parte por la presión psicológica de actuar con los locales, las ovaciones frenéticas y los aplausos atronadores.

En el 18, Graham entró al green a ocho metros de la bandera y Roberto se quedó corto. Graham jugó su putt, ahora en medio de un silencio absoluto. Quedó corto por cincuenta centímetros.

Devlin hizo el par, Fernández birdie. Sólo quedaba por jugar Roberto. Consultó con su compañero y jugó a arrimar, porque de todas forma ganaba. Dejó la pelota junto a la taza. Graham embocó su putt de compromiso y De Vicenzo embocó despertando la incontenible alegría en el público.

Roberto terminó con 70 golpes contra 73. Ganó el trofeo a la mejor actuación individual con un nuevo récord de 269 golpes seguido a un golpe, por el joven australiano David Graham de sólo 24 años. Roberto, nuevamente, se superaba a sí mismo. Fernández concluyó 12°.

Resultado final:

1°	Australia (David Graham-Bruce Devlin)	454 (Récord)
2°	Argentina (R. De Vicenzo-V.Fernández)	464
3°	Sudáfrica (Alan y Harold Henning)	563
4°	Estados Unidos (Lee Treviño-David Stockton)	565
5°	Italia (Emanuele Canessa-E. Della Torre)	572
	Gales (David Thomas-Brian Huggert)	572
6°	España (Ángel Gallardo-Ramón Sota)	575
	Inglaterra (Tony Jacklin-Peter Butler	575

Comentó De Vicenzo en *El Gráfico*:

"En la primera vuelta me puse en carrera. Me liberé, descargué los nervios, aumenté la confianza en mí mismo y jugué. Tenía conciencia de que estaba realizando una buena faena. Quizá nos favoreció la lluvia, porque los greens estaban pesados y recibían bien, la pelota no saltaba mucho y se podía golpear con fuerza en el putting. El triunfo me emocionó. Creía que cuando se volviera a disputar el Mundial en la Argentina, yo no estaría jugando. Y lamenté que la efusividad de los hinchas, me arrancó los pocos pelos que me quedaban".

Maestro de los torneos

EL TORNEO DE MAESTROS DE LA ARGENTINA, era el certamen de golf por excelencia. El gran escenario nacional. De Vicenzo fue el gran maestro: ganó cinco títulos, perdió uno en desempate, se clasificó dos veces segundo, dos veces tercero, ocupó la cuarta colocación en 1977 y fue octavo en 1971. Su peor actuación fue en 1969: decimoséptimo.

En el Olivos Golf Club, De Vicenzo ganó de múltiples maneras: aventajando a sus rivales por cinco a doce golpes; los superó en desempate dos veces; quebró récords, jugó magistralmente y como siempre, brindó espectáculo y sonrisas al por mayor.

En 1962, una semana después de la Copa del Mundo, quebró el récord sudamericano con 195 golpes en 54 hoyos, 21 menos que el par. (La cifra anterior pertenecía a Sam Snead desde 1952, con los 197 golpes que marcó en las primeras tres vueltas del Abierto de Brasil, disputado en San Pablo).

En este torneo, Roberto hizo maravillas con golpes inesperados, provocando en el público exclamaciones de incredulidad. Pegaba fuerte, arrimaba, buscaba el hoyo desde ángulos imposibles, quedaba cerca, embocaba. Manual global de un artista.

En la primera vuelta, Roberto logró 69, a tres golpes de Juan José Anzaldo, pero al día siguiente, le sacó nueve golpes al par con 31 de ida y 32 de regreso. Sus 63, logrado con birdies en los hoyos, 1, 2, 3, 8, 9, 12, 14, 16 y 18, fueron la culminación de una jornada excepcional en la que se presentaron 24 tarjetas por debajo del par de 72.

De Vicenzo había logrado 132 golpes y se ubicó en el primer puesto con 5 de ventaja sobre Florentino Molina y 6 sobre los que empataban el tercer puesto: Fidel De Luca, Juan José Anzaldo y Luis Rapisarda.

De Vicenzo embocó para birdie en el hoyo 1, par 5, con dos putts. En el 2, con un preciso approach, quedó a medio metro de la bandera y en el 3, su segundo golpe quedó al borde del green, a quince metros de la bandera. Desde esa distancia, bajó el par para el tercer birdie consecutivo.

Tiró para birdie los tres hoyos siguientes, pero la pelota se negó a entrar, rozando el hoyo. En el hoyo 8, par 5, entró al green con dos fuertes tiros con madera y con dos putts consiguió el cuarto birdie.

En el hoyo 9, pegó en la bandera y en el 12, tiró desde quince metros para su sexto golpe bajo el par.

Con una embocada desde cinco metros obtuvo su octavo birdie en el 16 y casi lo logra en el 18 desde quince metros para águila, pero la pelota pasó rozando la taza y se quedó junto a ella.

En la tercera vuelta repitió 63 con 32-31 y con 195 golpes no sólo logró el nuevo récord sudamericano, sino que estableció una diferencia de 12 golpes con el neozelandés Bob Charles.

La actuación de Roberto fue considerada casi perfecta: 6 birdies y águila en el 15. La seguridad que demostró en el manejo de todos los palos, especialmente hierros y putter, le permitieron poner la pelota siempre cerca de la bandera. Por ejemplo, en el hoyo 1, su drive había volado desviado hacia los árboles, pero salió con un medio tiro corto hacia el fairway y con el siguiente golpe llegó a un metro del hoyo.

En el 15 provocó la ovación de la tarde al embocar un águila desde cinco metros. Y luego birdie en el 18.

Para la cuarta vuelta, las expectativas crecían y se esperaba que batiera sus propios récords. La mañana del domingo 19 de noviembre, los últimos 18 hoyos se iniciaron bajo una leve llovizna; antes de mediodía era lluvia. A las cuatro de la tarde, el juego se suspendió por temor a los rayos. El mal tiempo continuó, el torneo se suspendió y De Vicenzo fue declarado ganador del Masters con el score de la víspera, 195 golpes.

En 1964, ganó el torneo con 273 golpes a un tanto del récord de 1961 de Enrique Orellana. Para muchos, De Vicenzo estaba jugando el mejor golf de su carrera. Fue su séptimo triunfo en cinco meses, jugando un promedio de 68,97 por vuelta. Marcó parciales de 32-37, 36-33, 36-32 y 34-33 para establecer una diferencia de cinco golpes con Florentino Molina, que llegó a colocarse a dos golpes en el hoyo 70. Fue cuando De Vicenzo ofreció "la muestra superlativa de su potencial golfístico", según las palabras del periodista Gregorio Milderman. Exhibió su calidad especial y superior. Hizo birdie en el par 3 del 17, embocando desde seis metros y águila en el 18, donde tocó la bandera con su segundo tiro, para luego embocar desde tres metros.

El profesional Emilio Serra, escribió en *Sport Ilustrado*:

"Creo que esto se puede titular *Para la historia*. Tee de salida del hoyo 17. Viento en contra, cruzado. Roberto parado imperturbable.

Con el hierro 4 instala su tee-shot magnífico, pasado seis metros de la bandera. Su cómoda ventaja, luego de 54 hoyos se ha reducido y aunque son sólo dos los golpes que ahora lleva, después de esa salida, el panorama se ha despejado. Máxime que su principal perseguidor, no ha entrado al green.

Llega Roberto al green, caminando con su característico bamboleo. Estudia la línea de sus putts, 6 metros cuesta abajo, toma el stance, pega y ¡adentro! Ahora son tres los tantos de ventaja y falta un solo hoyo, el largo 18 de 500 yardas, y persistiendo el viento.

Se para ante la pelota con toda decisión y ataca. Bueno, eso no fue un ataque. Fue una tromba generadora de potencia. La gente no lo mira. Apenas tiene tiempo de ver el vuelo de esa pelota alta y recta como un tiro que parte el fairway por la mitad y detiene su trayectoria a 300 yardas. Sólo falta la gran prueba a cargo de la figura estelar. La bandera se encuentra escondida en un rincón a la derecha del green, defendida por un bunker, a 200 yardas.

Ni soñar siquiera con ella. Previamente habíamos visto a la mayoría de los profesionales conformarse con ubicar la pelota frente al green o bien entrar por el medio, de corrida. Ya era mérito. Pero él llegó a su pelota, conferenció con su caddie sobre el palo a jugar (en condiciones normales era un hierro 4), pero tomó el 2. Lo que nadie esperaba. Hizo un tiro con suave slice. La pelota picó en el green y como atraída por un imán, corrió, corrió, corrió... pero pegó en la bandera y rebotó tres metros.

La gente no lo podía creer. (Roberto tampoco.) Caía el telón sobre el acto final, pero antes, el broche de oro. Con una inocultable expresión de satisfacción y la íntima alegría de quien sabe que está cumpliendo con su público, con aplomo y dominio propios, privilegio de los grandes, enfrentó la pelota, golpeó y puso la rúbrica a una labor de ribetes sencillamente espectaculares. Había logrado un águila y el Torneo de Maestros que debería ser incluido en la historia".

(Emilio Serra integró con su familia un grupo devoto del golf. Él jugó y enseñó. Luego diseñó y construyó canchas y por suerte sus hijos han continuado esa trayectoria y son en la actualidad afamados diseñadores y constructores de campos de golf).

En 1966 las cosas no fueron fáciles. Durante 54 hoyos, Roberto había sido una máquina recorriendo la cancha con 68, 67, 70 y disponía de cinco golpes de ventaja sobre Elcido Nari y Oscar Pascarelli. Con tantos puntos a favor, era imposible perder. Pero en el último tramo, Roberto comenzó jugando mal, a los tumbos: cayó en un bunker en el hoyo 2, se pasó del green en el 3 (hizo bogey), luego otro bogey en el 5; en el 7 otra vez fue al bunker, nuevo bogey; otro en el 8 y 9. Total: 39. Los temores se agigantaron cuando terminó el hoyo 12 con bogey, pues la ventaja sobre Nari se había reducido a un golpe. Nari subió el par en el 15.

Pero en el 16, de 380 yardas, se produjo la mejor jugada de Roberto en todo el torneo. Águila 2 y certamen definido. Un birdie en el 18 puso fin a la hazaña. Lo increíble ahora era verdad incontrastable.

En 1970, cuando faltaba una vuelta, De Vicenzo era líder con 205. Billy Casper le seguía con 206; Florentino Molina, 207; Gary Player, 208 y Juan Quinteros y Fidel De Luca, 209.

La última vuelta ha quedado grabada en quienes la presenciaron.

La lucha fue hoyo a hoyo, con un nivel de calidad insuperable. De Vicenzo, Casper y Player lucharon a brazo partido y llegaron a la igualdad luego de los 18 hoyos.

El primer birdie lo hizo De Vicenzo en el hoyo 1. Casper erró un putt imposible desde 20 centímetros e igualó el par, quedando a dos golpes del argentino y con uno de ventaja sobre Player, quien también logró birdie.

En el 2, de 345 yardas, Casper y Player bajaron el par 4, mientras Roberto lo igualaba.

De Vicenzo se pasó del green con su salida, recuperó a dos metros, pero erró el putt y subió. Casper hizo 3, logrando empatar el primer puesto. Player hizo par y quedó a un golpe.

Con un birdie en el 5, De Vicenzo se desprendió de Casper que había errado para birdie desde cuatro metros. Player mandó su salida a los árboles, pero salvó el par.

Luego, los tres igualaron el par en los hoyos 7, 8 y 9. En el 8, Player se lució con una explosión desde el bunker que dejó su pelota a un metro de la bandera. Roberto erraba desde tres metros para birdie.

De Vicenzo completó la ida en 34. Player, 33 y Casper, 35.

Player hizo bogey en el 10 tras errar el green. Casper y De Vicenzo, par.

En el 11, el juego alcanzó la máxima emoción: Casper después de un drive perfecto, entró al green con el segundo y embocó desde dos metros para águila. Roberto erró desde un metro y medio para birdie. Empatados. Player se aseguró el birdie con dos putts y nuevamente estaba a dos golpes.

En el 12, De Vicenzo hizo un approach magistral con el hierro 7, pegó en el asta de la bandera y se detuvo a medio metro. Hizo birdie, igual que Player y Casper subió con 5.

Otra vez Roberto en punta con dos de ventaja.

En el 13, Player embocó desde 8 metros y se acercó a un golpe. De Vicenzo y Casper igualaban el par.

En el 14, los tres jugadores hicieron par en 441 yardas. Roberto jugó para 3, pero la pelota pasó rozando el hoyo y se detuvo a 30 centímetros.

En el 16, Casper, con birdie, se puso a un golpe. Faltando dos hoyos, Roberto seguía al frente, pero con un solo golpe de ventaja. En este hoyo, mandó su salida al cross bunker de la izquierda, falló el green con el segundo y recuperó a un metro y medio, desde donde salvó su diferencia, embocando el primer putt.

En el 17 los tres hicieron par.

Y en el 18, triple empate. Roberto desvió su salida y la pelota fue a un monte de árboles, rebotó en la cabeza de una joven y fue a parar en inmejorables condiciones al medio del fairway. Pero luego se pasó del green, recobró a poca distancia y erró el putt.

Par 5 De Vicenzo, birdie para Player y Casper. Igualados en 273 golpes.

El play off a tres hoyos, comenzó en el hoyo 1 y allí, Roberto, logró el birdie de la victoria. Su segundo tiro quedó sobre la escarpada del borde izquierdo del green, tiró al hoyo y la pelota quedó a un metro y medio, desde donde embocó. Player y Casper hicieron par. El sudafricano se perdió el birdie cuando su pelota pasó bordeando el hoyo.

En el 2, Casper y Roberto con dos espectaculares drives, alcanzaron el borde del green, a una 330 yardas del tee. Player se fue a la izquierda del fairway y su pelota quedó entre los árboles dificultando la visión para el siguiente tiro. Sacó un hierro excepcional y terminó con par. Casper logró birdie y empató con De Vicenzo.

En el 9 se produjo la definición. Casper erró desde cuatro metros y Roberto embocó para birdie. Player nuevamente el par.

Roberto ganó con 11 golpes contra 12 de Casper y 13 de Player.

En 1974, el profesional rosarino Carlos Liberto fue la revelación del torneo, como lo había sido Vicente Fernández en 1967. Liberto era joven y estaba más sujeto a las presiones de estos torneos. En la primera vuelta marcó 73. Al día siguiente, un espléndido 66, lo llevó al segundo puesto con 139, empatando con Leopoldo Ruiz, a tres de De Vicenzo. Liberto jugó águila en el 1: drive, madera 4 y un putt de metro y medio. Subió el 3 con tres putts; birdies en el 4, 7 y 9; doble-bogey en el 12. Se fue a la derecha con el drive, luego los árboles, quedó cerca del green, entró con el cuarto y empleó dos putts.

Birdie en el 13 y bogey en el 15 (tres putts); birdies en el 16 y 18.

El proyecto Liberto continuó en la tercera vuelta. Con 206 aventajaba por un golpe a De Vicenzo. La elaboración fue en los putts desde fuera del green o chips que terminaron dentro del hoyo en cinco oportunidades: hoyos 5, 8, 13, 16, donde produjo una espectacular embocada desde 140 yardas y en el 17, desde fuera del green a trece metros de la bandera.

Faltando nueve hoyos, seguía Liberto primero con 241 contra 242 de De Vicenzo, aunque luego elevó su ventaja a tres. Pero, para desgracia del joven, allí quedaron sus ilusiones.

El astuto De Vicenzo que había estudiado a Liberto paso por paso, decidió el ataque. El empate era cuestión de tiempo. De Vicenzo hizo birdie en el 14 contra par de Liberto y la diferencia de un tanto, se esfumó en el 17, par de Roberto y bogey de Liberto. Que Liberto errara un putt desde un metro y medio en el 18 para ganar el torneo, fue la consecuencia de la presión que lo perturbó en esos momentos.

Fueron a desempatar en el 1, 2 y 9. De Vicenzo marcó en el hoyo 1 el birdie de la victoria. Pegó un excelente drive y mejor tiro al green, embocando su segundo putt. Liberto se fue con su salida a la derecha, con el segundo se pasó del green y colocó la pelota a un metro, logrando el par. Igualaron los dos hoyos siguientes. Roberto De Vicenzo era el campeón.

"La gota horada la roca,
no por su fuerza, sino por su constancia".
Ovidio, poeta romano (43 a. de C. – 17)

Antes del Open Británico había estado en la cancha de Playa Grande en Mar del Plata, porque se parecía mucho a las inglesas. Y tuvo siempre el objetivo de quebrar el récord de esa cancha.

El mismo Roberto contó en *El golfer argentino*:

> "El público cree que hago mis bajos scores con el drive, pero ésa no es la realidad. Es cierto que un tiro largo desde el tee, facilita mucho todo lo demás, pero el verdadero punto fuerte de mi golf está en los tiros a la bandera y en los putts. Para los primeros, tengo confianza ilimitada en el mashie-niblick (hierro 7). Ésa ha sido mi arma defensiva, pues cuando tuve la necesidad de dejar la pelota muy cerca, lo he usado de modo muy efectivo desde distancias diversas".

Estuvo a tres golpes de empatar el récord del campeonato que, desde 1939 tenía Martín Pose, pero no lo consiguió por dos motivos: un drive y un putt. El primero fue en el hoyo 16 de la primera vuelta y el putt en el hoyo 3 de la segunda. El drive tuvo por resultado un golpe tapado a la pelota, la que cayó a tierra muy rápidamente y se metió en la zanja que atraviesa el fairway a unas 120 yardas del tee. Decidido a intentar la jugada desde allí, le pidió a su caddie el sand-wedge.

—No la va a sacar —dijo el caddie.

—Sí que la voy a sacar —dijo Roberto.

La pelota voló parte del terrón, quedando mal ubicada unas 5 yardas más adelante. Ahora le quedaban unas 230 yardas al green. Tomó el hierro 2 y la pelota fue a parar al bunker de la derecha del green. La sacó a un metro y embocó para 5.

Al golpe que perdió allí, se agregó otro como consecuencia del error con el drive: los tres putts que tuvo que emplear en el hoyo siguiente. El otro motivo que conspiró contra el récord, fue que tiró el approach a la bandera en el hoyo 3 de la segunda vuelta, con hierro 10 desde unas 20 yardas. El hoyo tiene 555 yardas. Tan exacta fue la jugada que desde donde él se hallaba, le pareció que había embocado. Después vio que la pelota se había quedado a 25 centímetros del hoyo y desde allí, erró el putt. Perdió la confianza en el green. En la vuelta final que completó en 66, en el hoyo 3 tiró la pelota a la calle y marcó el único 6 del campeonato.

Hacia el final del hoyo 17, también volvió a fallar un putt de 80 centímetros, lo que le quitó la oportunidad de terminar el juego con tres birdies consecutivos.

El hombre a quien no perdía de vista era Martín Pose. Mientras se hallaba en el green del corto 8, lo vio sacar birdie 3 en el 10. Eso anulaba la diferencia de un golpe que le llevaba. Sacó birdie 3 en el 11 y calculó que había sacado ahora dos golpes de ventaja.

Después se enteró de que en realidad eran tres, pues Pose había marcado 5 en el 12. En el tee del 12, escuchó que Castañón había marcado 32 de ida y lo había alcanzado.

Después, el Moro Castañón registró 3-4-2 y de eso se informó cuando estaba en el tee del corto 14.

Al sacar birdie 2, se despreocupó de Castañón y se sintió ganador.

El récord de 270 golpes que en marzo de 1938 había establecido Martín Pose en el Abierto del Sur, se mantuvo vigente durante 34 años, a pesar de los sucesivos intentos de Roberto De Vicenzo por alcanzarlo y bajarlo.

En 1973, regresó de la Gira del Caribe, donde ganó los Abiertos de Panamá y Venezuela, y marchó a Mar del Plata para nuevamente, participar en el Abierto del Sur.

Comenzó a jugar dos horas después de su llegada al aeropuerto de Camet. Sin embargo, marcó 64 y se ubicó en el primer puesto con tres golpes de ventaja sobre Juan Manuel Das Neves y Enrique Bertolino.

Al día siguiente, jugó en inferioridad de condiciones: sentía mareos y una molesta lumbalgia. Presentó par 70. Pero seguía primero, aunque con sólo un golpe de ventaja sobre Florentino Molina y Vicente Fernández.

Superadas sus molestias, buscó poner distancias en la tercera ronda. Su juego largo fue como el primer día y desvió sus salidas en cuatro hoyos, pero la pelota rebotó en el público y volvió al fairway en inmejorable posición.

Consiguió un 68 y con 202 superaba por dos a Florentino Molina, Franco Marchioni y Juan Quinteros.

El último día, Molina hizo 32 y quedó a un golpe. En el regreso, igualaron solamente el hoyo 18 en la misma cantidad de golpes. En los restantes, con birdies o bogeys, las distancias se acortaban o agrandaban constantemente. Roberto embocó desde diez metros en el 14 y desde cuatro metros en el 15, y aunque necesitó tres putts en el 16, *terminó con 66, quebrando, por fin, el récord, con 268 golpes* y venciendo por dos a Molina.

* * *

De Vicenzo cuenta que la cancha del Córdoba Golf Club de Villa Allende, ha cambiado mucho: se ha modificado su recorrido, el tamaño de los greens y ha mejorado su aspecto general. Enrique Rossi hizo los primeros cambios. Modificó casi en su totalidad los hoyos 16 y 17. Estos hoyos tenían un recorrido más simple de lo que es ahora. Los alargó en la línea de diseño actual.

En diciembre de *1942*, De Vicenzo viajó a Córdoba para intervenir en el Campeonato Abierto del Centro. Era la tercera vez que se anotaba en el certamen. Comenzó la primera vuelta con 71 golpes y se puso al frente aventajando por dos golpes al aficionado Pedro Ledesma. Al día siguiente, Eduardo Blasi agregó un 69 a sus 75 iniciales y salió del noveno puesto en que se encontraba, para pasar al primero empatado con Enrique Bertolino en 144 golpes, mientras De Vicenzo se derrumbaba con un 77.

Roberto se recuperó en la tercera vuelta marcando 69, con 31 para los nueve hoyos finales. Se ubicó en el segundo lugar con 217. Eduardo Blasi, con 72, conservaba un golpe de ventaja.

El tercer protagonista de la vuelta final, Juan Carlos Pose, estaba a cinco de distancia de De Vicenzo con 222 golpes. Blasi y Roberto compartieron la última salida del sábado y cuando faltaban dos hoyos para finalizar el campeonato, Blasi aún tenía un golpe de ventaja sobre su rival. En esos momentos, Juan Carlos Pose, caminaba por el fairway del hoyo 18 en busca de su pelota. Iba por un 67, o sea, 289 golpes para los 72 hoyos, los mismos que marcaría De Vicenzo cumpliendo el par en los dos hoyos siguientes. Con el par en esos hoyos, Blasi les ganaba a ambos el campeonato por un golpe.

El tiro de Blasi desde la arena, dejó su pelota a dos metros del hoyo, mientras Pose jugaba el hoyo 18 en busca del birdie 3. Dejó su segundo golpe dentro del green, pero muy corto de la bandera y con dos putts cumplió el par 4. Pose ya no podía ganar.

Blasi salvó el par embocando el putt, mientras que De Vicenzo hacía también el par con dos putts y ambos se encaminaron al hoyo 18. El drive de Blasi fue tan fuerte y poderoso, que su pelota quedó ubicada a unos ocho metros del lago que se extiende por el lado derecho frente al green. Pero De Vicenzo, el mejor jugador de drive del golf argentino, lo superó en unos cuatro metros.

Pegó primero Blasi su pitch y puso su pelota a unos cinco metros del hoyo. Ante la perspectiva de empatar ubicando la pelota cerca de la bandera, Roberto jugó serenamente su segundo tiro. El resultado sería perfecto. O casi. La pelota se detuvo a un metro sobre el lado izquierdo.

La incógnita y el suspenso se iban a definir en el último golpe.

Jugó Blasi su putt de cinco metros y la pelota se detuvo cerca del hoyo para un seguro 4, con el cual ya superaba a Pose por un golpe.

Roberto midió la línea de su putt que tenía una leve caída hacia la derecha. Golpeó la pelota y se pasó del hoyo unos 20 centímetros. "Hay una palabra que define lo que me pasó. Los norteamericanos lo llaman atragantarse, nosotros lo decimos de otra forma", sonrió con picardía.

Eduardo Blasi ganó con 288. En el segundo lugar, De Vicenzo y Juan Carlos Pose con 289.

La infaltable crónica de Roberto De Vicenzo:

> "Recuerdo aquella cancha con greens planos y 'bunkercitos' en los alrededores, eran pocitos sin demasiada técnica. Con el tiempo, los modernizaron. Los greens con declives y caídas,

técnicamente más elaborados. Hicieron más largos la mayoría de los hoyos. En el 42, eran greens muy difíciles de jugar, porque el pasto no daba ninguna garantía de que la pelota iba a rodar bien. Uno le pegaba y saltaba para cualquier lado. Había que pegarle bien fuerte para que la pelota rodara en forma consistente".

* * *

En 1943, Roberto tenía 20 años. Desde el tee del hoyo 15 de la cancha del Córdoba Golf Club, Roberto pegó un drive muy largo que rebotó en medio del fairway. Desde allí, con su segundo tiro cayó en uno de los bunkers que rodeaban el green. Sacó con tanto aplomo y seguridad que la pelota fue a detenerse a cinco centímetros del hoyo y embocó después para anotarse un birdie 4. A partir de ahí, encontró la confianza que necesitaba para conquistar la decimoquinta disputa del Abierto del Centro de 1943.

Roberto arrancó en la punta con 68 y tres golpes de ventaja sobre otro Blasi, esta vez, Carlos, el menor de seis hermanos. Luego agregó otro 68 con 137 (-9) y se distanció ocho golpes de Martín Pose y Emilio Serra, que lo seguían con 145. El total de 137 para los primeros 36 hoyos se convirtió en récord del campeonato desde que la cancha había sido modificada y se habían creado mayores dificultades. La marca anterior pertenecía a Martín Pose con los 135 que marcó en 1939. Roberto bajó un golpe el récord anterior de 138 que estaba en poder de San Snead desde 1941.

La tercera vuelta comenzó mal para De Vicenzo, pues en el hoyo 2 se fue contra un árbol y tuvo que anotarse doble bogey 7. Después empleó tres putts en los hoyos 3 y 5 y finalizó la ida con tres golpes sobre el par (41). Un 34 de vuelta para 75 y un total de 212, le permitió mantenerse en el primer puesto, pero ahora, Martín Pose, que había marcado el mejor score en esta etapa con un 71, acortó la desventaja a cuatro golpes.

Cuando faltaban nueve hoyos para el final, la diferencia se había reducido a dos, pues De Vicenzo hizo 39 contra 37 de Pose. Desde ese momento, comenzó a sentir la presión que significaba estar en la definición. Luchó contra los nervios y la mente puesta en conservar la ventaja. Su rostro se encendió y gruesa gotas de transpiración surcaban el rostro.

En el hoyo 14, la diferencia seguía siendo dos golpes. Roberto respiró. Pose no pudo sacar un birdie en el 15 y De Vicenzo aumentó la diferencia a tres.

En el par 3 del 17, desvió su tee-shot y la pelota cayó muerta en el vértice del bunker, en un lugar estrecho, en lo más alto del montículo. Ejecutó un tiro sencillo haciéndola rodar por el green hasta detenerse a unos tres metros corta del hoyo. Jugó el putt y embocó.

Simultáneamente, Pose jugaba su putt en el 16 y la pelota se quedó en el borde de la taza. Embocó para 4 y volvieron a quedar separados por dos golpes hasta ese momento.

En el 18, Roberto pegó un drive de casi 300 yardas y desde allí, con el niblick, dejó la pelota a 50 centímetros de la bandera. Sacó birdie 3. Obligaba a Pose a marcar águila 2 en ese hoyo de 366 yardas y para poder empatar el score de 285 con el que concluyó De Vicenzo. Pero, finalizó con par 4 y 287 golpes. Segundo puesto para Pose.

De Vicenzo no volvió a ganar en Córdoba, hasta casi 20 años después.

(Quizá para algunos lectores pudieran surgir algunas confusiones respecto al trazado de la cancha. Pero ha de tenerse en cuenta que con el tiempo se fueron modificando el diseño del campo, los greens y parte del trazado).

No jugaba el Abierto en forma regular porque en esa época del año estaba en algún país de Europa o en Estados Unidos. Además, el torneo cordobés se jugaba habitualmente en Semana Santa y coincidía con el Torneo de Maestros de Augusta.

Luego, en 1955, se radicó en México y recién volvió en 1961.

Roberto I, el rey que habla con los árboles

La leyenda del golf relata que De Vicenzo jugó todo el tiempo que él quiso. Jugó de una manera propia, irrepetible.

Su victoria en el Abierto del Centro en 1974, tuvo además todos los ingredientes con los que Roberto acostumbraba a condimentar sus actuaciones: poder, distancia, humor, seducción, la sensación de que el golf es fácil y divertido. Y porque haría historia.

Había iniciado el año con un segundo puesto en el Abierto del Sur (dos golpes detrás del campeón Fidel De Luca, con 279).

En abril viajó a Córdoba y se adjudicó el Abierto del Centro con 280, en el que sería su triunfo más espectacular del año, por el score récord que logró en los hoyos de ida de la segunda vuelta.

En la primera, el aficionado local, Roberto Monguzzi y el profesional del Lomas, Norberto Fuentes, aparecieron al frente de la lista con 71 golpes. A tres de distancia y perdido entre varios jugadores, Roberto De Vicenzo. No se vio nada extraordinario.

Pero, al día siguiente, Roberto bajó en ¡10 golpes! el par de ida con un score de 27, estableciendo el récord nacional y sudamericano para 9 hoyos. Hizo birdie en todos los hoyos con excepción del 7, en el que conquistó un águila, embocando desde doce metros.

Roberto ya había cumplido 50 y cada emprendimiento lo encaraba como si fuese el último. Estaba frente a la tercera generación de golfistas que él había visto nacer.

Éstos son esos nueve hoyos:

Hoyo	1	2	3	4	5	6	7	8	9
Yardas	360	559	425	339	183	377	543	435	380
Par	4	5	4	4	3	4	5	4	4
Score	3	4	3	3	2	3	3	3	3

Roberto aún agregó otros dos birdies en el 10 (par 3) y en 15 (par 5). Marcó 34 en el regreso que, sumados a los 27 de ida, le dieron un total de 61: 12 bajo el par 73 de la cancha e impuso un nuevo récord para 18 hoyos con un golpe menos que el establecido por Martín Pose en 1939 y que él mismo empató en 1967.

(Treinta años más tarde, Ángel Cabrera, con 60, quebró las marcas y se adueñó de los récords).

Roberto hizo un comentario jugoso:

"Lo que sucede es que, cuando uno hace tres, cuatro o cinco birdies consecutivos, lo considera más o menos normal, pero si sigue la serie, viene una pequeña preocupación por mantenerlos y seguir buscando más. Yo egoístamente, los busqué y los logré. Pienso que se dio el juego y que la pelota cayó donde yo quería. Fue una gran alegría. Estas vueltas uno las hace soñando la noche anterior al torneo, pero muy pocas veces en la cancha. Hasta ahora, lo máximo que había logrado fueron siete birdies consecutivos.

El regreso fue normal. Siempre después de una vuelta acelerada viene la calma. Pienso que el score de 61 que logré es como si a un auto que da 250 kilómetros por hora, lo hubiese llevado a 400..."

La última jornada fue tranquila. Roberto tenía 207 golpes y Jorge Soto, su inmediato perseguidor, 211. Ambos jugaron un golf conservador: uno, porque ya estaba cumplido. El otro, porque deseaba asegurarse el segundo puesto. Con 37-36, De Vicenzo logró el título por séptima (y última) vez, venciendo a Soto por cinco golpes.

En 1974, conquistó seis torneos y fue su último gran año deportivo. Después de cumplir 50 en abril de 1973, pudo competir en los torneos Senior de los Estados Unidos.

Su debut fue victoria. Ganó el *PGA Championship* con 273 golpes. La victoria lograda en el Country Club de Port St. Lucie, Florida, le dio el derecho a enfrentarse, en un match play a 36 hoyos, con Eric Lester, campeón de veteranos de la PGA Europea y disputar el título de *Campeón Mundial de Veteranos.*

El 5 de julio en los links escoceses de Lund, Roberto se consagró Campeón Mundial al imponerse a su rival por 5 y 4. Su juego fue superior desde el comienzo y quebró todo intento de superación de su adversario. Golpeó con más fuerza y precisión que nunca, haciendo girar la pelota en el aire sobre el lugar preciso y ubicándola en el sitio elegido por su pulso firme.

Fue acumulando ventajas, superando con habilidad los inconvenientes del frío y la lluvia.

En la segunda parte, Lester ganó los hoyos 25, 27 y 29, pero no pudo evitar la amplia y categórica victoria de Roberto De Vicenzo.

Su brillante campaña de 1974 también será recordada por el récord de 61 golpes (29-32), once bajo el par de la cancha de Panamá para ganar el Abierto de ese país y el récord de 27 en la cancha de Villa Allende, Córdoba, aunque no tuvo continuidad en la temporada siguiente: solamente ganó tres torneos.

De Vicenzo hace un relato con un dejo de nostalgias:

"Creo que 1975 fue mi peor año. Uno se da cuenta que va aflojando. Los malos scores lo confirman. Hace mucho tiempo que no bajo el par de las canchas. Sigo caminando bien, le pego bien, fuerte, me muevo con voluntad, pero el score no sale. Eso quiere decir que me falta un poco de reflejo, de toque, de concentración. Y bueno, ya no soy un pibe: tengo 53. Todas las personas llegan a un sitio en que tienen que parar. Y yo ya estoy parando.

Me estoy preparando mentalmente para eso. En el extranjero se me hace aún mucho más difícil, más duro. Aquí todavía puedo darle trabajo a más de uno, sobre todo a los jóvenes. Yo sé que estoy acabado, pero si salimos a jugar no quiero que me den ninguna chance.

En el fondo, tengo la ilusión de que todavía puedo darle un palo a unos cuantos".

De Vicenzo había comenzado a elaborar su ocaso, pero no hablaba de retiro. En noviembre de 1980 insistía que perdía sensibilidad, su vista aflojaba y lo sentía en el pulso cuando pegaba. "Los años no llegan solos", sentenciaba.

En la década del 80, sus obligaciones deportivas irían disminuyendo. No le quedaba nada por demostrar. Y el guerrero de tantas batallas, quería descansar. Aparentemente navegaba con bandera blanca... pero tan pronto veía un puerto, enarbolaba el estandarte de batalla.

Diaramente, como un paciente obrero del golf, practica en su club de Ranelagh y pone en la rutina la pasión de un principiante. De tirar 500 pelotas diarias y jugar 18 hoyos, nació su inspiración, su vocación, su genio. Y algunos misterios que sólo él conoce pero aceptó compartir:

"La inspiración no es pareja. Viene y va. En mis mejores años, '67 y '68, yo sabía lo que hacía y a veces mi confianza me hacía sentir capaz de cualquier cosa. Aunque parezca mentira, me he pasado años para saber cómo agarrar el palo. Hay unos puntos en las manos que, cuando uno logra ubicarlos (y yo no he podido aún saber dónde están), dan una fuerza extraordinaria y permiten ejecutar tiros de una potencia y exactitud maravillosas.

Es difícil localizar esos puntos, quizá se muevan, pero en alguna parte están. Cuando perdía la noción de saber dónde estaban esos puntos mágicos de las manos, hacía mayores esfuerzos para descubrirlos.

Y llegué a la conclusión de que el secreto está en buscar la inspiración... hablando con el árbol. Esto se lo dije a muchos profesionales, pero pocos me entendieron.

Yo digo que se puede y se debe hablar con el árbol. Esto se logra practicando y hasta que uno no comienza a hablar con el árbol, la práctica no trae resultados.

Quiero decir que la práctica debe ser intensa y prolongada y esperar que el árbol conteste. Sólo la convivencia, durante ocho horas diarias o más, a la sombra de árbol, tirando pelotas, hizo que el árbol me dijera dónde están esos puntos maravillosos en mis manos. Y eso me ocurrió con claridad en los años '67 y '68".

(El árbol era su excusa para hablar con su yo interior. Su interlocutor de todos los tiempos).

"Pero el día que tuve que agarrar un par de anteojos para leer el diario, me detuve a pensar un largo rato. Mi sensibilidad comenzó a fallarme. Pude guardarlo en silencio, pero ahora es diferente. Toda mi vida he estudiado la forma de relacionarme con los objetos. Me he detenido en las formas de tomar un vaso, de tomar un pocillo, en la textura de los materiales. Y todo lo he aplicado al golf. Qué me pasaba cuando agarraba un palo con mango de cierto tipo y qué me producía la diferencia de textura de las diferentes canchas. He sido detallista y minucioso. El golf es un juego de exactitud y suavidad.

Ahora, ya no puedo hacerlo. Me siento poco sensible. Ya no tomo el vaso como antes. Lo mismo me sucede con el palo de golf. También he ido perdiendo distancia. Mi vista aprecia algo y cuando mis manos lo van a tocar, ya no lo hacen con la misma precisión.

Hoy no me siento tan seguro, me quedo pegado al palo. Día a día me voy adaptando a un sistema menos flexible, menos elástico que funciona lo suficiente como para divertirme".

A principios de los años 80, se hablaba tanto de su vigencia como de su retiro. En realidad, la prensa especializada hablaba de su retiro desde la década del 60.

En 1987, Roberto ganó el Primer Campeonato Abierto Argentino de Seniors, en Ranelagh. Un año después, retuvo el título en San Andrés, donde brindó una exhibición fabulosa de su poder con el driver. Por ejemplo, en el hoyo 14, par 4, que se desarrolla en dog-leg hacia la izquierda, ubicó su pelota en el green desde el tee con un drive a 50 centímetros de la bandera y luego embocó un espectacular águila 2. *(Si el lector presta silenciosa atención, escuchará en los pliegues de estas páginas aquella ovación que aún resuena y si lo desea, súmese. Un grito, un profundo suspiro, una sonrisa de admiración, le darán un placer inesperado. Éste es el momento).*

En la entrega de premios, recordó:

"Cuando yo era caddie en Migueletes, vine a esta cancha de San Andrés, a jugar un campeonato de caddies. Ya pegaba fuerte y en el hoyo 14 logré entrar al green desde el tee con el driver.

¡Quién me iba a decir que 50 años después ejecutaría el mismo golpe, en el mismo hoyo!"

En 1986, anunció que no jugaría más torneos locales con profesionales, excepto por invitación —como en 1988 en el Abierto de la República y el Abierto del Sur en 1990, jugado en su honor y en el que quedó cuarto— y a partir de entonces, desarrolló su actividad en la Gira Super Seniors (mayores de 60) de los Estados Unidos, en la que se adjudicó la victoria en 1991.

Frunciendo el entrecejo, dejó escuchar estas palabras:

“Entre veteranos todos tenemos igualdad de posibilidades, porque ya no podemos seguir el ritmo violento que imponen las giras. Uno se agota. Son muchos años de pegarle a la pelota y el paso de tiempo se hace sentir. El cuerpo no responde como antes. Los jugadores de la actualidad son verdaderos atletas, de otra manera, no podrían jugar tan seguido. Por eso, ahora, es el turno de elegir para competir con chance.

Sé que soy un buen golfista, que me he esforzado por practicar bien este deporte. Después de tantos triunfos y tantos viajes por el mundo, siento que ha llegado el momento de la calma, de la reflexión, de la verdad. Ahora tengo que decirme, profundamente, que soy el tipo que quise ser”.

Entre corderitos y leones
Segundo comienzo

En 1979, De Vicenzo protagonizó cinco desempates por el primer puesto en cinco países: ganó tres y perdió dos.

El 10 de febrero conquistó el Gran Premio en la cancha del Club Mar del Plata, después de vencer en el primer hoyo extra a Armando Saavedra. Habían igualado en 281 y Roberto ganó con el par 4 en el hoyo uno de 334 yardas.

Su personalidad, experiencia y clase le posibilitaron el triunfo en el umbral de sus 56 años, superando a un profesional de 24, ávido de triunfos. Durante el desarrollo del desempate, el público, en principio, apoyó a la nueva generación, pero terminó abrazado al maestro, que dictaminó:

"A mí no me molesta que la gente apoye a un jugador más joven, porque naturalmente el público siempre se inclina por el más débil. Tampoco me perturba que el público vaya a verme perder, como suele decirse. Lo único que llegaría a molestarme sería que alguien trate de hacer algo para perjudicar mi juego, que me hostiguen de manera malintencionada. Pero nunca ocurrió. Todo el mundo me ha tratado muy bien, siempre".

De Vicenzo, agotado, con el cuerpo dolorido después de cuatro días de juego, con la piel enrojecida por el sol, no pudo ocultar su felicidad por haberle ganado, nuevamente, a los profesionales jóvenes. Lentamente abandonó el green del hoyo uno y se dirigió al vestuario.

En el camino, Vicente Fernández felicitó al maestro y éste le contestó: "Me perdonaron, la verdad, me perdonaron. Si hubieses estado vos en el desempate, no habría habido perdón".

PARÉNTESIS

Llama la atención la cantidad de jóvenes que siguen los certámenes de veteranos. Jóvenes que quieren aprender mirando a los mayores. Una de las maravillas del golf es su capacidad para integrar sin importar las edades. Este fenómeno se da en contados deportes y actividades. Si algunos creen que el golf es un deporte para jóvenes, veamos algunos ejemplos:

—Julius Boros ganó el US Open en 1963, a los 43 años.
—San Snead finalizó tercero en el OGA Championship de 1974 detrás de Lee Teviño y Jack Nicklaus. Snead tenía 62.
—Gene Sarazen hizo hoyo en uno en 1973 en el British Open. Tenía 71.
—Ben Hogan a los 55, hizo 66 en la tercera vuelta del Masters 1967.
—En 1957, Jimmy Demaret, a los 47, se clasificó tercero atrás de Dick Mayer y Cary Middlecoff.

En abril de 1979, viajó a los Estados Unidos. En Texas, con Julius Boros, conquistaron el Torneo de las Leyendas del Golf, que se disputó en la cancha del *Onion Creek Country Club* de Austin, Texas. En una memorable actuación, que le reportó a cada uno un premio de 35.000 dólares, vencieron en el sexto hoyo del desempate a Art Wall y Tommy Bolt. Roberto afirmó que había sido el desempate más largo de su vida y que él usualmente perdía esas resoluciones en el primer hoyo.

Pero, tras empatar con birdies y pares los cinco primeros hoyos, Roberto puso fin a la batalla en el 17, con un putt que embocó desde dos metros para birdie. En ese hoyo, Bolt y Wall, erraron sus putts para el birdie que les hubiera dado el empate y Roberto, en claro testimonio de júbilo, arrojó su putter al aire, mientras el público, entusiasmado, invadía el green para festejar su impresionante actuación, que concluyó con cinco birdies en los seis hoyos de juego extra.

Juguetón con sus recuerdos, contó:

"Mis rivales hacían birdies y no me quedó más remedio que hacerlos yo también y todo fue muy divertido. Jugamos por mucho dinero, pero amistosamente.

Nosotros veníamos bastante retrasados antes de la última jornada y veíamos el triunfo muy difícil. La cancha no estaba en buenas condiciones y no se podía calcular nada. Hubo inundaciones en los días previos y llovió de nuevo el sábado, pero como esa cancha tiene declive muy pronunciado, se secó como para permitir el juego.

Este triunfo fue algo especial. Por alcanzar el primer puesto de atropellada, por ganar un desempate tan vibrante, por lo que significaba el torneo y por la promoción que recibió, televisado en directo a todo Estados Unidos".

Mucha gente siguió el torneo por televisión desde el club house. Gritaban y saltaban. Aplaudían y se asombraban. El desempate mereció los más variados comentarios y se convirtió en un tema cotidiano y anecdótico. El Torneo de las Leyendas, era leyenda.

De allí partió rumbo a Caracas, Venezuela, en donde triunfó en el IV Torneo Internacional Abierto Oro Negro. Su score fue de 283 e igualó el primer puesto con el portorriqueño Ramón Muñoz y el venezolano Jesús Rodríguez. El torneo se definió en el cuarto hoyo del desempate. En el primero, quedó en el camino Muñoz, cuando empleó el par contra los birdies de Roberto y Rodríguez, quienes luego empataron los dos siguientes en el par.

En el cuarto, se produjo la definición cuando De Vicenzo embocó desde ocho metros para birdie.

Al finalizar los primeros 36 hoyos estaba a ¡diez golpes de Jesús Rodríguez! Y al final ganó el desempate embocando desde ocho metros. De Vicenzo afirma, casi con ingenuidad, ser muy irregular en el green; y que su deficiencia en el putter le hizo fracasar en muchos torneos, aunque de repente acierta y saca un récord. Así de simple. Pero el golf es muy difícil. Nadie gana con un golpe. Es la suma de cuatro días y cuatro noches, donde debe existir concentración total para alcanzar el objetivo. Y la noche tiene importancia fundamental: descanso reparador o inquietud perturbadora.

Poco después, De Vicenzo perdió el título del Campeonato Senior de Gran Bretaña, en desempate con Christy O'Connor y en diciembre, el Campeonato Abierto de Brasil. El 2 de diciembre, en la cancha del Gavea Country Club de Río de Janeiro, Fidel De Luca lo venció en un histórico desempate. Pero no importó. En su fuero íntimo, Roberto sabía que la victoria significaba la resurrección deportiva de Fidel De Luca, su gran amigo, que en mayo de 1978 había sido operado de cáncer de garganta.

Se le extirparon la laringe y las cuerdas vocales, pero su poderosa fuerza interior, lo llevó a Brasil y a demostrar que su calidad seguía intacta.

Roberto y De Luca fueron alejándose de los rivales. En el 16, De Vicenzo le llevaba dos golpes a Fidel, quien concluyó con dos birdies y serenamente se fue al club house a esperar que Roberto terminase de jugar.

De Vicenzo, que había salido en el último grupo, igualó el par en el 18 y cuando el público lo ovacionó, pensó que había ganado. Pronto se enteró que De Luca empataba su score con 270 y ambos se encontraron en el tee del hoyo 1. El público los envolvió con aplausos cuando se abrazaron.

Roberto desvió ligeramente su drive hacia los árboles, la pelota rozó en unas ramas, cayó al fairway, rebotó en un niño y quedó en difícil posición. Fidel ejecutó un drive perfecto y la dejó luego a tres metros de la bandera. Con su segundo tiro, De Vicenzo enterró la pelota en la arena de un bunker, sacó a cuatro metros y erró el putt. Fidel embocó y produjo una euforia total. Roberto lo abrazó y llorando le dijo: "Fidel ¡cuánto me alegro! Te lo digo de corazón. Hasta yo quería que ganaras... hasta yo".

Cuando finalizó el desempate, el periodista de *La Nación*, Eduardo Halperín, le dijo a De Vicenzo: "Discúlpenos, pero nunca hicimos tanta fuerza para que ganase alguien en especial. En esta ocasión, traicionamos la objetividad característica de nuestra profesión".

Roberto respondió:

"No voy a decir que no quería ganar. Sería una mentira. Pero como ustedes, estoy feliz. La victoria de Fidel no sólo le viene bien al golf, sino a todos los seres que sufren. Por más que una enfermedad los ataque, nunca se deben dar por vencidos. El suyo es el mejor de los ejemplos. Con dos o tres Fidel de Luca, el golf ya sería un deporte popular en la Argentina. Es un tipo bárbaro. Lo quiero mucho. En Brasil, se consagró a lo campeón. Es un caso único. Cuando todos me estaban regalando el Campeonato, apareció él con dos hoyos finales jugados de manera formidable. Hizo 3 en el 17, aunque podríamos decir que hizo dos y medio, porque dejó la pelota tan cerca del hoyo que casi la emboca. Luego hizo 3 en el 18 embocando con un putt desde cinco metros, que a esta altura de la competencia, era decisivo. Me presionó para llegar al desempate que, en el primer hoyo, ya era de él. Fue el triunfo de todos. Todo el mundo festejó como si fuera propio y en honor a la verdad, yo me alegré con su victoria".

El profesional Julio Orillo, que también participó en el Abierto de Brasil, manifestó lo siguiente:

> "En ese momento, valoré lo que es ser un ídolo. Todos los argentinos que allí nos encontrábamos, hacíamos fuerza para que ganase Fidel, porque sabíamos que venía de ganarle a la muerte. Lloramos de alegría cuando concluyó el desempate y en el vestuario recibí este mensaje de Roberto De Vicenzo: 'Que te sirva de experiencia'. Yo jugué como un corderito, porque también quería que ganara Fidel. Profesionalmente, ése es un lujo que no nos podemos dar, porque para ganar hay que jugar como un león herido".

En esta ocasión, el león herido, era Fidel.

* * *

El 29 de junio de *1980*, Roberto ganó el Primer Campeonato Abierto Senior de los Estados Unidos, reservado para mayores de 55 años (después sería para mayores de 50), con 60.000 dólares en premios, 20.000 para el ganador.

Ocho meses antes había comenzado a pensar que era un torneo importante para cualquier veterano y que ganarlo representaría una inmensa satisfacción y un impulso nuevo para seguir con entusiasmo en el juego. Sabía que para ganar se requería una práctica intensa. Tres meses antes comenzó el entrenamiento, llegando a golpear en Ranelagh novecientas pelotas diarias; cambiando la forma de colocar la cara del palo "bastante más abierta de lo normal" y a corregir el vuelo de la pelota que "en vez de ir de derecha a izquierda con pull, volaba con mucha suavidad de izquierda a derecha y se elevaba bastante más de lo que estaba pegando".

El escenario fue la cancha del *Winged Foot*, en Mamaroneck, Nueva York, con un recorrido de 7.000 yardas y par 71. Era una cancha en la que nunca había jugado antes, pero le gustó el tipo de campo porque se ajustaba un poco a los de antiguo diseño, con muchos bunkers, algunos dog legs para ambos lados y una entrada al green que no se ajustaba exactamente a la existencia de esos fairways, lo que le favorecía. No era muy larga y los greens muy chicos. Ésa era su mayor dificultad. Eran muy rápidos y con declives.

Había que jugar al medio del green por las pendientes pronunciadas. En cualquier momento se anotaba un score elevado que podía dejar al jugador fuera de la contienda. Por lo demás, las condiciones del campo eran óptimas. Roberto afirmó no recordar una cancha mejor que ésta.

Su primera vuelta en 74 golpes lo puso en el cuarto puesto, con dos golpes más que Charles Sifford y Ted Kroll, quienes empataban con 72. Tras ellos, con 73, Julius Boros. De Vicenzo no comenzó muy bien, falló muchos putts cortos, pero sólo estaba a dos golpes.

El segundo día presentó un 73 y con 147, quedó a tres del aficionado Billy Campbell que presentó la mejor tarjeta del día, con 68 y a dos de Art Wall.

El sábado 28, De Vicenzo hizo 68 y quedó al frente con dos golpes de ventaja sobre Wall y cinco sobre Boros, Sifford, Kroll y Campbell.

En el tee del hoyo uno tenía un fuerte dolor de garganta y se sentía mal. Pensó que iba a necesitar 85 golpes. Pero en el par 5 del hoyo 2, consiguió un birdie que levantó su espíritu y su juego mejoró. Hizo tres birdies más y un bogey para la vuelta de tres bajo el par.

La tercera vuelta fue la que mejor jugó, sin fallas, aunque lo único que podría considerarse un error, se produjo en el hoyo 5, donde salió con madera 3, pero ubicando la pelota en el sitio preciso. Jugó el segundo con hierro 6, se pasó del green y subió el par. Al terminar esa vuelta, su ventaja era sólo de dos golpes. Los terceros 18 hoyos, los jugó con Julius Boros.

En la cuarta vuelta le tocó salir con Art Wall, un hombre de juego muy sólido y de una concentración parecida a la de Ben Hogan, porque se compenetraba pura y exclusivamente en el juego y no era capaz de decir dos palabras durante los 18 hoyos.

Wall salió como Roberto lo imaginaba: par, birdie, par, birdie. Con eso consiguió descontar un golpe y estar atento a cualquier error suyo.

En el hoyo 7, Art se ubicó perfectamente en el green con dos golpes, a unas quince yardas de la bandera. Roberto falló el green por la derecha y cayó en el rough, detrás de una loma que era preocupante para conseguir el par. Afortunadamente, desde esa posición incluso él se sorprendió embocando y ése fue el golpe que desconcentró a Art Wall, quien sin decir palabra, continuó jugando, pero sin la precisión de los primeros hoyos.

En el 9, la ventaja de De Vicenzo se elevó a cinco. De ahí en más, jugó preocupándose solamente de Billy Campbell, quien físicamente era el mejor de todos los que estaban jugando: con la elegancia de su swing y la potencia de sus golpes, le quitó a Wall el segundo lugar. (Campbell llegó a ser presidente de la Asociación Americana de Golf.)

De Vicenzo terminó con 70 y un total de 285, superando por cuatro golpes a Billy Campbell, por cinco a Art Wall y por diez a Charles Sifford. "Para ser un anciano no lo hice tan mal", se burló de sí mismo.

Levantó el trofeo y lo exhibió a la multitud que lo aclamaba asombrada por su increíble vigencia.

Después de su triunfo, en el hotel, atendió los llamados de los periodistas desde Buenos Aires: "Bueno, gracias, pero sólo gané un torneo entre viejitos. Aquí estoy con el trofeo en una mano y el cheque de 20.000 dólares en la otra".

Pero aún le quedaban sorpresas en su bolso.

En 1983 ganaría el Torneo de las Leyendas y el Dough Sanders.

Cuando ingresó al circuito de Super Veteranos, ganó en 1984 y 1986 el Golf Digest Commemorative; el Torneo Digital Classic en 1987; el Torneo de Pontevedra ese mismo año.

En 1988, triunfó nuevamente en Las Leyendas, el Vintage Invitational y el Vintage Championship.

Y rubricó una campaña de prodigios, en 1989, Las Leyendas y el mismo certamen en 1991, a los 68 años.

La vida y el golf

CUANDO EN 1998 SE INAUGURARON LOS NUEVE HOYOS del Llao Llao Golf Club, Bariloche, compitió en pareja con Vicente Fernández, habitual compañero en exhibiciones, y completó un 28, seis bajo el par para los segundos nueves hoyos. Un milagro. (Roberto nació en 1923…, por si el lector no lo recuerda).

De Vicenzo comenzó a alcanzar los niveles de un mito. Ganó 231 torneos, superando por lo menos, en un centenar a los grandes de todos los tiempos.

Ha vivido rodeado de la seducción que provocan los ídolos. Pero él lo hizo desde un deporte que durante décadas fue para minorías, desvinculado de la gente común, aunque los mejores golfistas surgieron de las filas de los caddies.

De Vicenzo provocó atracción y curiosidad. Atrajó como un imán a muchas personas, hombres y mujeres, que nunca se imaginaron practicando golf. Empresarios, cultores de otros deportes, políticos, funcionarios, embajadores, publicitarios, médicos, estudiantes, se fueron arrimando a los palos. Y él se convirtió en una figura popular desde lo desconocido.

Algunos analistas aseguran que el golf perdió emoción cuando el gigante se retiró; que la gente se alejó de los campos cuando él colgó los palos. Quizá sea cierto. Él daba color y emoción a un deporte que, si no se le conoce y entiende, puede convertirse en tedioso y hasta insoportable.

Los medios dedican escasa atención a las temporadas de golf y sólo algunos diarios cubren los grandes torneos nacionales e internacionales, especialmente cuando hay argentinos participando. Y muy pocos fueron los periodistas especializados que entendieron y trasmitieron los vericuetos, secretos y esencias del golf.

Roberto ha provocado muchas noticias, como, por ejemplo, cuando se reanudó el Campeonato Argentino de Caddies (llamado de Aspirantes), que se llevó a cabo a través de la AAPG que quería festejar el cumpleaños 75 de De Vicenzo.

Cuando viaja y asiste a torneos como invitado, siempre hay revuelos en su entorno y es maravilloso ver las caras de algunas personas y sus miradas llenas de ternura dirigidas al inmenso Roberto, que firma autógrafos con la paciencia de un monje.

En Llao Llao fue como revivir viejos tiempos, como si los años no hubiesen pasado.

Ahora la cancha tenía 18 hoyos y él 75 años, con unos kilos menos y jugando con la magia de los años dorados. Marcó dos bogeys de ida, pero cuando llegó al trayecto que se iba a inaugurar, en greens que nunca nadie había pisado, el espectáculo renació: birdies en los hoyos 11, 12, 14 y 15 y águila en el 17, un par 4 de 340 yardas, con una laguna protegiendo el green, que impedía pegar la salida con el drive. Roberto jugó dos hierros (4 y 8).

Vicente Fernández comentó: "De Vicenzo siempre hacía que los demás jugáramos mejor, porque en el esfuerzo por tratar de ganarle, él lograba que nosotros dejáramos en la cancha lo mejor de nosotros mismos".

Efectivamente, De Vicenzo siempre produjo una suerte de extraña seducción sobre los otros competidores. Los cautivaba. Hace unos años, por ejemplo, estaba jugando un *Shoot Out* en Boulogne, Buenos Aires. Es una forma de exhibición en el que ocho o más competidores comienzan en el tee del hoyo 1, y se van eliminando hasta quedar uno solo, que se convierte en el ganador. De Vicenzo sobrevivió hasta el último hoyo, donde perdió ante Rodolfo Rodríguez. En el hoyo 3, Jorge Soto, Mauricio Molina, Armando Saavedra y él, debían desempatar haciendo un complicado tiro desde la pared empastada de un bunker hacia la bandera, por sobre una loma. De Vicenzo, maniobró, pensó, calculó y ejecutó un golpe con corrida que los demás imitaron, pero mal. Fue una maniobra perfecta, porque el tiro lógico hubiera sido hacer volar la pelota, pasarla de la bandera y luego verla retroceder por efecto de la loma. Soto y Saavedra, que conocían sus trucos por haber jugado muchos años con él, la dejaron más cerca. El inexperto Molina se pasó y fue eliminado. El mejor tiro fue el de Roberto. Él sabe mirar el interior de sus rivales, sabe lo que van a hacer, y en este caso, comprendió, *vio*, que estaban jugando a la defensiva, más preocupados por cuidarse entre sí que por su propio juego.

De Vicenzo reconoce que su juego de putter fue la causa principal de su retiro. Pero en su época dorada, fue un implacable embocador y el público en Llao Llao pudo observar destellos de ese genio, cuando en el 17, la pelota impulsada con el hierro 8, desde 150 yardas, picó en el green y suavemente se deslizó hacia la bandera y desapareció de la superficie tragada por la tierra. El público deliró. De Vicenzo había hecho águila 2. Tarjeta de 66 golpes, 4 bajo el par.

Muchos comprendieron en aquel bello y alejado lugar del sur argentino, donde pareciera que el tiempo está detenido, por qué fue uno de los diez mejores del mundo durante 35 años.

Su frase de cabecera: "Para triunfar en el golf, se necesitan los mismos atributos que en la vida: espíritu de lucha, capacidad de sacrificio, privarse de cosas que puedan repercutir al día siguiente. El golf te obliga a pensar todo el día porque se lleva en la piel. Al golf no se lo quiere; se lo ama".

El golf enseña humildad, aceptación, entrega. Moldea el carácter. El éxito y el fracaso son siempre temporarios. Pero el éxito es mucho más temporario.

De Vicenzo es un ejemplo. Duerme diez horas por día, controló siempre estrictamente su dieta, nunca fumó, ni tomó bebidas alcohólicas. Es paciente, medido, sorprendentemente modesto y sencillo para el nivel mundial que ha alcanzado.

Para él, el golf fue como una pasión benigna que le congelaba la sangre.

Su comportamiento fue siempre el mismo. Sobrio. Juguetón. Cariñoso. Concentrado. Respetuoso. Siempre dispuesto a la sonrisa y cálido para atender a los aficionados. Jamás se le notó un gesto de altivez.

Los periodistas de los Estados Unidos y Gran Bretaña sienten por él una devoción insólita, aunque los hombres de prensa procuran ser medidos en sus expresiones de admiración o amistad con los astros a quienes deben juzgar y escudriñar.

Pero cuando ganó el Open Británico, los periodistas lo esperaron con una botella de champagne. Lo aplaudieron como si hubiera sido uno de ellos.

Roberto ha jugado al golf con estrellas de cine, presidentes de países, príncipes, escritores de nota, cantantes, cómicos famosos, se ha codeado con los grandes de todas las esferas de la vida mundial, pero a la hora de la verdad es un amable y sencillo padre de familia. Ranelagh es su principado, su centro universal. Allí conoció y se casó con Delia Castex y nacieron sus dos hijos, nietos y en agosto de 2004, su bisnieta, Manuelita, la primera De Vicenzo del siglo XXI.

Permanentemente exhibe y exalta a su mujer porque entendió su profesión, lo apoyó y respaldó. Nunca sus bajones deportivos tuvieron raíz familiar.

Un periodista brasileño hizo un interesante desglose entre el supremo golfista y el hombre, tanto mejor que el deportista.

> "Aparece como un hombre de recia contextura, brazos gruesos y de gran fortaleza física, pero su trato es fino y amable. Roberto, es hidalgo y simpático, de una sencillez poco común, va sumando amigos cada día y ofreciendo al mundo la imagen ideal de un país: Argentina".

En 1988, recibió el *Jimmy Demaret Award*, en una comida a la que asistieron mil personas. El patrocinante, Fred Raphael, que fue el creador de la gira de veteranos cuando comprendió que los mayores también ofrecían inigualables espectáculos, arengó:

> "Por su contribución al desarrollo del golf en todo el mundo. De Vicenzo honra a nuestro deporte por su calidad humana. Es un embajador universal del golf y como jugador, su campaña de medio siglo como profesional, con más de 200 certámenes ganados, exhibe el mejor testimonio de su habilidad deportiva".

Medio siglo estuvo Roberto entre los mejores jugadores del mundo. Fue campeón del magno Abierto de 16 países. Nueve veces el de Argentina. Aquí ganó 16 Campeonatos de Profesionales. Se lo ha llamado Spaghetti, Popeye, el eterno, el legendario, maestro, monstruo sagrado, para los ingleses es *Old Robert*, y en todos lados, el caballero del golf.

Javier Mazzea y Mariano Rovira, escribieron el tango *A Roberto De Vicenzo.*

Para De Vicenzo el golf requiere meditación, control de fuerzas, habilidad, cálculo intuitivo de las distancias, rapidez, golpe de vista, destreza y decisión. El jugador está solo, y aunque el caddie le puede sugerir un tiro, el que juega está solo, aunque esté en medio de una multitud. Aquí no hay posibilidad de gritar o exaltarse hasta el final, que nunca llega cuando uno quiere y aun entonces, todo es medido y prudente. Las largas caminatas parecen interminables bajo el sol, frío, llovizna, intensos calores o vientos helados.

Es un juego de gran demanda física, aunque muchos crean que es caminar y pegarle a la pelota.

El estado físico debe ser impecable, porque un pequeño dolor en un pie, en el hombro o en la mano, y el contendiente queda afuera. No se puede jugar sin estar en plenitud. Un jugador de fútbol puede jugar vendado; un golfista, no.

Por supuesto, el golf de esparcimiento no requiere nada de esto. Es otra cosa. Pero para el golf profesional, De Vicenzo proclama:

"Yo tomé al golf como un trabajo, ya que hay dos formas de jugarlo: una, para bajar la barriga. La otra, para llenarla. Pero el que juega al golf para llenarse la barriga, no debe llenarse la barriga. Y yo lo encaré de este modo, sacrificando ciertas cosas lindas de la vida, desgraciada o afortunadamente, para satisfacer los objetivos que me había propuesto".

De Vicenzo también ha sentido momentos de profunda soledad. En el Abierto Británico, cuando se coronó, le faltó un argentino para abrazarse. Muchas veces al ganar un torneo en el extranjero, su única compañía eran el Himno Nacional y la Bandera al tope. "La mayoría de las veces ni el cónsul aparecía".

Conoció y trató a personalidades como Charles De Gaulle, John Kennedy, Dwight Eisenhower, Juan Domingo Perón, Arturo Frondizi, el emperador Hirohito, Richard Nixon, el rey Leopoldo de Bélgica (que lo invitó a hospedarse en el Palacio Real), el rey Jorge de Gran Bretaña, Gina Lolobrígida, Sofía Loren. Le dio clases a María Félix y Ava Gardner y ha jugado con Frank Sinatra, Danny Kaye, Dean Martin, Nat King Cole, Bring Crosby, Bob Hope y Joe Louis, el notable campeón mundial de boxeo de 1937 a 1949, categoría peso pesado y curiosamente, un notable jugador de golf, según lo calificó el propio De Vicenzo.

PARÉNTESIS

ROBERTO JUGANDO CON BOB HOPE

"Era una personalidad encantadora. Siempre sonriente y haciendo chistes. Hacía dibujitos en el césped jugando con el palo. Repentinamente, me preguntó cuántos años tenía. Contesté: 40. Él me miró asombrado y me respondió: Pero usted parece mucho menor: en Argentina los años tienen 18 meses, ¿verdad? Bob Hope sabía mucho de edades. Vivió 100 años".

Su gran caddie fue Ricardo Angelleri, que lo acompañó 25 años. Cuando murió, Roberto sintió su pérdida con profundo dolor. Para él, el caddie es como la consorte del golfista. Lo ayuda, lo aconseja, lo asesora, lo informa sobre la caída del terreno en los greens y todos los detalles de la cancha. Muchos grandes comenzaron como caddies porque pasaban todo el día en las canchas.

Ha firmado contratos con Coca Cola, Dunlop, Braniff, Rolex, Old Smugler, *Clarín*, *La Nación*, Orfila.

Ha considerado al golf como juego ciencia, con reglas propias de un arte. Músculos, vista, manos, cerebro, pulsaciones, coordinación. Inspiración y pasión. Ansias de expresión. Por ser diferente o quizás único.

Roberto sabe y reconoce que ha sido un jugador de condiciones internas y no externas.

Las internas son innatas y se potencian con las prácticas. Músculos, ojos, manos, cerebro, pulso, coordinan los movimientos. Cuando nace el golpe, se ha producido un encantamiento. Nunca dejó de aprender y pulir:

"Mi vinculación con los mejores jugadores del mundo, me permitió aprender para mejorar mis aptitudes externas. A lo largo de mi carrera me han respetado y aplaudido. También me han criticado. Sumando y restando, me llevo mucho bueno. Siempre quise ganar. Dentro de la cancha, soy egoísta. Sólo quiero ser el primero. Nunca miré a alguien y me dije: a éste no le gano. Pero el golf me enseñó a respetar a los rivales. A respetar los Reglamentos como fueron escritos, porque nacieron para ser obedecidos. Es la ley superior de los participantes. El mejor camino al hoyo es el recto. A veces, se pueden tomar atajos, acortar distancias, buscar la vuelta. Quizás, así se pueda ganar, pero jamás llegar".

"Al cumplir 50 años de mi debut profesional, he comprendido que la vida es una montaña con un sendero que sube y otro que baja. Nadie sabe cuál es la altura de la montaña cuando comienza a escalarla. La subida parece hermosa, pero el descenso entristece. Todas las montañas están hechas de roca, árboles, rugosidades. La sabiduría consiste en saber agarrarse de lo que ofrece la naturaleza, para subir y para bajar. La subida es lenta y sacrificada. La bajada es lenta y penosa. Ahora, estoy tratando de agarrarme de lo que puedo, para olvidarme que la subida, ya terminó".

"Mi mayor enemigo siempre ha sido mi otro yo, un rebelde interior que no siempre obedece mis órdenes. Está dormido. Se enfrenta conmigo como el sentimiento y la razón. Antes, marchaba a mi lado, siempre. Ahora, me cuesta despertarlo. Es remolón y no pareciera estar interesado en lo que estoy haciendo. No le interesa jugar, pero se enoja si perdemos. Cuando se despierta, me da fuerza, agresividad y empuje. Pero me cuesta mucho, cada vez más, despertarlo".

Traducido a términos cotidianos, la lección es la misma para todos los seres humanos, jueguen o no al golf.

Cuando tenía 23 años, De Vicenzo ya había ganado un lugar notable y privilegiado en el juego del golf. Su técnica era exquisita y su juego largo, increíble. Además, era un sabio para escapar de los problemas naturales o artificiales que existen o se crean en todas las canchas.

Había aprendido a leer el césped, a escuchar el viento, a registrar matorrales, a sentir la humedad, a dejarse envolver por el murmullo del público o ver qué dirección tomaban las hojas voladoras.

Que su pelota cayera tras un árbol luego de juguetear entre las ramas, enterrarse en la arena del bunker, perderse en los yuyos, sólo representaban un acertijo a resolver. Entonces ideaba una jugada insólita, un golpe inesperado y continuaba la contienda como si nada hubiese pasado.

Su dominio de la situación, su pasmosa calma, la fortaleza anímica lo elevaban sobre el promedio. Su pegada fuerte y su físico privilegiado fueron casi objeto de leyenda. Pero pocos sabían que a menudo sentía nervios e inseguridades. Superarlos era su virtud clásica. Creía en sí mismo.

Aseguraba que no importa el físico. No importa que el jugador sea alto, flaco, gordo o petiso. Lo importante es el instinto, la intuición. La pelota es insignificante, minúscula, una cosa de nada. Ella hace lo que quiere, cuando no se ha sabido dominarla.

La pelota tiene corazón y cuando se le llega al corazón, responde consideradamente.

Confirma: "Frente a la pelota, en los momentos culminantes, hay dos sensaciones que buscan someterse una a otra. Miedo o inspiración".

De Vicenzo inventaba, exprimía su imaginación y jugaba con astucia. Era imprevisible y producía admiración, suspiros de sorpresa y miradas de asombro.

Buscaba mejorar y perfeccionarse, sabiendo que siempre habría algo nuevo, correcciones que hacer, que nunca una jugada es igual a otra y que en la misma cancha en días corridos, se puede jugar totalmente distinto. La cancha no es la misma. El jugador tampoco.

Un torneo importante dura cuatro días y él asegura que lo más complicado es la noche, porque agobian los temores y las dudas. Acostarse temprano ofrece el peligro de desvelarse y seguir pensando en lugar de descansar. Él se acostaba y dormía como un tronco.

Él mismo define su estilo como "un swing natural, entre lo clásico y moderno". Ha ganado un promedio de siete u ocho torneos por año. Siempre procuró no obligar a su cuerpo a hacer lo que no era natural, porque entorpecía su juego.

Los analistas más reconocidos sostuvieron que cuando De Vicenzo iniciaba el backswing, su cuerpo se inclinaba hacia la pierna derecha, movimiento que podría ser interpretado como un desplazamiento.

La posición del cuerpo y de la cabeza se apoyaban demasiado sobre el pie derecho, al punto de levantar el talón del pie izquierdo.

El movimiento correcto sería que la cabeza estuviese anclada sobre la pelota. En cambio, Roberto la va llevando hacia el costado derecho a medida que levanta el palo, hasta que llega a una posición muy correcta en el backswing, pero siempre se nota que el talón del pie izquierdo está demasiado levantado.

Los investigadores del golf, aseguran que en la década del 50, su brazo izquierdo en el backswing, estaba perfectamente bien estirado y el recorrido del palo era mucho mayor. Después no llegaba a posición tan alta en lo máximo del backswing, quizá consecuencia de los años, aunque su estado físico era excelente y no había perdido el poder de sus tiros.

La cabeza cambia casi totalmente de posición y queda ubicada sobre la punta del pie izquierdo. Esto no es aconsejable para un golfista, pero no tiene importancia en aquel que lo hace intencionalmente en forma controlada.

Sus muchas horas de práctica diaria a través de tantos años, ha logrado que ese movimiento, que no es perfecto, lo sea para él, porque lo ayudaba a pegar con todo el peso del cuerpo.

Cuando comienza bajar el palo, se va apoyando en el talón del pie izquierdo y todo ese costado acciona hacia atrás, para permitirle al palo pasar con gran velocidad y firmeza.

El palo va demorando el golpe. En ningún momento se ve que la cabeza del palo se acelere demasiado. Las manos esperan el golpe para descargarlo justo en el momento oportuno, no demorando en exceso y tampoco pegando con anticipación.

Una vez producido el golpe, el palo continúa con la misma velocidad del impacto y lo lleva a un finish muy amplio, en el que enrosca todo el cuerpo, pero siempre apoyado sobre el costado izquierdo.

Desde el momento en que empieza a levantar el palo, éste sale muy cerca del piso para permitirle un giro amplio del cuerpo. La cabeza del palo no ha avanzado demasiado, sino que prácticamente las dos manos van trabajando juntas. Sigue levantando el palo con el brazo izquierdo en una posición estirada, pero sin endurecerlo, hasta llegar a lo alto del backswing, a la misma altura de la cabeza, con todo el cuerpo apoyado sobre el pie derecho.

Cuando comienza a bajar el palo, acciona la rodilla derecha y la cabeza para que todo el peso del cuerpo se apoye en la pierna izquierda.

La posición de las manos demuestra que el palo no se adelanta, sino que retiene el golpe. La bajada del palo la realiza con todo el movimiento del cuerpo, esperando el golpe, para llegar a descargarlo recién en el momento adecuado. La potencia que demuestra desde el stance hasta el finish y durante el impacto, no le hace perder en ningún momento el equilibrio, ni tampoco se nota que esté utilizando fuerza extra, sino nada más que la necesaria y eso es lo que le permite el enorme dominio sobre sus tiros.

Muchos de los estudiosos, aseguraban respecto al swign de De Vicenzo que su estilo era muy particular, consecuencia de su pasión, su voluntad y su disciplina. Es uno de los que enseñó sin decir qué es lo que hay que hacer. Se aprende de él, no solamente de sus prácticas personales, sino desde que llega a la cancha hasta que finaliza el torneo. Es un ejemplo. El primero en llegar y el último en irse.

Con respecto a su estilo, si bien los expertos analistas aseguran que no existe el swing perfecto, sí hay cinco fundamentos universales:

1 – El grip
2 – El stance
3 – El backswing
4 – El downswing
5 – El finish

Roberto conoce el sistema descendente de los ingleses y el ascendente de los norteamericanos.

Él gobierna los efectos sobre la pelota, de derecha a izquierda, o viceversa; con vuelo bajo y alto, propios del sistema inglés.

Los sistemas que ha utilizado se basan fundamentalmente en la evolución de las mecánicas universales: los sistemas ascendentes y descendentes. Este último es el sistema clásico inglés: manos, brazos, caderas, piernas, cabeza anclada en el eje, giro del cuerpo constantemente de adentro-adentro, como un limpia parabrisas o el swing flat, chato.

De Vicenzo brilló con este sistema durante varias décadas y de allí nació su tendencia a abrir un poco la mano derecha. Es decir, la *V* de esta mano apuntando al hombro derecho. Esto que puede parecer un defecto, es una virtud en el sistema inglés.

También forma parte del patrimonio de Roberto De Vicenzo el movimiento ascendente característico del swing americano. Él pega muy largo, no por su desplazamiento, sino porque con su mente domina al músculo de tal forma, que se da ese margen de posibilidades para hacer la diferencia entre lo clásico y lo moderno.

La energía que logra con su swing está dada por su excelente rotación de hombros, porque allí están los músculos importantes de la espalda: los dorsales, y los extensores de la columna, y todos los complementarios, caderas, piernas, pies, brazos y manos, son gobernados desde este punto.

Por eso se lo ve como un gigante. No solamente porque tiene el potencial de su mente como don natural, sino porque además, en él se cumplen las leyes universales de causa y efecto.

La causa es toda esa construcción que por medio de la mente gobierna a la cabeza del palo en una fracción de segundo. Y la pelota, que es el efecto, cuando llega el final del swing, su desplazamiento se transforma en virtud. Todos estos fundamentos se conocen más profundamente gracias al trabajo en equipo realizado por los estadounidenses. Por ejemplo, Ben Hogan que estudió estos principios y los explicó en su libro *Los cinco fundamentos del swing*.

Los más estudiosos analistas aseguran que el swing de De Vicenzo tiene una mezcla de Hogan, Sam Snead, Harry Vardon, Arnold Palmer y hasta de Bobby Jones. El peculiar estilo de Roberto, que tantos éxitos ha logrado, se debe a sus constantes investigaciones, análisis y poder de observación. Ésa es una de las fuentes de su poder. Detrás de su patrimonio logrado con trabajo y sacrificio, existe un duende personal que lo inspira y que le permite ser un genio.

Su dominio de estos efectos lo transformó en ídolo y como él mismo lo ha dicho, manejar una pelota es como conducir un automóvil. El impuso un slogan en el golf nacional: "para lograr buenos resultados en el golf hay que trabajar".

"Yo trabajo para De Vicenzo", y ese trabajo ha servido de enseñanza para todas las generaciones de golfistas en todas las latitudes. En 1973 igualó el récord de la cancha del Mar del Plata Golf Club con 63 golpes. Terminó de jugar y se fue a practicar hasta la caída del sol. En el vestuario le preguntaron por qué tanta práctica si acababa de hacer una vuelta récord. Y contestó: "Cuando estás jugando mal, tenés que practicar y practicar. Y si estás jugando bien, aumentá las horas de práctica para que no se te escape".

Se dice de mí...

Revista Time. 28 de julio 1967:

"¿El profesional de golf que más torneo ha ganado en la historia del Deporte? ¿Walter Hagen, Byron Nelson, Ben Hogan, Sam Snead, Arnold Palmer? No. Roberto De Vicenzo, un argentino de 44 años, de descendencia italiana, profesional a los 16. Tres años después, ganó su primer torneo haciendo 277 golpes para 72 hoyos, un récord que se mantuvo 40 años en la cancha del Rosario Golf Club, Santa Fe, Argentina. Hace 20 años que lleva sus palos por el mundo y ha ganado más de 200 torneos. En la cancha del *Royal Liverpool*, cruzada por los vientos, Roberto derrotó a Jack Nicklaus, el campeón que defendía el título y agregó el Abierto Británico a su preciosa colección".

Ben Hogan, durante el Abierto Británico de 1953:

"El único que puede sacar la pelota de un rough infernal con algún resultado, es Roberto De Vicenzo. La fuerza que desarrolla con sus piernas que sus brazos y muñecas contienen tan bien hasta último momento, le dan ese tremendo poder que todos conocemos y admiramos".

Gary Player:

"Quiero que quede impreso en letras de molde el gran jugador que es Roberto De Vicenzo, pero, más que nada, su extraordinaria calidez de hombre".

(Gary Jim Player nació en 1935 en Sudáfrica. Pasó al profesionalismo en 1953 y rápidamente fue figura en su país. Viajó a

Inglaterra donde le sugirieron buscar otra actividad, porque el golf no era para él. Se fue. Volvió un año más tarde. Ganó el Master Dunlop en Sunning Dale y ese mismo año el primero de sus trece Abiertos de Sudáfrica. Siempre vistió de negro y practicaba obsesivamente. En 1959, ganó su primer Major, el más joven en ganarlo. En 1961, lideró el ranking de ganancias y en 1965 le ganó a Arnold Palmer el US Masters. En 1980 ingresó a la categoría Veteranos. Es un consagrado diseñador de campos de golf y se dedica, además, a la cría de purasangre de carreras).

Leopoldo Ruiz, en la inauguración del Driving Range de la Costanera de Buenos Aires:

"Fuimos con Roberto a dar una exhibición. Se puso a tirar pelotas con el drive desde el piso, pero 'cantadas'. Ésta va con pull, ésta alta con fade, etc. Yo nunca vi nada igual. Las tiraba al pasto y quedaran como quedasen, les daba como él decía. Todos vimos cómo inauguraba el Driving Range con un drive que dio contra el alambrado del fondo (300 metros), vestido de camisa, corbata y zapatos de calle.

Un amigo mío con trípode y cámara de alta velocidad, se aprestó a fotografiar a Roberto en el hoyo 14, largo par 5, del Municipal. De Vicenzo se hamacó, conectó con perfecto balance —nunca se sale del stance por más fuerte que pegue— y mi amigó disparó su obturador. Ese pequeño tee de campeonato, diseñado para el hoyo, está rodeado de árboles y cuando Roberto pegó, el impacto fue ensordecedor. Me quedaron los oídos silbando como si hubiese escuchado un pistoletazo. La sorpresa mayúscula fue cuando mi amigo me llamó luego para ver la foto. La pelota ya se encontraba separada de la cara del palo en forma de huevo alargado. Pero aún más curioso y extraordinario, fue advertir que *los espectadores que observaban el tiro, en la foto estaban, todos, diez centímetros despegados del suelo.* El impacto, la velocidad, la sorpresa, los había hecho saltar inconscientemente".

Donald Steel, periodista inglés:

"Nunca oculté mi admiración por De Vicenzo. Veo en él al jugador que desearía ser, por la alegría que siento cuando lo veo golpear la pelota con ritmo y potencia, sin ningún esfuerzo.

Nunca he encontrado una figura más querida y respetada, un hombre con dignidad y amabilidad. En ningún país que haya jugado se ha dicho una palabra poco amable sobre su persona o se lo ha criticado. Roberto asume los éxitos y las derrotas por igual, sin excusas, sin pena ni ensalzamiento personal.

Para ser latino, es calmo, y su único signo de emoción es un resignado movimiento de hombros o un callado 'estúpido, estúpido...' para sí mismo.

Cuando ganó el Open Británico, se aseguró un lugar en la historia y las celebraciones del público fueron más alegres... porque el agasajado era Roberto".

Jim Murray, Golf Magazine:

"Roberto De Vicenzo es posiblemente el mejor jugador del mundo de habla no inglesa y tal vez, el mejor de todas partes. Ha ganado torneos desde Perú a los Pirineos y desde Alemania hasta Texas.

En Estados Unidos, se lo invitó al Torneo de Maestros, no porque fuera el mejor de la Argentina, sino uno de los mejores del mundo.

Este hombre de grandísimo vigor, y simpatía aún más grande, es en opinión de los expertos, una mezcla de Ben Hogan y Sam Snead.

Tanta es su popularidad que en Santander o en St. Cloud, si se menciona a Arnold Palmer, alguien podría preguntar ¿Arnold, qué?, pero Roberto hay uno solo.

Sin embargo, él sería mi golfista favorito aunque no bajara de 80 golpes, por una historia que circuló en Dallas después de su victoria de 1968.

Una señora se le acercó, después de que él ganó el torneo, contándole la trágica historia de su hija enferma de leucemia y le pidió dinero. Roberto se lo dio. Más tarde, un amigo, le dijo enojado por qué había hecho eso si no había tal hija con leucemia. Roberto lo miró fijo y le dijo que ésa era la mejor noticia que había oído en su vida". (Véase Paréntesis.)

Muirfield Village, artículo publicado en 1986:

"Personifica todo lo mejor del golf. Es un jugador de estilo clásico, lleno de potencia, preciso en el juego largo, distinguido por su extraordinario touch en el juego corto. Su buen humor, su calidez y su modestia son proverbiales. Acepta los hechos, buenos o malos, con igual dignidad y altura. Argentina tiene en Roberto un genuino representante y un gran Embajador".

Ronnie Adamson, analista:

"Hablar sobre Roberto De Vicenzo crea un inmenso problema. Rápidamente se terminan los adjetivos superlativos. Al hablar sobre los tiros que ejecuta durante la última vuelta de golf, donde tiene chances de ganar, es difícil llegar a la tercera línea sin que el almacenamiento de expresiones de asombro se agote.

En 1981 seguí los últimos 18 hoyos del Torneo de Profesionales jugado en el Campo Municipal de Golf que ganara Vicene Fernández, donde el three-some estaba compuesto por Florentino Molina, Roberto De Vicenzo y Vicente Fernández. En el hoyo 4, par 3, que ese día era una laguna del tee al green, tanto Florentino como el Chino, se quedaron cortos de la bandera, a unos diez metros. Roberto jugó último. Yo estaba en el green, casi en línea recta entre la bandera y De Vicenzo. En el corrillo de espectadores, los murmullos antes de que tirara, siempre parecían anticipar los resultados.

Un nerviosismo expectante. *Ya van a ver dónde la pone el grandote. Ahora van a ver un tiro de verdad.* Y además, las apuestas por *a cuánto la deja.*

(Aclaro: era un tiro de 190 yardas y no un tirito corto).

Roberto, visto de lejos, da la sensación de estar más allá de las imperfecciones golfística humanas. Tiene una soltura, casi una despreocupación involucrada en la ejecución. Pegó un hierro 5 y la pelota salió en dirección al bunker de la derecha, empezó a curvar hacia el green, mientras el público empezaba a bajar la loma de la derecha, porque la pelota venía en esa dirección. El vuelo era alto y obviamente teledirigido para comportarse de una manera programada por la mente que ordenó a los músculos la ejecución perfecta. En los últimos quince metros de recorrido, como un avión caza de ataque, se descolgó hacia la izquierda, picó tres metros corto de la bandera, mordió en el segundo pique y quedó muerta a un metro. Ese putt lo embocó.

El hoyo siguiente era un par 5 largo, en el que los tres podían llegar con dos buenos tiros. Pero De Vicenzo no solamente saca esas yardas extras cuando las necesita, sino que coloca el drive en el lugar donde el segundo tiro se ve facilitado por el diseño del hoyo, por la forma en que ha decidido jugarlo. Roberto trabaja la pelota alrededor de la cancha con tiros altos con pull o fade para abrir los greens al segundo tiro y poder disparar al corazón.

En el 6, pegó un tremendo drive sobre la derecha del fairway, con el evidente propósito de poder jugar el largo segundo tiro con fade y de esa manera, evitar el peligroso fuera de límites que este hoyo tiene a lo largo de todo el costado derecho. Jugó una madera hacia los dos bunkers de la izquierda. A la pelota le esperaba una sorpresa: picó contra el filo del primer bunker y quedó adentro. No sacó el birdie.

En el 8, mandó un drive que clavó la pelota a cien yardas del green. Y a continuación, un pitch a media altura que picó antes del hoyo y le bailó a la bandera. Embocó.

En los drives normales les sacaba a Molina y Fernández entre diez y quince yardas, pero cuando el *grandote se hamaca* en un par 4 ó 5 largo, la diferencia es considerable. Si agregamos su inigualable calidad para pegar el drive desde el fairway, entendemos por qué era tan respetado en el mundo".

Leonard Crawley, The Field, 1970:

"Pocos hombres han sido tan queridos por el público como Roberto De Vicenzo, el golfista argentino que obtuvo el premio de la *Golfer's Writer's Association* (Asociación de periodistas de golf).

La apariencia de Roberto es engañosa. Impresiona como un monumento de bronce a la buena salud. A la distancia, se asemeja a un gigante. Pero es invariablemente amable. Cuando uno está cerca de él, parece volverse más pequeño.

Miles de sus admiradores piensan que alguna vez podrán contar que vieron a Roberto ejecutar un mal golpe. Ese día nunca llegará, pues De Vicenzo pertenece a esa clase de golfistas que cuanto más fuerte quieren pegar, más suavemente lo hacen.

Yo no hablo una palabra de español y De Vicenzo habla pocas de inglés, pero me complace compararlo con Sam Snead, quien una vez me dijo: 'Si quieres pegar un golpe largo, simplemente saca despacio el palo hacia atrás, y ¡oh, chico! cómo vuela esa pelota'.

Roberto De Vicenzo tiene una indefinible capacidad de dar al juego apariencia de suavidad y la sensación de que todo es infernalmente fácil".

La Prensa, Buenos Aires:

"No hay deportista de nacionalidad argentina que en los últimos veinte o treinta años, haya acumulado mayor respeto, simpatía y obviamente, cariño auténtico en vastas regiones del mundo, como el golfista Roberto De Vicenzo. Por su conducta, desde luego. Y secundariamente, por su virtuosismo de golfista".

"He andado tanto, he visto mucho, cuánto tengo para contar."
(Foto Karlos Posñakovo)

En 1944 lo convocaron al servicio militar: dos años en la Marina.
(Archivo El Gráfico)

21 de marzo de 1946. Casamiento de Delia Castex y Roberto De Vicenzo.
(Archivo El Gráfico)

La moda de entonces. *(Archivo El Gráfico)*

Primeros triunfos.
(Archivo El Gráfico)

4 de marzo de 1952. La tapa de *El Gráfico*.
(Archivo El Gráfico)

"No sólo mi nariz es grande. Miren mis manos".
(Archivo El Gráfico)

El público del British Open. *(Archivo El Gráfico)*

Campeonísimo Hoylake. 1967. British Open. *(Archivo El Gráfico)*

1967. British Open. *(Archivo El Gráfico)*

Recepción en el Campo Municipal de Golf, Buenos Aires, después del British Open. Junto a José Jurado, Leopoldo Ruiz y Romi Zemborain (en la actualidad presidente de la Asociación Argentina de Golf). *(Archivo El Gráfico)*

En su país, Roberto De Vicenzo recibió dos veces (1967 y 1970), el tradicional Olimpia de Oro que entrega el Círculo de Periodistas Deportivos. *(Archivo El Gráfico)*

Esta escena es anterior al famoso episodio de Augusta. De izquierda a derecha: Ben Hogan, Juan Segura, Jimmy Demaret y Roberto. (Juan Segura, que se mataría en un accidente automovilístico en la ruta a Mar del Plata, fue un gran jugador aficionado, campeón argentino, que compitió de igual a igual con los profesionales). *(Archivo El Gráfico)*

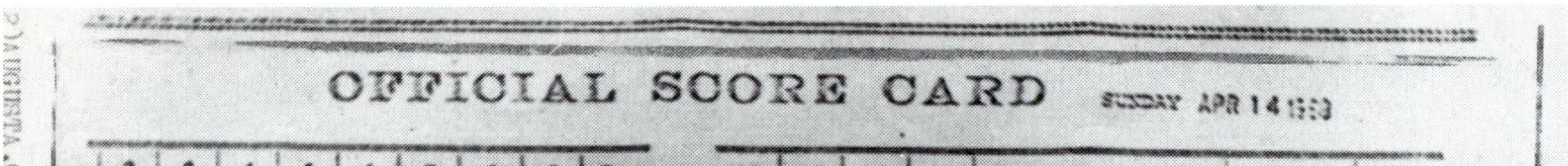

AUGUSTA, GA., APRIL 14—SCORECARD WHICH COST TITLE - This is the

OFFICIAL SCORE CARD SUNDAY APR 14 1968

2	3	4	5	6	7	8	9	Out	10	11	12	13	14	15	16	17	18	In	Totals
555	355	220	450	190	365	530	420	3485	470	445	155	475	420	520	190	400	420	3495	6980
5	4	3	4	3	4	5	4	36	4	4	3	5	4	5	3	4	4	35	72
4	4	4	4	2	4	4	4	34	4	4	4	5	3	4	3	4	4	35	69

D MY SCORE HOLE BY HOLE.

URE Tom Aaron ATTEST Roberto De Vicenzo 213 / 282

TOMMY AARON

2	3	4	5	6	7	8	9	Out	10	11	12	13	14	15	16	17	18	In	Totals
555	355	220	450	190	365	530	420	3485	470	445	155	475	420	520	190	400	420	3495	6980
5	4	3	4	3	4	5	4	36	4	4	3	5	4	5	3	4	4	35	72
4	3	3	4	3	4	4	4	31	4	4	2	5	4	4	3	4	5	35	66

ED MY SCORE HOLE BY HOLE.

TURE Roberto De Vicenzo ATTEST (2) Tom Aaron 212 / 278

ROBERTO DE VICENZO

La tarjeta que provocó el desastre de Augusta, hecha por Tom Aaron y firmada por De Vicenzo. *(Archivo El Gráfico)*

Esta foto dio la vuelta al mundo promocionando la Copa del Mundo a disputarse en San Isidro, Buenos Aires, Argentina. Se produjo haciendo aparecer el hoyo uno frente a la sede social del Jockey Club, simulando el Club House.
(Archivo El Gráfico)

1978: Ganadores del British Open en el Royal and Ancient Golf Club en St Andrews, Escocia. *De izquierda a derecha:* Max Faulkner, Fred Daly, Tony Jacklin, Henry Cotton, Wilbur Muirhead (capitán del R&A, no ganador), Tom Watson (con la Copa), Gary Player y Ken Nagle. *Segunda fila:* Roberto De Vicenzo, Peter Thompson, Bob Charles, Johnny Miller, Arnold Palmer, Tom Weskopf, Jack Nicklaus y Bobby Locke. *(AP Wirephoto - Archivo El Gráfico)*

1984: Roberto Ricardo, Roberto, Eduardo Alfredo y Delia Castex: los De Vicenzo. *(Archivo familiar)*

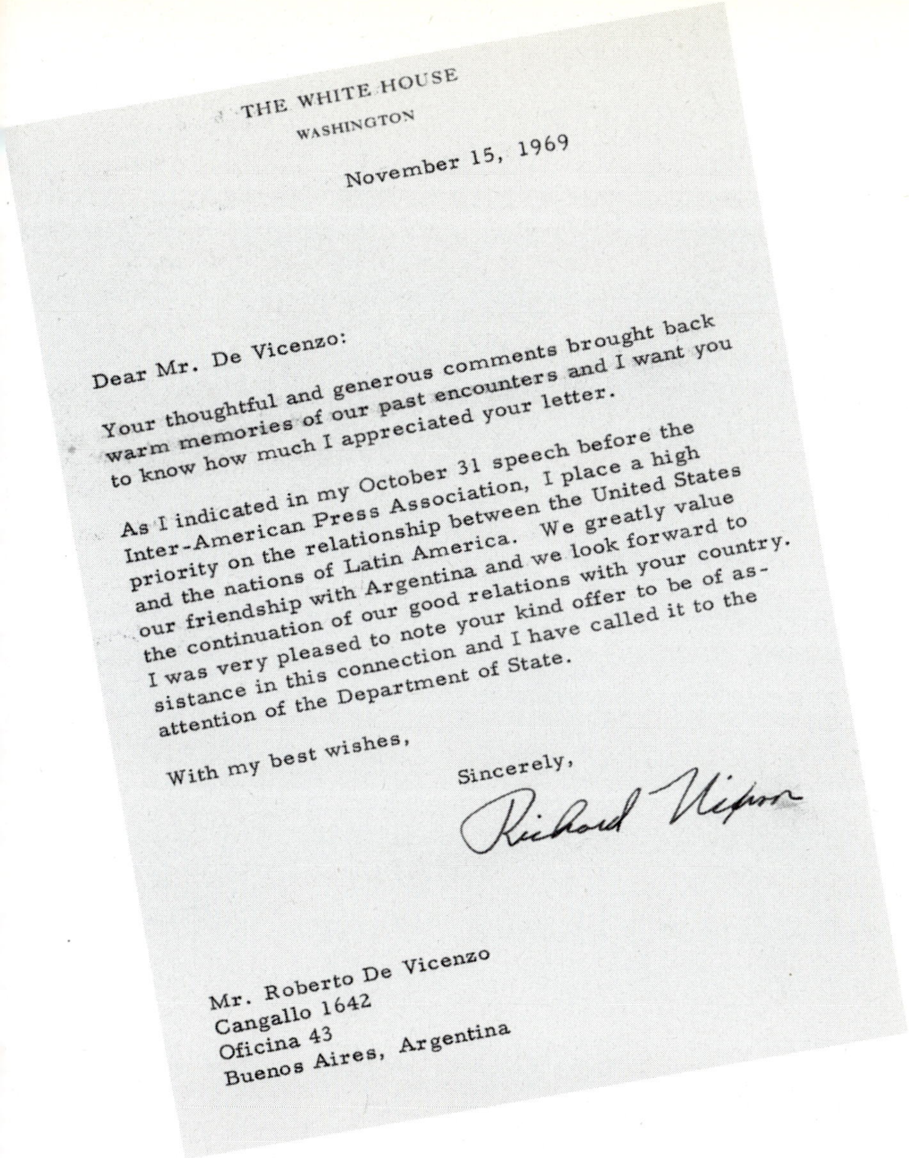

THE WHITE HOUSE
WASHINGTON

November 15, 1969

Dear Mr. De Vicenzo:

Your thoughtful and generous comments brought back warm memories of our past encounters and I want you to know how much I appreciated your letter.

As I indicated in my October 31 speech before the Inter-American Press Association, I place a high priority on the relationship between the United States and the nations of Latin America. We greatly value our friendship with Argentina and we look forward to the continuation of our good relations with your country. I was very pleased to note your kind offer to be of assistance in this connection and I have called it to the attention of the Department of State.

With my best wishes,

Sincerely,

Richard Nixon

Mr. Roberto De Vicenzo
Cangallo 1642
Oficina 43
Buenos Aires, Argentina

1969: Carta del presidente de los Estados Unidos, Richard Nixon. *(Archivo familiar)*

Querido señor De Vicenzo:

Sus considerados y generosos comentarios me trajeron cálidos recuerdos de nuestros pasados encuentros y quiero que sepa cuánto aprecié su carta.
Como lo marqué en mi discurso del 31 de octubre ante la Asociación de Prensa Interamericana, pongo en alta prioridad las relaciones entre los Estados Unidos y las naciones de América Latina. Valoramos grandemente nuestra amistad con Argentina y ansiamos la continuidad de nuestras buenas relaciones con su país.

Con mucho placer he anotado su cordial ofrecimiento de asistencia en esta relación y sobre ello he llamado la atención del Departamento de Estado.

Con mis mejores deseos,
Sinceramente,
Richard Nixon

Festejando los 75 años de Roberto.
(Foto Karlos Posñakovo)

Pequeña historia del golf

Las principales enciclopedias y diccionarios del mundo definen al golf, simplemente como un juego que se practica dirigiendo una pequeña pelota dura, con golpes dados con un juego de palos, en dirección a un hoyo. El juego se practica invariablemente al aire libre en un campo de 9 ó 18 hoyos.

La historia de los seres humanos relata la presencia de caminantes, peregrinos, profetas, pastores, que andaban los caminos con una vara en sus manos. Para ayudarse a caminar, subir las cuestas, dirigir las ovejas o encontrarse con Dios en los montes encendidos. Los artistas plásticos de todos los tiempos exhibieron figuras patriarcales, barbadas, efusivas de brillos, humildes o monárquicas, comunes o especiales, con varas en sus manos, cayados, bastones corvos, o el báculo de los obispos. Esas varas o garrochas nunca faltaron en los tiempos pasados. Y es fácil imaginar que, además, hayan sido usadas para despejar los senderos, para defensa personal o como pasatiempo en las soledades pegándoles a las rocas.

Los tiempos se fueron

Todos los caminos conducían a Roma, porque todos los caminos salían de Roma. La inmensa red caminera de los romanos transportó sus tropas, su dominio, sus leyes, su lengua y sus costumbres a los confines de la Europa occidental.

Esta afirmación podría certificar el origen remoto del juego de golf con un deporte, llamado *pagánica* que practicaban los campesinos romanos: usaban un palo curvado y una bola hecha de plumas.

Otros historiadores ubican el nacimiento en un juego celta llamado *shinty*. Y los chinos reclaman para sí la invención relacionándola con una forma antigua llamada *ch'ui wan* (golpeando la pelota) que jugaban 300 años antes de Cristo.

En los Países Bajos, la palabra holandesa *kolf*, significa palo. Los holandeses exhiben en las salas del *Rijksmuseum* de Amsterdam un óleo de Aert van der Neer de 1603, donde se ve un grupo de holandeses practicando *kolven*, *kolf*, golf, sobre hielo.

Juegos de pelota y palo hubo muchos y los registros señalan también a la *cambuca* inglesa, *jeu de mail* (mazo de madera) del sur de Francia y el *chole* belga.

La mayoría afirma, insiste y prefiere que el golf sea producto original de Escocia donde el juego hizo furor.

Algunos machistas trasnochados definieron la palabra golf como las iniciales de: Gentlemen Only. Ladies Fordbidden (Sólo para caballeros. Prohibido a las damas).

En 1457, el rey James II debió promulgar una orden real que limitaba el juego del golf, pues las gentes debían dedicar más horas a las prácticas guerreras, arco y flecha, espadas, mazas contundentes, debido a los turbulentos tiempos que se vivían.

Los escoceses, rebeldes y empecinados, no admitieron esa ordenanza ni otras posteriores y siguieron dándole al palo y a la pelota y bebiéndose unos whiskies tras cada partido.

(Algunos aseguran que los 18 hoyos se originan en que de una botella de whisky se obtienen 18 medidas).

En el siglo XVI, el rey Jacobo IV de Escocia, declaró al juego legal.

La nieta real, María, luego María I de Estuardo, llevó el juego a Francia, donde fue educada. Sus prestos y numerosos ayudantes de campo eran llamados *cadets*, alumnos, término que se internacionalizó desde Escocia e Inglaterra como *caddy* o *caddie*.

Los jugadores se sentían atrapados por este juego tan personal, hecho para combatir contra la cancha aunque se compita con otros jugadores y a vencer las propias indecisiones, temores, temblores o aprovechar inspiraciones.

En 1600 era una actividad recreativa y vital entre los elegantes que, ataviados con sus mejores galas, jugaban al golf donde se pudiere, pues canchas no había. Volaban las pelotas en todas direcciones y encontraban descampados, árboles, ventanas o una cabeza transeúnte.

Esto obligó a los golfistas a llevar sus trastos a campo abierto. Las canchas nacieron inmediatamente.

En el siglo XVIII aparecen las primeras asociaciones de golf:

The Honourable Company of Edinburgh Golfers (1744).

The St. Andrews Society of Golfers (1754), que en 1834 tomó su nombre actual: *Royal and Ancient Golf Club of St. Andrews* por concesión del rey Guillermo.

The Royal Blackheath (1766), cerca de Londres, donde se acordó fijar la fecha de la introducción del golf en Inglaterra en 1608.

La pelotita

Los primeros jugadores de golf usaban equipos precarios. Los primeros palos y pelotas eran de madera. Más rústico imposible. En 1618 aparecieron las pelotas *Featherie*, hechas a mano con plumas de ganso, envueltas a presión en cueros de vaca o caballo. Se humedecían el cuero y las plumas y, cuando el conjunto se secaba, las plumas se expandían y el cuero encogía, tomando forma redondeada. Los artesanos las pintaban y marcaban con sus iniciales.

Los más conocidos fabricantes fueron Andrew Dickson y los hermanos Leith y Henry Mills, todos de St. Andrews.

En 1848, surgen las pelotas *Gutta Percha* o *Guttie,* fabricadas por el reverendo Adam Paterson, hechas con caucho importado de América. Eran fáciles de reparar, calentándolas.

Comienza la expansión del ferrocarril que llevó consigo al golf por todo el país.

La revolución industrial facilitó la producción en moldes y en masa, bajo precio, mejor calidad y consistencia. En 1898, Coburn Haskell, introduce las pelotas de una sola pieza que se adoptan mundialmente y desde 1901 se usan en los abiertos británico y estadounidense. Según los expertos se ganaron 20 yardas. Muchos fabricantes ingresaron en el negocio y se produjeron pelotas de mercurio, corcho, metal y hasta de aire comprimido que, lamentablemente, estallaban.

El precursor del Abierto Británico se jugó por vez primera en 1860 y fue ganado por Willie Park.

En Estados Unidos, fue en 1888. En 1894, se estableció la Asociación Americana de Golf (*United States Golf Association* - *USGA*) para regular el juego en Estados Unidos y México. Las reglas se ocupaban además, del sistema de handicap.

El 15 y 16 de agosto de 1895, se disputó el primer Campeonato Amateur de Golf del Río de la Plata, en el Lomas Athtletic Club de Buenos Aires, con jugadores uruguayos y argentinos. Fue el antecedente del Campeonato Argentino de Aficionados.

En el Museo de la Asociación Americana de Tenis Americana, se guarda y exhibe el palo de golf que usó Alan Shepard en 1971 cuando se convirtió en la quinta persona que caminó sobre la Luna.

Allí sacó ese palo ingrávido y le pegó a una pelota de golf inmóvil mientras millones de personas veían por televisión el golpe más insólito, convirtiendo al golf en el primer deporte espacial de la historia.

Shepard y De Vicenzo jugaron juntos en más de una ocasión.

Shepard y De Vicenzo nacieron el mismo año, 1923.

PARÉNTESIS

1923

En este año nacieron el gran escritor estadounidense, Norman Mailer. El Príncipe Rainero de Mónaco. Richard Attenbourough, director inglés de cine, autor de Gandhi. El gran fotógrafo de fama mundial, Ricard Avedon. Nadine Gordime, escritora sudafricana, Premio Noble de Literatura. El gran escritor italiano Italo Calvino. La más grande soprano de la historia: María Callas.

El golf es un juego que congrega a millones de personas en el mundo, no sólo en los propios campos, sino como espectadores televisivos planetarios.

El uso y presencia del idioma inglés ha predominado ineludiblemente.

Quienes practican golf llaman a algunos campos, links; las distancias se miden en yardas (91,4 centímetros). La idea general es recorrer la cancha y meter la pelota con la menor cantidad de golpes en los hoyos marcados, en campos que son habitualmente de unos 6.600 a 7.400 yardas (par 72) divididos en 9 ó 18 hoyos, cada uno arrancando desde el tee de salida y culminando en el green de pasto especialmente cuidado, donde se encuentra el hoyo de 11,43 centímetros de diámetro o 4 1/4 pulgadas.

En la mayoría de los deportes con pelota, se maneja la bola en movimiento y excepcionalmente cuando está quieta. El jugador y sus rivales la ven ir y venir, calculan sus piques, corren antes de recibirla y se lanzan al ataque o la defensa mientras otro jugador mueve el balón.

En el golf, es todo lo contrario. Se parte de la pelota inmóvil y cuando ella se marcha volando, el jugador, a veces, no tiene contacto visual y los rivales ni siquiera saben qué les está pasando a sus colegas.

En el golf no hay contacto físico, no hay faltas personales, ni tarjetas amarillas, no se protestan los fallos, no hay minuto de descanso, ni entretiempo.

En la mayoría de los deportes, la gente ocupa un lugar y allí se queda durante el encuentro.

Automovilismo, tenis, volley, fútbol, basketball, boxeo, atletismo, hockey, carreras de caballos, polo, natación, torneos de billar o ajedrez, los espectadores guardan silencio respetuoso o vociferan a pulmón batiente, pero guardan su lugar. Es cierto que en algunos partidos, los hinchas trepan alambrados o ingresan en los campos con ánimos perversos, pero lo regular y legal, es ocupar sus asientos en las tribunas dejando el campo o ámbito reservado a los jugadores.

En el golf, el campo es ocupado por los jugadores, los caddies, los asistentes de cancha y el público que camina, habla, discurre, ríe, comenta, aplaude y grita, al compás de la marcha y durante largas caminatas, como devotos peregrinos, para sentarse en los alrededores de los hoyos claves y ocupar tribunas que en los grandes torneos adornan algunos sectores. El jugador de golf camina con el público, lo escucha, lo siente pegado a sus costados e incluso debe pegar pelotas rodeado de espectadores curiosos y ansiosos.

Los campos o ámbitos de otros deportes son espacios vacíos, especialmente preparados para que no participen más que los jugadores y auxiliares, los árbitros, el instrumento pelota, redonda, ovalada, peluda, de marfil o tableros, trebejos, tacos, redes, agua, andariveles o trampolines. Todos estos deportes tienen jueces, umpires o árbitros que determinan lo lícito o ilícito del juego.

El campo de golf está preparado para crear dificultades, sembrado de pastos altos y árboles enmarañados, pozos de arena, lagunas artificiales o naturales, mantos de césped de un verde maravilla y público.

El jugador de golf es un artista, que interpreta *a capella* y a su manera, nunca igual, un juego antiguo e irrepetible.

El legado
Los secretos develados de Roberto De Vicenzo

La primera pregunta que surge frente a De Vicenzo es *¿cómo y por qué progresó en el golf?*

Y su respuesta:

"Yo he comenzado como la mayoría de los profesionales argentinos, siendo caddie.

En 1931. No se conocía la verdadera técnica del juego. Recién aparecían los primeros jugadores nacionales, que mostraban en su juego un swing más moderno.

Mis primeros pasos fueron sin proyección de futuro.

Lo hice como la mayoría de los golfistas: pensando que jugar al golf es golpear una pelota en la forma más fuerte y cómoda posible.

Lo hice hasta que comencé a participar en torneos.

Comprendí que para jugar consistentemente bien, debía hacerlo en forma correcta. Eso ocurrió en 1941, cuando vinieron al país los jugadores norteamericanos Demaret y Snead, este último, el mejor estilista de todos los tiempos.

Viéndolo a Snead, pude darme cuenta que a Martín Pose, Eduardo Blasi y Enrique Bertolino, podía usarlos como ejemplo para corregir mis errores y defectos.

Fue por eso que he tratado de mirar con curiosidad a Pose, pues era quien se destacaba en juego y estilo, siguiendo los consejos de su tío Pedro Churio, quien ya comenzaba a destacarse como muy buen profesor, confirmándolo a través de los años.

He aprendido a darle la mayor importancia al ojo que al oído.

A ver más que a escuchar. Mirar a los que saben.

Si alguien es capaz de imitar, logrará mayores logros que con sólo escuchar. El golf es acción”.

El abecé del maestro

Éstos son los íntimos recursos, anécdotas, secretos y confidencias de Roberto De Vicenzo. Él ha querido que queden impresos para uso de todos quienes juegan al golf. Éstas son sus palabras, pensamientos, consejos, advertencias.

Las comillas no son necesarias.
Todo es en primera persona.
Primera persona del singular maestro.

Ahorre golpes

Las canchas de golf están diseñadas para castigar los errores que comete el jugador durante el juego. Esos errores se cometen por malos golpes, falta de concentración o por utilizar una mala táctica para la solución de un problema. En el golf es fundamental evitar errores.

Usted tiene el tiempo necesario para pensar qué es lo que va a hacer en su próximo tiro, cuando va caminando hacia la pelota o cuando está esperando su turno para jugar.

¡Utilícelo!

Pensar y concentrarse en la jugada siguiente, le reportará grandes beneficios en su score.

No olvide que el golf da mucho tiempo para pensar, pero una sola chance para jugar.

Esfuércese desde los primeros hoyos. En la tarjeta, el hoyo número uno cuenta tanto como el hoyo 18.

Administre su handicap. Juegue con inteligencia. Si usted es 15 de handicap, el par de la cancha para usted no es 72, sino 87.

Siempre es más difícil conservar los golpes de ventaja que le da su handicap jugando sin pensar o pretendiendo hacer jugadas arriesgadas, aun para un profesional.

Evite errores. Su oponente, la cancha, no se equivoca jamás.

ALTOS HANDICAPS – CONSEJOS

Cinco consejos para que los aficionados de handicap alto, logren mejor resultado en las competencias:

1) Puede mejorar su score si al jugar usa su cabeza, haciendo de cada tiro el más importante. Cuántas veces un pequeño error, puede arruinar un buen score o hacer perder un partido. En el campo de golf, el tiempo empleado para llegar hasta la pelota, el aficionado lo debe utilizar pensando cómo jugará el golpe siguiente. Si consigue concentrarse, obtendrá mayor beneficio para su juego y posibilidades de mejor golpe.

2) En el tee de salida debe examinarse el campo que se tiene por delante, en busca de cualquier obstáculo que pueda presentar un inconveniente. Cuando se ejecuta el tiro, el jugador debe ubicarse en forma de evitar esos obstáculos y quedar a la vez en una posición favorable para el segundo golpe.

3) En los hoyos de par 3, si se tienen dificultades para salir de las trampas de arena y el green está rodeado por ellas, el jugador debe concentrarse más en evitarlas que en acercarse a la bandera. Debe jugarse al costado del green que presente menos problemas y si se trata de un tiro largo, habrá que considerar si conviene hacer un tiro corto a un área más segura. Siempre es más fácil conseguir un par con un approach y un putt, que arriesgarse cayendo en la trampa, especialmente cuando ésta se encuentra lejos del hoyo.

4) Cuando debe hacerse un tiro de approach, se tratará, si es posible, que la pelota pique en el green. El pique y el recorrido de ésta serán más seguros. Cuando el approach es largo, deberá apuntarse más

cerca de la bandera, especialmente si los greens están pesados. En caso contrario, deberá tratarse de utilizar la mayor proporción del green, haciendo picar la pelota al borde de éste, con palos de menor levante, lo que hará que la pelota ruede con mayor potencia y llegue a la bandera sin dificultades.

5) Antes de cada torneo, el jugador deberá dejar de lado todo problema, llegando a la cancha con tiempo suficiente, para poder aflojarse con una práctica previa y poner su mente en juego. No hay que llegar al tee del hoyo 1 apremiado por el tiempo.

AMIGO Y RIVAL

Si tuviera que mencionar al jugador que más me impresionó por su extraordinaria coordinación, y que, a pesar de sus escasos sesenta kilos de peso, lograba gracias a esa coordinación, distancias propias de muy pocos jugadores en el mundo, nombraría a mi gran amigo y rival de toda una época: el brasileño Mario González.

Ver jugar a Mario era un placer. Era una extraña mezcla de *golf* y *ballet*. Sus swings amplios y armoniosos, pasados, sin demostrar tensión alguna, se combinaban con su juego corto, rítmico y preciso, con lo que conseguía un toque muy delicado y de gran eficacia, comparable al del destacado campeón chino, otro excelente amigo, Mister Lu.

Alto, delgado, muy delgado, casi frágil, González, de habérselo propuesto, pudo haber sido uno de los grandes jugadores del mundo. Su carácter y el amor a su Río de Janeiro, lo retuvieron en Brasil, con lo que la competencia mundial perdió el espectáculo de su arte. Mario González había logrado en su brillante trayectoria dar la sensación de que todo es fácil en el golf.

El aficionado que suele complicarse con su golf, miraba asombrado a ese jugador, que, con toda facilidad y naturalidad, impactaba la pelota en cualquier lugar de la cancha.

Sobresalía en González el pase de caderas, la soltura del lado derecho del impacto y la forma en que dejaba inclinada la cabeza en el momento de pegar, sin esfuerzo aparente.

La posición de sus brazos y sus débiles muñecas, impresionaban latigueando con enorme velocidad la cabeza del palo.

Era todo un ejemplo de simplicidad, que estimulaba imitarlo.

No quisiera que mi gran amistad con Mario me haga pecar de exagerado, pero sus grandes condiciones de hombre y de jugador, hacían de él un adversario de cuidado.

Creo, sinceramente, que nos admirábamos mutuamente.

APURADOS

Este artículo es para los jugadores que suelen llegar al tee de salida casi atándose los cordones de los zapatos, sin tiempo para ponerse a tono. No los censuro. No todos los aficionados cuentan con la comodidad necesaria y el tiempo para llegar al club con anticipación y no consiguen hacer una ligera práctica que los entone.

Si tal fuese el caso, les recomiendo que no tiren todo por la borda en los primeros hoyos.

El primer error es aceptar —por rutina— el driver que mecánicamente les ofrecerá el caddie, en lugar de dejarlo descansar en los primeros hoyos, hasta que sus músculos y su mente se adapten al juego.

A esos jugadores les aconsejo jugar con madera 3. Este palo, con su cara abierta, les dará más confianza y mentalmente no estarán obligados a un tiro poderoso, que supere a los de sus competidores en distancia.

Comenzar con 3 ó 4 golpes sobre par, es la forma más rápida de echar a perder una vuelta y hasta un día de golf.

Debe cuidarse el segundo tiro desde el fairway. La ventaja que les reporta el tee short con el driver, desaparece y su pelota —bien o mal— está posada ahora sobre el pasto. La falta de elasticidad inicial y el deseo de lograr una buena distancia que los acerque al green, provoca en los jugadores un half-top o tiro pesado, lastimoso y muy irritante. Impide la administración que el juego exige.

Pueden jugar madera 4 ó 5. O el hierro que les resulte más fácil. Dejen los pares para más adelante. Aprovechen sus handicaps y sobre todo, gocen del placer que significa jugar una vuelta del golf, sin tener la mente nublada por un alto score inicial.

¡BIRDIES!

No recuerdo quién, pero alguien que sabía mucho de golf, sentenció: "El orgullo genera más errores en el golf que la misma inexperiencia".

La modestia es una de las grandes virtudes que generan triunfos. Lo sé por experiencia: uno de los más ambiciosos deseos del jugador de golf, es bajar el par de un hoyo. Lograr un birdie es motivo de legítimo orgullo... pero ir *en busca* del birdie, es un verdadero desatino.

Son legión los aficionados que salen a jugar una vuelta de golf con la manifiesta obligación autoimpuesta de lograr birdies en determinados hoyos. Al no concretarlo, se desalientan, pierden confianza y concentración.

En mi segunda vuelta en los links del Ituzaingó Golf Club, en 1949, después de haber hecho el par en el hoyo 1, enhebré cinco birdies consecutivos; logré águila en el 7 y terminé con sendos birdies en los hoyos 8 y 9. Conseguí un score de 28 para esa media vuelta de par 37: nueve golpes menos que el par.

Con ese score me sentí dueño de la cancha con mis escasos 25 años. Sin embargo, en los nueves hoyos del regreso, totalicé 38, uno más que el par. ¿Qué había pasado? Sencillamente, me había desconcentrado al tomar tres putts en el hoyo 11 de par 3 y después no pude recuperarme.

No importa cuál sea su handicap, saque sus propias conclusiones.

BOBBY LOCKE: UN GENIO DEL GREEN

Cuando yo iniciaba mi actuación en los campos de golf de los Estados Unidos, apareció un profesional sudafricano, ex amateur, que llegaba de Gran Bretaña con bien ganado prestigio. Impecable en su presentación, eran característicos sus *knickers*, su fuerte carácter y el alto concepto que tenía de sí mismo.

Más bien huraño, orgulloso y seguro, Bobby Locke no buscaba la simpatía del público americano. Llegaba, según sus propias palabras, para ganar dólares. ¡Y vaya si lo consiguió! Su juego de cancha, muy controlado, no era nada espectacular, pero en cambio eran notables sus scores. En su sexto triunfo en América del Norte, en el Campeonato Abierto de Canadá, registró un score de 268 golpes, récord mundial en competiciones mayores.

El famoso Lawson Little, dijo: "Bobby no tiene nada en su juego que supere al nuestro, excepto su concentración. Es el mejor jugador de green que haya pisado los campos de juego de Estados Unidos".

Locke no sólo ganó importantes torneos en América del Norte, sino que remató su actuación en distintos escenarios con un torneo Round-Robin, en el que se enfrentó con los mejores profesionales del momento y derrotó a todos los participantes con score terminante +37.

En uno de mis últimos viajes al país del norte, tuve oportunidad de jugar con Bobby Locke, ya retirado de toda actividad competitiva. Comprobé que su golf acusaba aquel defecto que siempre había sabido controlar: el hook (llamado también pull). Pero envidié su juego corto.

Le debo una gran lección. Él fue quien me demostró en mis comienzos que pegar largo es una ventaja menos importante que jugar bien el corto.

Bunkers

El 80% de los bunkers que protegen a los greens están colocados a la entrada de éstos o a sus costados, pero siempre más adelante que atrás. Rara vez se encontrarán bunkers detrás de los hoyos. Generalmente, son los de los hoyos de par 3, hoyos tipo volcán, elevados y rodeados de bunkers por todos lados.

Cuando me encuentro en una situación como ésta, si no tengo un cálculo exacto del tiro a la bandera, juego siempre un palo de un número más del que creía necesario, para eliminar riesgos. Si caigo en un bunker, observo a qué distancia está colocada mi pelota de la bandera: si la distancia es corta, dejo a la pelota sobre el lado izquierdo, tomo el palo con la cara abierta y doy el golpe directamente en la arena. Si la distancia a la bandera es mayor, me coloco para que la pelota quede más al medio. La cara de palo no debe estar tan abierta, para poder dar más vuelo a la pelota.

Cuando el bunker es grande y la distancia larga, procuro colocarme frente a la pelota sobre el lado derecho y realizo el golpe no tan directamente a la arena.

Si para ejecutar cualquier tiro de golf es necesaria una gran concentración, cuando se trata de la recuperación de un mal golpe, que llevó la pelota a un bunker, es necesario llevar esa concentración a un grado superlativo.

En estos casos, a medida que voy entrando al bunker, voy poniendo toda mi sensibilidad en el estudio del piso de arena sobre el que camino. *Siento a través de mis pies* si hay mucha o poca arena, si es gruesa o fina, y concibo mentalmente cómo encarar mi golpe de recuperación.

Si la arena es gruesa, sé positivamente que la pelota va a salir sin posibilidad de efecto. Mi concentración es dónde debo hacer picar la pelota para sacar mejor provecho en la corrida. Si la arena es fina o mojada, se pueden sacar mejores beneficios, pues el tiro es más directo a la bandera. En este caso, trato de abrir la cara del palo lo más posible para darle mayor actividad a mi brazo izquierdo, a la vista y a las rodillas, tratando siempre de hacer picar la pelota más cerca del hoyo.

Cuando la trampa tiene poca arena, el tiro es más difícil. Trato de salir lo más decorosamente posible, teniendo especial atención y cuidado de buscar la parte del green que menos peligro ofrezca, en caso de un tiro imperfecto.

Aconsejo para cualquier clase de tiro desde la arena, tener un sand-wedge, palo de cara abierta y con la base ancha y redondeada. Por su conformación, reduce las posibilidades de error.

No juegue con miedo. Para conseguir un buen tiro desde la arena del bunker, soy un convencido de que es indispensable un sand-wedge de varilla rígida con una base bien ancha y cara bien abierta. En posesión de este tipo de palo, el problema se simplifica, especialmente si la pelota está bien ubicada.

Lo primero que debe hacerse al pararse en el stance, es abrir exageradamente la cara del palo y pegar unos pocos centímetros detrás de la pelota, tratando de que el borde trasero de la base del palo resbale o patine por la arena del bunker. Debe procurarse que el sand-wedge no se hunda en ella y que patine al tocar a ésta. La fuerza del golpe nunca debe dirigirse a la pelota, sino directamente a la arena, para que ésta amortigüe el golpe, permitiendo que la cara del palo pase por debajo de la pelota y así controlar el tiro en la distancia que se pretende alcanzar.

Yo he sacado pelotas de la arena usando los palos más dispares, desde el spoon hasta el putter. Claro que estoy hablando de distintos bunkers y distintas distancias. Pero no hay dudas que, en determinadas circunstancias, la colocación de la pelota en un bunker, plantea al jugador un problema nada fácil.

Voy a referirime a dos casos que no puedo llamar excepcionales, porque a cualquier aficionado con pocos años de golf, debe habérsele planteado. Es cuando su tiro al green lo atrapa un bunker y la pelota queda en el borde de éste o cuando la pelota se incrusta en la pared que defiende al green.

En ambas posiciones, el aficionado tiene que jugar la pelota con un pie en la arena y el otro fuera del bunker, que es la única variante que se le ofrece para sortear la situación.

En el primer caso, busco, dentro de lo posible, el stance más cómodo y firme. Apoyando el peso del cuerpo en las rodillas flexionadas y tratando de mantener el brazo izquierdo extendido en dirección al sitio que se apunta y al que se pretende llegar.

El segundo caso, que considero uno de los golpes más difíciles, requiere un cuidadoso estudio. La pelota tiende a salir baja y si el bunker es muy grande, será más difícil hacerla detener en el green, por cuanto tiene que realizar antes su largo recorrido de vuelo. Trato de apoyarme firmemente en mi pierna izquierda y golpeo en forma perpendicular, en virtud de que el borde del bunker no permite otro tiro. Mantengo el brazo izquierdo completamente estirado para no pegar *media pelota*. Es como los hombros actúan en forma más horizontal que en el caso anterior. Para ambos momentos he utilizado el sand-iron (wedge).

Pese a todo, sigo insistiendo que el tiro más fácil en el golf, es con el que se saca la pelota desde el bunker, pues si bien, no todos los jugadores logran éxito en esta jugada, es más por el miedo con que la realizan, que por las dificultades reales que presenta. Hoy es fácil ver en las trasmisiones televisivas de los grandes torneos, la facilidad con que los jugadores modernos resuelven el golpe y arriman al hoyo.

Caddie

Un jugador puede y debe pedir consejos a su caddie. Para que el caddie puede colaborar en forma eficiente, debe existir un entendimiento mutuo en todo lo referido al juego. Al decir entendimiento, quiero significar confianza y conocimiento. Conocimiento de las posibilidades del jugador con cada palo y en cada golpe. Y confianza, frente a la duda, en el consejo del caddie.

El caddie no sólo tendrá que llevar la bolsa de palos y marcar su pelota: un buen caddie debe estar al tanto de muchas otras cosas, para que su consejo sea eficaz. Por la mañana debe llegar con tiempo suficiente para ver en qué parte del green están puestas las banderas y si los greens están húmedos o duros.

Debe tener medida la cancha con exactitud, para poder indicar las yardas en cada tiro, sin dudar.

Animar al jugador alrededor o dentro del green, que es, por lo general, donde muchos golfistas se sienten indecisos. Un consejo a tiempo ayuda a levantar el ánimo y ganar un golpe. No todo está perdido por haber fallado en algunos golpes.

Un buen caddie tiene que insistir siempre. No recuerdo ningún jugador que se entregue recién iniciada la competencia. Cuando yo era caddie, siempre me interesé, como cosa propia, del juego de mi patrón y sentía gran satisfacción cuando él conseguía el triunfo.

Caminar la cancha

Siempre que he podido, he jugado todas las vueltas de práctica que el organizador permitía. Cada caminata servía para conocer el estado de los fairways, el rough, los bunkers, los greens, los árboles.

Los fairways suelen ser muy distintos entre sí. Hay una clara diferencia entre los pastos que los cubren y la forma de ser regados. Los regados artificialmente, mantienen una consistencia pareja y hay que descubrir en qué parte están más blandos por acumulación de agua de riego o más duros por lo contrario.

Si el riego es natural, se deben tener en cuenta las condiciones previas al torneo y ayudará recorrer la cancha, conociendo las zonas secas, húmedas y barrosas.

El rough no es el lugar habitual de los profesionales, pero ante la eventualidad bueno es conocerlo caminando la cancha. Por ejemplo, en el Abierto de los Estados Unidos, el rough juega un papel fundamental porque hay cortes de unos 4 centímetros y otros de 10 centímetros donde la pelota puede quedar escondida y atrapada.

Perder un tiro por el lado del rough es directamente castigado con un corto tiro de vuelta al fairway.

Los bunkers deben ser visitados para verificar la consistencia de la arena. La arena del país del Norte más parece harina que arena. Es bueno conocer qué profundidad tiene, si conviene pegar un tiro completo con la cara totalmente abierta, cómo son los labios de los greens para saber si hay que tomar mucho o poco vuelo.

El famoso "bunker del diablo" en el hoyo 17 del Saint Andrews, a veces, hace casi imposible salir hacia delante. Las veces que he caído en él, simplemente sacrifiqué un solo tiro, saliendo hacia atrás para luego conseguir un approach y putt, salvando el bogey.

La victoria en el golf, generalmente, se concreta en los greens. De allí el slogan: "*Driver for the show, putter for the dough*" (Driver para lucirse, putter para ganar plata"). Hay que averiguar cada caída y encontrarla en cada cancha.

Y descubrir la velocidad que está dada por el tipo de corte, la ayuda del alisador y el llamado pelo y contrapelo, o sea, el sentido del crecimiento a favor o en contra de la caída principal del green. El ojo engaña. A veces uno cree que la pelota va a volar porque está a favor de la caída y aun del pelo, pero no avanza como se creía y tarde se descubre que la zona está húmeda por la sombra proyectada por los árboles.

Campo de golf

Uno de los imponderables del golf, es la cancha. Puede haberse jugado centenares de veces, y sucederá que el campo no es el mismo del día anterior y resultará muy distinto que el próximo día o la siguiente semana. El viento, la lluvia, el sol o las heladas han modificado sustancialmente las características de la cancha. El recorrido, desde luego, es el mismo, pero los fairways y los greens son distintos por efecto de aquellos fenómenos.

Súmese a ellos las colocaciones de las banderas y de los tees y el capricho de los green-keepers, que no solamente lo hacen para crear mayores dificultades, sino además para proteger el campo por lo que sufren los hoyos y los tees en cada vuelta.

Adaptar el juego a las características peculiares del campo el día en que uno se dispone a jugarlo, es un privilegio de los jugadores inteligentes.

Si la cancha soportó un par de heladas durante la semana, los greens serán un problema.

Se los encontrará duros, corredores y recibirán muy poco. A pesar de que uno los vea húmedos, no debe tirarse directamente a la bandera. Se debe jugar a corto y calcular el recorrido de la pelota, de acuerdo con el palo que se utilice.

Si la cancha está pesada por las lluvias, debe salirse dándole mayor vuelo a la pelota.

En los tiros al green, hay que tomar un palo de más levante que el acostumbrado.

Cansancio

Me ha tocado actuar para la televisión de Estados Unidos en varios matches, mano a mano, con jugadores y en países distintos: Argentina, Grecia, Estados Unidos, Nigeria e Italia.

Por razones propias de la filmación, cada match duraba dos días, con un trajín de diez horas diarias. Cada tiro era un problema. Porque cada tiro era una toma. Instalar las filmadoras, ubicar al público, estar atentos a la dirección de las luces, cuando se usaban, o de los rayos solares. Cada tiro implicaba distracción. Recuperar la concentración era además muy difícil. A veces, cada toma se repetía muchas veces. *Lo único que no se repetía, era el golpe.* El golpe debía ser casi perfecto porque era lo que aparecería en las pantallas. Era el primer actor en el momento de mayor tensión. Cada golpe contaba para el score y quien ganaba se llevaba el premio al mejor actor, perdón, mejor jugador, y el otro, un premio menor, actor secundario.

En este tipo de situaciones aprendí a *comprender* el cansancio. La tensión nerviosa y la lentitud en el juego, paralizan el cuerpo de la cintura para abajo y eso influye en la coordinación del swing. Las piernas no responden a las órdenes cerebrales como podrían hacerlo los brazos y el torso.

El golf necesita un determinado ritmo. "Juegue despacio y camine ligero", decían los viejos escoceses.

Mantenga sus piernas en ritmo, no se limite a practicar parado, camine la cancha.

Cuando descubra que no le pega a la pelota con consistencia después de jugar un largo rato, busque la causa en sus piernas. Actívelas.

Chicos y chicas

¿A qué edad se puede comenzar a jugar golf? He visto a muchos chicas y chicos con grandes condiciones, pero en la mayoría de los casos no pueden aprovecharlas por no tener quién los dirija o por estar mal aconsejados.

Generalmente, son los padres quienes pretenden ser los profesores de sus hijos y lo primero que hacen es buscar un set de palos viejos, acortarlos a la medida del niño y enseñarles las técnicas de juego.

En mi opinión es mejor que ellos solos imiten el swing del golf que les atraiga, que lo hagan con natural soltura y recién a los 10 ó 12 años comiencen a tomar clases. Cuando su físico lo permita, sus manos sean suficientemente grandes y fuertes como para aprender el grip correcto, que es lo importante en el juego.

Los palos tendrán que ajustarse a la fuerza y físico de cada uno, especialmente al tamaño de sus manos para facilitar el grip. Las varas de los palos tendrán que ser flexibles para que al impactar la pelota, tengan la verdadera sensación del golpe, sintiendo, a la vez, el latigazo que produce el buen swing realizado con ritmo y con una buena acción de las manos, que por lo general casi todos los jovencitos poseen.

El swing a enseñarse a los niños, debe ser amplio y decidido. Inculcarles que el golf es un juego de ataque y fuerza y que cuando se toma una decisión para realizar una jugada, hay que cumplirla sin más trámite, pues el titubeo casi siempre, hace fallar el tiro.

En los últimos años se ha producido un cambio fundamental en la mente de los jugadores, especialmente con la llegada de Tiger Woods, quien no sólo le ha impreso una enorme velocidad de ataque a la pelota, sino además con dominio perfecto, lo que ha demostrado que a la pelota nunca hay que tenerle miedo. Para que obedezca, hay que pegarle con firmeza.

Cómo atacar la pelota

La mejor de las sensaciones para un jugador de golf es realizar un golpe perfecto. Se logra sólo cuando la mayoría de los movimientos del swing se realizan con corrección. Pero resulta muy difícil saber con exactitud el porqué de esa corrección.

Se ha hablado mucho y se seguirá hablando de que distintas partes del cuerpo son las que permiten la coordinación indispensable para un golpe impecable. En otra parte de este libro detallo el procedimiento para iniciar el golpe. Las dos manos unidas, los brazos y los hombros deben hacer arrancar el palo hacia atrás y al rotar los hombros, éstos hacen girar la cabeza para colocar el palo en lo alto del backswing.

Una vez realizado el backswing, el ataque a la pelota resultará mucho más fácil. Para atacar la pelota, el primer movimiento se inicia con la cadera izquierda, los hombros, los brazos y las manos. Las manos serán las encargadas de imprimir la velocidad necesaria al golpe hacia el final.

La cadera es la que comienza a abrirle el paso a la acción de las manos, los hombros y los brazos. Para ello, el primer movimiento consiste en hacer bajar un poco el hombro derecho y hacer subir el izquierdo, acción que permite al brazo izquierdo, mantenerse estirado. También que los brazos bajen a la alura de la cadera y comiencen desde arriba a dar velocidad a la cabeza del palo, lo que luego las manos irán acelerando en la zona de impacto.

Parece muy complicado, pero se simplifica si se analiza con detalle en el tee de práctica.

Cómo elevar una pelota sobre un árbol

Los tiros con efecto, como el slice o pull, no son los más sencillos, pero en golf lo difícil es pegarle a la pelota para que salga en forma recta.

Cuando me toca jugar un tiro por elevación, procedo de la siguiente manera:

1 – Abro la cara del palo de forma que apunte a la altura que pretendo elevar la pelota.
2 – Trato que el stance esté bastante abierto y coloco la pelota casi en la punta del pie izquierdo, especialmente si el tiro es muy alto, y procuro bajar un poco más el hombro derecho, abriendo en un grado mínimo la mano derecha.
3 – Flexiono un poco más de lo normal las rodillas y trato de golpear a la pelota más de adentro, siguiendo el swing, especialmente con

las manos, a la altura que pretendo elevar la pelota, teniendo cuidado de no levantar la vista en el momento del impacto.

Esos tiros pueden hacerse con efectos de retroceso o de corrida. Para realizarlos debe tenerse presente la colocación de la pelota, variando un poco, en cada caso, la trayectoria del swing.

En lo que respecta a los tiros de retroceso, debe levantarse el palo más hacia afuera al ejecutar éstos, controlándolos más exageradamente con el brazo izquierdo y procurando usar algo más las manos, al efectuar el golpe. Cuando se realizan los tiros para elevar la pelota y darle corrida, el palo debe levantarse más hacia adentro, tratando de que en el golpe, tengan más participación los brazos.

Como una bandeja

La posición correcta del cuerpo en el momento en que uno se dispone a actuar, es crucial. Un lanzador de jabalina, un sprinter o un garrochista, si se descolocan en el momento culminante de su acción, anularán su esfuerzo. Cualquier defecto inicial, desencadena una serie de incorrecciones que malogran el empeño.

Un día estaba almorzando en un club con un destacado aficionado, con quien terminaba de jugar nueve hoyos. Él no podía disimular el disgusto por su juego poco eficaz que recién había desarrollado. Lo miré un rato y sonriéndole dije:

"Observe detenidamente al mozo que nos atiende y vea cómo lleva la bandeja. Si usted colocara su brazo derecho en el top del swing como él lo coloca para llevar su bandeja, su golf sería mucho más consistente".

La mala colocación del brazo derecho en el top del back swing, despegándolo del cuerpo, provoca una tendencia a dejar el peso del cuerpo sobre la pierna izquierda, las caderas no giran porque la rodilla izquierda apunta hacia afuera y precipita la acción de la mano derecha al bajar a la pelota. La cabeza del palo entra de adentro hacia afuera, produciendo terribles hooks, por cuanto los brazos no encuentran espacio para pasar.

Esto se produce debido a una mala posición inicial del swing, lo que resta chances a un juego más positivo.

Muchos aficionados ponen más énfasis en tener el brazo izquierdo estirado, en lugar de observar una posición correcta del brazo derecho. Reconozco que ambas cosas son importantes, pero he visto grandes golfistas que no necesitan lo primero, pero muy pocos que llegan a jugar bien olvidándose de lo segundo.

Consejos gratuitos

"En golf, como en medicina, todo el mundo opina", reflexionaba un médico amigo y discreto cultor de este deporte. Y luego agregó: "Hay pacientes que después de cuidadosos análisis, son recetados con criterio científico, no obstante lo cual, tiran todo por la borda, ante el consejo gratuito de un amigo de turno". Igual que en el golf.

Uno de los más serios problemas de los instructores es lograr que su discípulo no reciba y acepte influencias por la opinión o el consejo del aficionado amigo.

Después de balancear las posibilidades físicas y mentales de su alumno, todo instructor elige el camino por el que transitará, en procura de armarle un swing que le permita desarrollar sus posibilidades.

Pero en muchos casos, aparece el amigo que está leyendo el libro de un profesional de fama mundial que sostiene una determinada teoría sobre el swing, el grip o el stance y sin analizar las condiciones naturales de su amigo (seguramente lejanas del campeón), lo aconseja con el mejor propósito, echando por tierra todo lo aprendido con el instructor.

Aconsejo a los aficionados no apartarse de la línea que les señala su maestro. Nadie mejor que él sabe cuáles son sus capacidades y hasta dónde podrá llegar con este juego, difícil, pero apasionante como pocos.

Consejos para damas

La mayoría de las damas que juegan al golf, cometen errores que le restan mejor figuración. Uno de los más comunes es el over-swing, el que se debe a la falta de fuerza física, lo que no les permite un mayor control del swing.

Las aficionadas que pretendan eliminar el over-swing deberán tener presente dos puntos fundamentales:

1 – El grip. Es partir de aquí donde comienzan los inconvenientes que impiden a las jugadoras una perfecta coordinación de sus movimientos. Y el palo que utilicen.
Allí surge la imposibilidad de llegar a lo alto del backswing correctamente, por lo que resultará más difícil mantener el brazo estirado, con las manos unidas y las muñecas quebradas en forma correcta. En lo alto del backswing, el palo debe apoyarse en el pulgar de la mano izquierda y sostenerse firme con los tres dedos últimos de la misma mano.
2 – El stance. Toda aficionada deberá cuidar la forma de pararse frente a la pelota cuando se dispone a efectuar el impacto. La posición en que coloque los pies en ese momento, le permitirá mantener un perfecto equilibrio durante todo el swing.

Las piernas permitirán que los hombros y los brazos, como asimismo las caderas, puedan moverse libremente para lograr el control del palo en la parte alta del backswing.

Con un stance defectuoso, habrá de resultar muy difícil armonizar los indispensables movimientos coordinados entre las piernas, los hombros y los brazos. Tengan en cuenta los detalles expuestos si desean conseguir un buen nivel de juego.

Cuidado con la rigidez

Desde los comienzos de mi carrera profesional, he escuchado a muchos jugadores explicar que sus fallas se debieron a haber aflojado el brazo izquierdo o haber levantado la vista en el momento del golpe. No puedo negar la importancia de estos dos factores y es normal que los buenos jugadores jamás peguen si no es estirando el brazo izquierdo y dejando la vista sobre la pelota, especialmente los de físico delgado, que son los que mayor facilidad tienen para poder girar con sus caderas y facilitar al brazo izquierdo mantenerse estirado.

Pero también podría nombrar a varios grandes jugadores que nunca se preocuparon por eso y sin embargo, fueron ganadores de campeonatos importantes.

Podría citar a Bobby Locke, Julius Boros y Ed Furgol. Este último fue ganador del Abierto de los Estados Unidos, tenía un defecto en su brazo izquierdo y no lo podía estirar. Entre nosotros, nombraría a Leonardo Nicolosi y yo mismo, que he pegado siempre con el brazo izquierdo un poco recogido.

Estoy convencido de que la causa por la que muchos aficionados no tienen éxito, debe encontrarse en el gran empeño que ponen en estirar el brazo izquierdo y por ello, olvidan otras cosas más importantes. Por ejemplo, girar bien las caderas al iniciar la primera parte del backswing, acompañando al palo con un correcto movimiento de hombros.

Estos dos movimientos abrirán el camino para que el brazo izquierdo trabaje estirado, *pero no rígido*, que es la falla que por lo general cometen los que piensan sólo en el brazo izquierdo.

La rigidez de los movimientos es el peor enemigo para pegar bien a una pelota de golf.

David y Goliat

En golf suele repetirse, muy a menudo, la historia bíblica de David y Goliat.

David es el jugador que no se amilana ante la fuerte pegada de sus adversarios, porque él posee un arma superior: su positivo juego corto.

El jugador que domine los tiros de pitch y de chip, sabe positivamente que ésos son los golpes que reducen los scores y facilitan la victoria.

De acuerdo con las condiciones en que se presenten, esos tiros son muy variados.

Trataré de explicar la forma en que yo encaro un tiro de pitch con wedge, desde una distancia de 30 ó 50 yardas de la bandera y cómo saco un tiro bajo o elevado, según el problema que deba resolver en determinado lugar de la cancha.

Comienzo por tomar el palo en forma más corta de lo que hago en un tiro normal. Lo realizo con un stance abierto, con los pies un poco separados y apoyando el cuerpo sobre el lado izquierdo. Si necesito realizar un tiro bajo, la pelota debe estar a la derecha de mis tiros normales. Si, por el contrario, busco un tiro con vuelo, me coloco de manera que la pelota quede a la izquierda de la línea normal casi sobre el pie izquierdo.

Cuando ejecuto esos tiros, trato de mover el cuerpo lo menos posible y golpeo la pelota con firmeza, para poder lograr un tiro cortado y en ningún momento, apuro el golpe. Esto es muy importante. Al apurar el golpe, no se termina el backswing —que en estos casos debe ser corto— y no se quiebran las muñecas, produciendo un efecto lamentable, que es lo que hecha a perder muchas veces, un hoyo bien jugado.

Después del golpe dejo que mis manos sigan la pelota en la línea que deseo, sin cruzarlas, conformando de esta manera un follow through natural.

De dos males, el menor

Si hay algo difícil en el golf, es conseguir el equilibrio del cuerpo cuando se realiza el swing. Este equilibrio se logra haciendo el giro de las caderas balanceado con el movimiento de la subida y bajada del palo. Una reducida lista de golfistas lo logra.

Hay dos forma de desplazarse, con la cadera y con los hombros. El primero de esos casos, conocido como el sway, es el más común, observado por la mayoría de los jugadores y es el que menos posibilidades ofrece de poder aplicar un golpe neto y potente, ya que la falta de giro de las caderas impide el libre paso de los brazos a la vuelta, y el golpe se reduce a un pobre empujón a la pelota.

En cambio, el desplazamiento de los hombros, si bien no es aconsejable, resulta mucho más efectivo, porque permite que las caderas giren dentro de lo correcto y que los brazos trabajen con amplitud. Las piernas deberán permanecer un poco endurecidas por el desplazamiento de los hombros y de la cabeza, quitándole soltura al swing.

He visto muchos buenos jugadores con dicho defecto, los que luego, con el tiempo, lograron equilibrar ese desplazamiento con el resto del swing.

En cambio, el jugador con sway, nunca podrá salir del juego mediocre y más aún, diría que nunca ha tenido la agradable sensación de golpear bien a la pelota.

Por eso prefiero, aunque contradiga el buen golf, un desplazamiento de hombros y no de caderas. De dos males, el menor.

DEFECTOS

El golf es un deporte que puede practicarse dentro de cierto grado de perfección, aun admitiendo defectos en la realización del swing. Muchos jugadores profesionales pegan a la pelota con suma precisión, pero cometiendo errores, que tal vez a la mayoría de los aficionados, les resultaría imposible de controlar.

Arnold Palmer, en sus mejores tiempos, cuando ganaba con vueltas récords los mayores torneos de los Estados Unidos, terminaba su swing bruscamente, abriendo el codo del brazo izquierdo. De esa forma, podía atacar a la pelota con toda la fuerza de su mano derecha, manteniéndola siempre por debajo del codo izquierdo, y recién cuando el palo llegaba al final del swing, se podía apreciar el defecto, que más que un defecto, era el resultado de un ambicioso ataque, con un final muy positivo para el juego.

Todos los aficionados que han visto actuar a Jack Nicklaus, han podido apreciar la forma desmedida en que levanta el codo del brazo derecho, en el momento que llega a lo alto del backswing. Sin embargo, era el mejor pegador de su tiempo. Es increíble la fuerza que imprimía a sus golpes, especialmente cuando jugaba con los hierros.

Uno de los defectos más comunes entre los jugadores promedio, es la tendencia a descargar anticipadamente la acción del brazo y de la mano derecha, al iniciar el ataque a la pelota.

Una vez en Inglaterra, un veterano y destacado instructor escocés, me dijo:

> "Es uno de los defectos más comunes en los jugadores de alto handicap.
>
> En el momento de iniciar el downswing, el brazo y la mano derecha toman la iniciativa y el hombro derecho, en lugar de hundirse, se coloca, en el momento del impacto, debajo de la barbilla, gira en redondo y provoca un golpe lastimoso. ¿Cómo evitarlo? Haciendo lo contrario.
>
> Iniciar el downswing tirando con el brazo izquierdo, sin enderezar las muñecas. El brazo y la mano derecha irán acompañando esta acción sin actuar, hasta llegar a la zona del impacto".

Para los diestros, la mano derecha es muy inteligente. Y egoísta. Se apresura a resolver sola, porque se siente más capaz que la izquierda. Yo diría al aficionado: olvídese de la mano derecha, pues ella entrará en acción en el momento preciso de la pegada. Y es cuando el aficionado verá con asombro volar la pelota a distancias que nunca había alcanzado antes.

El viejo profesional escocés confirmó:

> "Sólo los grandes expertos son capaces de manejar la mano derecha a su antojo".

El maestro tenía razón. Fue cuando pensé que aun así, a los expertos, la mano derecha nos suele dar malos ratos, pues muchas veces al impactar la pelota, nos sale un desastroso e inesperado hook, con la consiguiente amargura. Pero si se usa adecuadamente, se puede llegar mejor al corazón de la pelota.

DESPUÉS DE LOS 40

Durante mucho tiempo se consideró al golf como un juego para personas que, por su edad, ya no podían ejercitarse en otras disciplinas. Hubo asimismo quienes creyeron que ese deporte era también una manera distinta de hacer una larga caminata por un parque.

Luego, los grandes torneos locales e internacionales, demostraron que el *golf deporte* requiere para sobresalir, una preparación física y psíquica adecuada.

Muchos deportistas que triunfaron en el tenis, polo, fútbol, rugby y otras actividades, se volcaron en su veteranía hacia el golf y con gran entusiasmo. No obstante, sólo unos pocos lograron destacarse.

Es que el golf, a determinada edad, por ejemplo, pasados los 40, debe encararse de manera distinta de lo que el aficionado mentalmente está dispuesto a aceptar. Si ese aficionado fue un buen jugador de golf en su juventud, no admite que su potencia o su concentración no sean las mismas y en su afán por demostrarlo, pretende alcanzar las distancias de antaño, para lo que debe realizar esfuerzos que desarticulan aquel buen swing.

Ahora bien: si empezó a empuñar un palo de golf a edad madura, el jugador tiene que buscar la parte del golf más a su alcance: el juego corto y el putt. El aficionado tampoco deberá alterarse si ve a su lado un chico, al que él podría levantar con una mano, que lo pase por 30 yardas con el drive. Por supuesto, si ese chico se pusiera a correr, tampoco podría alcanzarlo. Debe tratar de aventajarlo en la parte del juego donde la madurez puede ser una ventaja.

Nadie debe avergonzarse de usar a menudo las maderas 4 y 5 en los hoyos de par 3. En estos casos hay que olvidarse de los hierros largos. Deben usarse palos de vara flexible y las pelotas de compresión 90 más elásticas, que son las que se adaptan más a su juego y es allí cuando verá reverdecer sus éxitos.

DISTANCIA A LA PELOTA

Una vez me preguntó un amigo: ¿a qué distancia de la pelota debo colocarme en el stance? Mi respuesta fue que en golf no existe un número relativamente reducido de claves fundamentales del juego. Todo es muy personal. Un jugador alto debe acercarse mucho más a la pelota que el de menor estatura. Pero ello no soluciona ningún problema en cuanto al stance. Cada caso debe ser estudiado por separado, porque juegan las posibilidades físicas de cada jugador, que son las que finalmente, resolverán el particular.

Tiene un papel preponderante la longitud de los brazos o de las piernas y la elasticidad de la cadera, todo lo cual va configurando la distancia ideal para llegar con todo el poder a la pelota. (En la actualidad, la mayoría de los palos son un poco más largos, entre 43 1/2" y 45").

Yo he ido modificando la distancia a la pelota en mi stance, a medida que mi cintura se alejaba de la elasticidad de los veinte años. Los aficionados deben sacar sus propias conclusiones. He observado en muchos casos que, cuando se paran demasiado cerca de la pelota, encogen los hombros en el impacto, pegando en puntas de pie o golpean el piso antes que a la pelota.

Si el defecto del jugador es colocarse lejos de la pelota en el stance, que es lo más común, indefectiblemente, cortará la pelota, la que saldrá con efecto de slice, porque le pega con los hombros, no con las manos, y con las piernas rígidas. En ambos casos, el finish carecerá de equilibrio y el jugador saldrá de su stance.

DISTANCIA DEL GOLPE

Una vez salí a jugar con un joven de 18 años, de bajo handicap, que medía casi 2 metros. Era considerado un pegador largo. Durante los 18 hoyos no supo aprovechar lo que su físico y su golf le ofrecían. Sus drives se desviaban y sus hierros no encontraban la distancia exacta en los tiros a la bandera.

"¿Tenés idea de cuál es la distancia que lográs con cada uno de tus palos?", le pregunté. Me miró desconcertado. Ni idea. Nunca se había tomado el trabajo de analizar las distancias que se logran con unos u otros palos. Sólo quería pegarle. Superar a su adversario.

Todos los jugadores, especialmente los fuertes pegadores, deben tratar de reconocer las distancias de cada uno de los palos y procurar, al mismo tiempo, con cada uno de ellos, una distancia standard. Así sabrán cuándo forzar la distancia si el juego lo demanda.

Mantener la regularidad en el juego es la forma de obtener los mejores resultados.

Conocer la distancia que puede lograrse con cada uno de los palos, es esencial para desempeñarse con mayor eficacia en los links.

A muchos aficionados les ocurre lo del joven, porque no se preocupan en analizar las distancias. Su único afán es tratar de superar la distancia de su tiro anterior, y sobre todo, la distancia que logre su ocasional adversario.

Ese problema, nunca me ha preocupado. Sé cuál es mi distancia standard con cada palo, lo cual elimina la duda cuando uno se encuentra frente a la pelota para el impacto.

El palo no sabe nada. El jugador sabe.

DOS ÁNGULOS, UN ÁNGULO

El swing, no obstante estar regido por bases fundamentales, es tan personal que en un campo de golf puede identificarse a gran distancia a un determinado jugador.

Si yo tuviera que hacer una gran división de todos los swings que he visto en el transcurso de mis andanzas por los links de distintos países, lo haría encuadrándolos en dos grupos: el swing que forma dos ángulos y el swing que forma un solo ángulo.

El primero de ellos, que mantiene la pierna flexionada y la rodilla derecha enfrentando la pelota, es característico de los grandes jugadores y de los que tienen bajo handicap. El segundo, en cambio, que al subir el palo distiende la pierna derecha y la pone rígida en el top del backswing, es típico de jugadores de alto handicap y encierra una serie de peligros que están latentes para provocar un golpe defectuoso en el momento que se ataca la pelota, y cuyo detalle es el siguiente:

— Propensión al sway (desplazamiento lateral del cuerpo, sin giro).
— Quedarse sobre la pierna izquierda al subir el palo.
— Sacar hacia afuera y separar el codo derecho del cuerpo.
— La pierna derecha no acompañará al cuerpo en la vuelta a la pelota.

El jugador de alto handicap se engaña al creer que puede golpear la pelota más fuerte ejecutando ese swing peligroso. La seguridad que proporciona el swing de dos ángulos da la confianza necesaria para ir aplicando paulatinamente todo su poder, sin temor a que la pelota se le vaya fuera del fairway y quede en un monte o en el pasto largo, con los consiguientes problemas.

Drama en el link

El golf permite ver cosas ocultas, problemas cerrados, sólo con mirar atentamente los movimientos, gestos, ademanes de los jugadores.

Ramón Chazarreta era un joven profesional del Ranelagh con el que solía jugar. Un día le dije:

—Ramón, vos no ves bien del ojo izquierdo.

—¿De dónde saca eso, maestro? Imposible.

Al final de la jornada, lo llevé al vestuario, lo senté frente al almanaque y le pedí que leyera los números, primero, tapándose el ojo izquierdo. Lo hizo bien. Luego, tapándose el ojo derecho, Ramón tuvo muchos problemas.

Yo había advertido que cuando Ramón efectuaba sus golpes, su cara seguía el curso de la pelota en el aire, pero giraba su cabeza con exageración, con esfuerzo hacia su lado izquierdo. Comprendí que lo hacía porque trataba de mirar con su ojo derecho. El gesto era evidente. El ojo izquierdo no le respondía, aunque Ramón no lo advirtiese.

Lo llevamos al oculista quien le recetó anteojos y el joven siguió jugando bien.

Tiempo después, en el Chaco, en pleno torneo, en medio del campo, Chazarreta cayó fulminado. Murió en el link. Un tumor cerebral lo había matado en instantes. Ése había sido el causante de su mal.

DUDAS

Con tantos años de golf en mis espaldas, aún tengo grandes dudas. Conflictos que me planteo y para los cuales no tengo respuesta. ¿Cómo es posible que un jugador como Tiger Woods pueda tirar una pelota en un hoyo de 340 yardas detrás un monte donde no podía ver ni la bandera y dejarla a 4 yardas del hoyo? Y al mismo tiempo me interrogo ¿cómo este joven habilidoso y preciso, puede fallar un putter de 60 centímetros?

Por supuesto, esto no pasa sólo en el golf. Un boxeador al borde del knock out, vencido, puede sacar un golpe salvador y demoledor y dar vuelta el resultado. El eximio jugador de fútbol que domina la pelota o hace un gol de media cancha, puede errar solo frente al arco desguarnecido. En el deporte y la vida, el éxito y el error conviven en territorios separados por una delgada frontera.

He visto a muchas personas que comenzaron a jugar golf, intentaron algunos tiros, se fueron decepcionadas y no volvieron a pisar una cancha. Seguramente por temor al fracaso.

Nunca supieron si hubiesen sido capaces porque no lo intentaron. Muchas personas tienen habilidades innatas y ocultas o conocidas y a la vista, pero no se atreven a incursionar en el intento y dejan dormidas capacidades o vocaciones cuyas metas nunca les fueron reveladas.

Eje

La cabeza en el momento del impacto. Un tema de larga discusión. La cabeza es el eje del swing y como tal, es mejor que se mantenga quieta, pero no fija como si fuese un clavo.

Yo soy un jugador considerado como de los que pegan a la pelota moviendo ligeramente la cabeza y echándola de un lado para el otro en el momento del golpe.

La mayoría de los jugadores deja que el impulso de la terminación del swing mueva su cabeza hacia delante y hacia atrás, incluso muy buenos golfistas.

Si estos movimientos son ligeros, pueden permitirse. Incluso podrían ayudar a eliminar la rigidez y la tensión. Lo que no debe hacerse es echar la cabeza hacia un lado o levantarla.

Si se tienen problemas en el movimiento de la cabeza al practicar un swing completo, pueden resolverse manteniendo los pies más firmemente contra el suelo, sin levantar los talones. Si esto no resulta, la mejor manera de detener el movimiento de la cabeza es pensar en mantenerla fija. Al principio, demandará un enorme esfuerzo, pero el jugador se irá habituando.

En el juego o la práctica, deberá completarse el swing sin levantar la cabeza ni dejar que los ojos se aparten de la posición de la pelota. Esto obligará al jugador a hacer una terminación corta del swing, con la cabeza quieta.

Tener que concretarse en lo expuesto, dará como resultado una mayor rigidez en toda la trayectoria del swing y hará perder, posiblemente, algo de distancia en los tiros, lo cual es momentáneo.

Un aficionado amigo me preguntó por qué no podía dejar la cabeza *sobre la pelota* en el momento de iniciar el swing. Son varias las razones que dan origen a este defecto que disminuye la labor en los links. Veamos los motivos que gravitan en este aspecto del juego:

1 – Falta de soltura en las caderas y rodillas, lo que endurece el swing de la cintura para abajo.
2 – No utilizar más las manos para evitar que los brazos retengan el golpe.
3 – La forma de iniciar el ataque a la pelota, con el lado derecho del cuerpo.

4 – Hacer un swing sin ritmo, en el afán de golpear fuertemente a la pelota.

Para hallar solución a todo problema que se presente en el juego, es imprescindible tratar de establecer los defectos propios, consultando con el profesor y procurando corregirlos en prácticas continuas.

Coordinando los movimientos del cuerpo, se conseguirá que el palo *venga desde adentro,* lo que le permitirá *ensanchar la cabeza* en el momento del impacto y enseguida comprobará que podrá dejar fácilmente la vista sobre la pelota, realizando el swing correcto.

Elástico

El instructor de golf Amando Rossi —a quien muchos aficionados jóvenes no conocen— actuó durante 25 años como primer profesional del Ranelagh Golf Club. Estudioso y observador, el golf era para él, una pasión. En Brasil, su prestigio creció más aún. Igual que sus conocimientos. Forjó campeones e impuso una serie de teorías sobre la técnica correcta de encarar este difícil juego.

Entre sus ideas geniales, recuerdo que para mejorar el standard de juego, recomendaba ajustar las manos enfrentadas con un elástico.

Al colocar las manos en la correcta posición para el grip, el elástico las une más, y en el top del backswing, impide que el brazo y el codo derecho *vuelen, se despeguen*, manteniéndolos en posición correcta y otorgándole a la mano izquierda la prioridad que debe tener en ese momento crucial del swing.

Yo he practicado mucho el "invento" genial de Amando Rossi y debo confesar que fue notablemente útil por la sensación que otorga en las prácticas. Impide que el brazo y la mano derecha *manejen* el backswing y que —según sus palabras— "se conviertan en el más grande enemido del pobre hombre que va a la cancha con la idea de disfrutar del golf".

A las damas, les sugiero que den a la idea de Rossi toda la importancia que tiene, porque ellas, por lo general, son más *derechistas,* olvidando que el brazo y la mano izquierda son dos piezas vitales del swing.

El golpe

Sentir el golpe a la pelota en el drive, en los hierros, el sand, hasta en el putter. Uno *siente* cuando pegó bien. Ese golpe dado como uno sentía que debía ser, produce un sonido único, que se cuela en el oído y anticipa que el impacto ha sido perfecto. Percibir esa sensación anticipa el amor por el golf. Si esa sensación se repite una y otra vez, o por lo menos muchas veces en una vuelta... seguro que aparece una nueva "viuda del golf". Una mujer que habrá de compartir el amor de su consorte con este juego endiablado, cautivante y seductor capaz de encender la pasión y conquistarlo sin sosiego.

El golpe perfecto produce una mezcla de placer, felicidad, sabiduría, autoestima, como si se flotara en nubes que acarician. Se siente en muchos deportes, por supuesto, pero se incrementa cuando se requiere un instrumento para golpear el útil del juego. Por eso, al golpe mismo se agrega la pureza del sonido. Polistas, tenistas, jugadores de jockey, coincidimos en esa particular sensación.

Claro que no es lo mismo si los ánimos son desparejos o las condiciones inconvenientes.

La sensación del golpe perfecto es casi imposible bajo una lluvia torrencial o un viento descomunal y por supuesto, tampoco producirá esos efluvios si uno mete el putt de su vida... sabiendo que lo mismo será segundo.

Suelo interrogarme cuál fue el mejor tiro de mi vida y siento que aún me faltan muchos tiros. Recuerdo con placer el segundo tiro al par 5 del hoyo 16 de Hoylake en la vuelta final del British Open: no sólo mi tiro fue perfecto; también supe que el campeonato no se me iba de las manos, máxime cuando mi compañero de juego, Gary Player, en el tee del hoyo 18, me dio la mano y me dijo: *"OK, Roberto...you are the winner"* (Roberto..., eres el ganador). Recuerdo que me estremeció. Era una sensación extraña, porque todos sabemos que para ganar hay que jugar 72 hoyos... pero para perder, sólo uno. Y ése era el que me faltaba. Y el Open Británico, después de ese hoyo, fue mío.

El jugador más popular en los Estados Unidos

En mi primer viaje a los Estados Unidos, comencé a tomar contacto con golfers de otras partes del mundo. Los he conocido a todos a lo largo de 25 años de juego y 50 vueltas alrededor del mundo. He jugado con ingleses, australianos, sudafricanos, japoneses, chinos, con todos los que se destacaban.

La gente otorga popularidad al hombre que se destaca. Lo he visto con Byron Nelson, Ben Hogan y Sam Snead. Luego con Arnold Palmer, Gary Player y Billy Casper y luego con Lee Treviño, Jack Nickalus y Tony Jacklin. Este último, de origen inglés, con sólo 26 años ganó el Open Británico y el Open de los Estados Unidos. Estos dos triunfos bastaron para consagrarlo ídolo del golf en Inglaterra.

Sin embargo, haciendo un balance y considerando otros factores, me inclino a pensar que Jimmy Demaret, fue el hombre más popular en los Estados Unidos y en el ambiente golfístico de otras partes del mundo.

Jimmy Demaret (1910-1983) ganó 31 grandes torneos entre 1935 y 1957 y fue el primero que ganó tres veces el gran Torneo de Maestros. Alcanzó la cumbre de su carrera, en 1947, cuando siguió a Ben Hogan en el US Open y el PGA.

Demaret siempre colaboró con los profesionales en lo técnico y en lo comercial, tratando de mejorar el juego de la gente joven, como ningún otro lo había hecho.

Fue él quien comenzó a darle colorido al golf allá por los 40. Su modo de vestir es imitado aún por la gran mayoría de los jugadores actuales.

Fue además uno de los grandes ganadores de torneos. El público lo seguía en cada presentación, alentándolo y convirtiéndolo en el golfista más popular de su época.

Tenía un encantador sentido del humor y sus frases y acotaciones se han recogido en libros y revistas. Una de las más populares era: "El golf y sexo son quizás las únicas dos cosas que uno puede practicar... incluso no siendo muy bueno para ello".

EL SECRETO DE JIMMY THOMSON

Jimmy Thomson fue uno de los más fuertes pegadores de su tiempo. En 1936, logró el Campeonato de Driving. Ejecutó diez drives con un promedio de 324 yardas. El más largo alcanzó una distancia de 386 yardas y asombró a los testigos, por la naturalidad con que realizaba el impacto. Pero atención, con pelotas que parecían albóndigas y palos que uno suponía podían hacerse astillas en cualquier momento.

Cuando hice mis primeros viajes a los Estados Unidos, él brillaba en esas canchas como uno de los pegadores más extraordinarios. Su figura era proverbial y siempre lo acompañaba una numerosa concurrencia, ansiosa por admirar su furibunda pegada.

Yo no desaproveché la oportunidad: presencié sus prácticas y seguí su juego. Aprendí que Thomson asignaba enorme importancia al grip (como se ha dicho muchas veces en este libro). Se plantaba frente a la pelota con admirable soltura y sensación de pleno equilibrio, lo que le permitía trasmitir al swing todo su poder, convertido después en blandura y velocidad.

Decía Jimmy Thomson:

"El golpe ideal que envía la pelota a gran distancia, sin necesidad de realizar un esfuerzo mayor, es aquel que resulta de la acción coordinada del cuerpo, brazos, piernas y manos. Eso es lo que permite un vuelo superior a la pelota.

La coordinación se logra practicando y practicando, la única forma de lograr lo que uno se propone".

ESTADOS DE ÁNIMO

A esta altura de mi vida, cuando veo caminar a un golfista hacia el tee del hoyo uno, sin conocerlo, puedo imaginar cómo va a jugar, pero no puedo imaginar cómo va a pensar y reaccionar. He conocido ganadores natos y perdedores natos; soberbios, humildes, déspotas, simpáticos, mudos, charlatanes, momias inmóviles o payasos que no paraban de moverse.

He visto a Lee Treviño lanzar al aire su gorra luego de ganar el Open y a Nick Faldo apenas levantar la vista después de ganar el Masters. Ambos grandes. Personalidades distintas.

Yo mismo he celebrado ganar el Open sacándome la gorra, pero he gritado como un loco una vez que le gané a mi amigo Covatto, embocando desde el bunker en el hoyo 9 de Ranelagh para ganarle.

El conocimiento del rival y de uno mismo, puede sugerir salir primero o último. Si ante un rival emocionalmente fuerte, uno sale primero y ejecuta un drive flojo que termina cerca del fairway, es posible que el rival se agrande e intente pegar el drive de su vida y es posible también que se vaya a cualquier parte.

Si el rival es emocionalmente débil, no hay que fallar en el tiro de salida y poner la pelota cuanto más lejos, mejor, para achicar al rival.

He visto a muchos golfistas tender una mano generosa alegrándose del triunfo del rival, aceptando que el otro jugó mejor. Pero he visto a otros que te dan la mano diciéndote "qué partido te regalé", "aprovechá esta oferta porque no habrá otras".

De esas actitudes también he aprendido. No me gusta jugar con rivales que no son sinceros. Lo importante es que dejen en la cancha todo lo que puedan dar. He sostenido verdaderos duelos con los grandes de todas las épocas, pero siempre jugando a ganar con honestidad y cabalmente.

Mucha gente cree que los profesionales podríamos arreglar resultados con los aficionados para que el match dure más. Por ejemplo, tener el partido ganado en el hoyo 14 y estirarlo al 17. Error total. No es que uno estire el match. Lo que uno está haciendo, sabiendo que ya no puede perder, es probar cosas nuevas, distraer sus pensamientos con conversaciones triviales, perder concentración. Siempre hay que ganar lo antes posible. No vaya a ser que el adversario se supere. En el deporte profesional, no hay que tener compasión.

Calculando muy estimativamente, supongo que he dado 18.000 vueltas de golf. Si en cada vuelta hubiese conocido personas distintas, habría jugado con más de 55.000 jugadores. Buena enciclopedia y base de datos para conocer gente.

FIDEL DE LUCA

De Luca ha dicho:

> "Sé que la gente me critica por mis gestos en la cancha antes de realizar un approach o un putt. Porque me demoro midiendo o tomando la línea de un putt y levantando pajitas que no existen. Pero todo es un recurso para concentrarme".

Fidel De Luca ha demostrado a lo largo de su carrera profesional, ser un jugador de condiciones muy personales. Inteligente por el análisis de los tiros que habría de jugar en los greens. Porque sabía aprovechar, en su juego en los links, el uso del recovery, empleando siempre el tiro más adecuado.

En sus golpes largos, cuando revoleaba el palo, demostraba gran soltura y perfecta coordinación, lo que resaltaba aún más el hábil trabajo de sus manos. Sus músculos siempre listos para cumplir al pie de la letra los mandatos de su mente. Decidido en los momentos difíciles, cuando su mente comenzaba a imaginar una serie de problemas que a veces no existían. (Cuando se proyecta una jugada y se cambia de idea durante el revoleo, el resultado es casi siempre, un mal tiro).

Desde el bunker, De Luca es uno de los mejores que he visto. Todo sus tiros dirigidos con intención de embocar. Parado con los pies juntos, aflojando exageradamente las piernas para luego girar sobre las rodillas, utilizando las manos con una habilidad excepcional.

Su swing para los golpes largos no era del todo armonioso, ni impactaba con el estilo moderno, porque le daba gran preferencia al accionar de sus manos y no dejaba a su cuerpo trabajar en forma más libre, para lograr una mayor armonía en su juego.

En este tramo quisiera decir que hubo tres jugadores argentinos que pudieron haber sido estrellas nacionales e internacionales: Eduardo Blasi, Leopoldo Ruiz y Ricardo Rossi. Tenían físicos privilegiados, técnica excepcional y eran *inventores* de tiros. Muchas de las cosas que ellos hacían sólo fueron repetidas mucho después. Pero ninguno supo interpretar los valores internos que tenían, no buscaron en lo profundo de sí mismos para aprovechar sus condiciones innatas y se descuidaron. Perdieron el derrotero que les estaba marcado, que no supieron advertir y seguir.

FINISH

En el juego del golf, el finish no es solamente el resultado de un swing, sino el fiel reflejo de la calidad con que se realice. Cuando yo veo un finish, no necesito ninguna otra referencia para comprobar cómo ha sido el swing que le dio origen.

Aconsejo a los aficionados que comparen su finish con el de un profesional. No pretendo con esto que lo igualen, pero sí que vean cuáles son las causas que le impiden realizar un finish correcto.

En el supuesto de que un jugador posea un grip y un stance adecuados, la causa más común de un finish defectuoso, es que al realizar el swing, su lado izquierdo no trabaje al mismo ritmo que el derecho. Es cuando deberá probarse la realización de un swing con el lado izquierdo solamente y se podrá ver cómo el torso, la cadera y la pierna izquierda, se colocan en posición correcta para poder concretar un buen final.

En ese último caso, la velocidad que se imprimió al brazo izquierdo y el cuerpo al palo, lo llevará irremediablemente a terminar con su swing en el pecho, enfrentado al hoyo en juego, con las manos arriba y el costado izquierdo del cuerpo soportando el traslado del peso. Solamente la práctica continua llevará al jugador a conseguir un finish perfecto, eliminando la serie de contratiempos que afectan más de una buena actuación.

Ben Hogan decía que si no aplica la mente, sólo por milagro se lograrán resultados satisfactorios de modo permanente en la alta competición.

Entre los diez principios mentales que sustentaba el extraordinario Ben Hogan, hay dos que nunca olvidaré, por la importancia que tienen en quienes tratan de escalar en este deporte.

Primero: hay que preparar la mente como si fuera a poner a prueba los nervios, con la concentración absoluta en cada tiro que se ejecuta.

Segundo: el golfista debe sentirse con la disposición del que va a efectuar un ataque a la cancha y no que la cancha lo va a atacar a él. Dispóngase después a vencerla.

Cuando un jugador se inspira en una vuelta de golf y siente que está dominando a la cancha con un score excepcional, está exigiendo a su mente un esfuerzo también excepcional. Hay que lograr que los nervios y los músculos trabajen para uno, no contra uno. Apartarse del bullicio del público cuando se actúa en una prueba que exige total concentración y calcular, además, distancias, vientos en los fairways, velocidad y caídas en los greens. Todo esto demanda un desgaste tremendo. Pero gratificante.

Fourball

No hay duda de que el fourball es la modalidad más divertida y popular de jugar al golf. En todo el mundo, se realizan miles de partidos que generan cantidad de anécdotas, contribuyendo a que las amistades y relaciones sean más estrechas y perdurables.

El fourball es una forma de match play. Dos jugadores forman un equipo que compite contra otros dos de otro equipo. Los cuatro jugadores juegan su propia pelota durante todo el curso del juego. Al final de cada hoyo, se determina la mejor pelota del equipo A y se la compara con la mejor pelota del equipo B, determinándose cuál ganó ese hoyo. Después de 18 hoyos, gana el equipo que haya ganado más hoyos durante el match.

Encontrar un compañero ideal para jugar un fourball no es simple. Sobre todo si se trata de un torneo y no un simple partido de fin de semana.

Para intervenir en un torneo, yo eligiría un compañero que complementara mi juego. Si yo fuese un jugador errático, que puede lograr un par o un birdie y luego, en el hoyo siguiente subir el par en dos o tres golpes, trataría de lograr un compañero de juego parejo, aunque no tuviera desempeño brillante.

Para jugar un fourball evitaría el compañero que no acepta o no da consejos y que no colabora, no sólo a mejorar mi juego, sino a brindarme más confianza en la jugada a realizar, ya sea aconsejándome el palo o dándome la línea del putt. Evitaría también al jugador que lleva la cuenta de su vuelta individualmente.

Es muy importante contar con un compañero que no baje los brazos cuando la situación sea desfavorable. La experiencia demuestra que la ganancia de un hoyo, luego de algún tropiezo, puede dar un vuelco inesperado a un partido y salir victorioso cuando parecía vencido.

Frontera del impacto

Voy a destacar un aspecto del swing que permite al jugador mantener un ritmo más eficaz y consistente cuando utiliza las maderas y los hierros largos. Para ello, durante la ejecución de los tiros, la cabeza del jugador no debe pasar lo que llamo "la línea imaginaria de la frontera del impacto".

Ya en el stance, la cabeza del jugador, eje del swing, debe colocarse ligeramente volcada a la derecha —chinback— (*chin:* barbilla, mentón, pera), de manera tal que una imaginaria línea perpendicular a la pelota ubique a ésta a la izquierda de esa línea. Esa posición permitirá al jugador una mejor colocación de su hombro izquierdo en el top del swing.

Al iniciarse la bajada del palo es cuando, generalmente, se comete el error de adelantar la cabeza, en lugar de mantenerla con el eje del swing, detrás de la línea de la pelota y es como si, más que golpear a ésta, se empujara con el cuerpo, en el afán de lograr mayor distancia.

Para corregir el defecto, debe procurarse dejar la cabeza detrás de la pelota, aun después de realizado el golpe, permitiendo que la cara del palo se cierre en forma natural al entrar en la zona de impacto. La posición de las caderas dará espacio para dejar que los brazos pasen con naturalidad y las manos descarguen todo su poder en el momento de jugar.

Lo fundamental para lograr los fines expuestos, es dejar la cabeza detrás de la línea fronteriza de la pelota, hasta después del impacto, para girarla luego en el movimiento natural del finish. Solamente observando los detalles precedentes, los golfistas podrán mantener la pelota en juego, que es la base para poder lograr buenos scores.

Golf a los 60

Jugar al golf a los 60, sólo puede lograrse cuando se cuenta con un swing basado en principios que permitan mantener su consistencia, sin esfuerzo. No me atrevería a afirmar que los grandes profesionales modernos, serán capaces de mantener gran parte de la calidad de su juego cuando lleguen a los 60. Cuando analizo sus swings, los que si bien son de tremenda eficacia, les exigen una práctica constante, porque muchos de ellos están montados sobre bases que escapan al "swing natural".

Hace treinta años que conozco y admiro a Sam Snead. Cuando yo era un flamante profesional, él visitó Argentina con otro coloso, Jimmy Demaret. Corría 1943.

El swing de Snead era perfecto y provocó admiración general.

Más tarde, en 1974, volví a verlo en el Campeonato de Veteranos de los Estados Unidos, que tuve la suerte de ganar. Snead tenía 62 años. Había sido campeón de veteranos de su país por sexta vez en la temporada anterior, 1973. Aún poseía su extraordinario swing que lo hizo famoso en su época, en la que abundaban en su país, grandes valores en el campo rentado.

¿Cuáles eran las virtudes que le permitían mantener esa calidad? Primero: su grip *Vardon*, era perfecto y en él basaba Sam gran parte de su eficacia. Él lo ha dicho claramente: "Sin grip, no hay golf".

El amplio giro de sus hombros, la posición de sus manos en lo alto del backswing, la soltura de sus rodillas, la ubicación de su codo derecho y su stance, fueron los verdaderos fundamentos de ese golf que resistió cómodamente el paso de los años.

Son tiempos en que se pierde la sensibilidad en el toque con la pelota y la agilidad exigida por el swing. Estoy convencido de que muchas de estas cosas van sucediendo en la medida que uno va perdiendo la vista y las cosas se desdibujan o alejan o acercan. La visión trasmite mal al cerebro la información que recoge y el cerebro da órdenes incorrectas.

Golf de los poderosos

Mucho se ha hablado sobre las distancias que se logran con las maderas y de lo importante que es para el juego, avanzar la mayor distancia posible con el drive.

En las canchas de trazado antiguo, donde los pares tres tenían como base una distancia de 150 a 190 yardas, no era necesario utilizar hierros de tiro largo. Pero el golf moderno está cambiando día a día, y las nuevas canchas son distintas en sus distancias y de modo especial en los hoyos pares 3 y 4.

Ahora es más difícil entrar de corrida sobre los greens, pues por lo general, están protegidos por grandes bunkers o lagos artificiales o ambas cosas a la vez, y las banderas tienen distintos emplazamientos, todo lo cual obliga al jugador a entrar al green por el aire.

También se han hecho cambios fundamentales en la construcción de los greens. Ya no los hacen como años atrás de forma cóncava, sino de forma convexa. Son además, muy ligeros, lo que obliga al jugador a una mayor concentración y toque muy delicado. Los jugadores más poderosos y con toque en los greens, son los más beneficiados con estos campos.

Johnny Miller y Jack Nicklaus, que representaron a los Estados Unidos en la Copa del Mundo jugada en el moderno campo de golf de Nueva Andalucía, España, dieron la razón a quienes los consideraban favoritos en esta singular competencia. Miller, de 26 años, campeón de su país, pero sin la fortaleza física de su compañero, aventajaba a Nicklaus en estatura y ello le permitía un mejor uso de las caderas y acción más rápida con las manos, consiguiendo distancias casi tan largas como las que lograba Nicklaus, especialmente con los hierros.

Los destacados maestros, dirigen sin titubeos los golpes al sitio que eligen previamente, lo que les permite aprovechar mejor el tipo de campo que se les presenta.

Green: confianza, inmovilidad, dirección, distancia

El éxito o fracaso de un jugador, cuando compite, reside en el green. Las normas básicas para lograr un verdadero, sólido y regular juego de green, son confianza, inmovilidad, dirección y distancia.

Encierro esas cuatro condiciones con una llave: la práctica. Sin práctica, es imposible que actúen en el momento preciso, simultáneamente, y se logre el objetivo perseguido.

Cuando una de esas condiciones, falla, se malogra el golpe. No me interesa para alcanzar el fin buscado ni el grip, ni el stance del jugador cuando actúa con el putter. La práctica le irá infundiendo la confianza indispensable, la movilidad requerida, la dirección exigida y, por sobre todo, el toque y golpe que logre la distancia necesaria para llegar al hoyo.

El gran maestro Tommy Armour, decía con respecto al juego en el green:

> "Se yerra más veces un putt por no llegar al hoyo o sobrepasarlo, que por jugar la pelota desviada".

Por eso aconsejo a los aficionados que aprovechen esa lección que encierra las palabras del maestro Armour. Necesitar tres putts para alcanzar el hoyo es tan deplorable como maravilloso ver cómo la pelotita blanca desaparece del green con un solo golpe de putter.

La práctica debe realizarse con todos los palos que se utilizan en una vuelta. Pero el putter exige mucha más seguridad. Y sólo la práctica continua habilita.

Grip

Yo modifiqué mi grip siendo profesional mirando a Martín Pose y la forma correcta en que tomaba el palo. Sus manos se ajustaban con facilidad al mango y eso permitía que en sus golpes la pelota volara en forma recta.

Yo tenía un grip defectuoso: tomaba el palo con la mano izquierda demasiado cerrada (alcanzaba a ver los nudillos de los dedos índice, mayor y anular) y no me permitía lograr una correcta posición de la mano derecha, que colocaba demasiado baja y casi detrás de la vara.

No siempre podía mantener estirado mi brazo izquierdo y en el momento del golpe, las caderas y las piernas trabajaban un poco lentas, resultándome imposible dejar la vista sobre la pelota. Esto hacía que la pelota volara con demasiado efecto de derecha a izquierda (hook), dificultando mi juego. Lograr un grip correcto era para mí una obsesión.

Hay muchos aficionados que juegan relativamente bien con su grip defectuoso, pero su juego será siempre inconsistente. El mal grip trae como consecuencia un mal ataque a la pelota, lo que hace que a una vuelta buena sigan otras discretas o malas. Es como un amigo traicionero que te ayuda en las buenas y en las malas te abandona.

Una de las cosas factibles de lograr con cualquier físico y a cualquier edad es un buen grip. Vale la pena el intento. Y particularmente cuando se comienza desde joven.

A lo largo de mi carrera en el mundo del golf, he visto las más diversas formas de tomar el palo de golf, aun en profesionales distinguidos. Pero su éxito era fugaz. A la larga siempre quedaban los maestros del grip correcto.

Llevo muchos años de golf y he superado la *edad razonable* para sacar buenas vueltas gracias a mi grip. Voy a explicar cómo lo logré y si usted se lleva de estos consejos, le aseguro muchas buenas vueltas y muchos años de buen golf.

Cuando tome el palo con su mano izquieda, la *V* formada por el pulgar y el índice, debe apuntar entre el centro del cuerpo y el hombro derecho. Usted sólo podrá ver parte del nudillo del dedo índice. La presión de la mano no debe ser exagerada, pero, quiero marcar muy especialmente que los puntos de mayor presión lo ejercerán los tres últimos dedos en todo el arco del swing, especialmente al iniciarlo.

El grip de la mano derecha es más sencillo. El palo se toma con los dedos únicamente y los que trabajan son el anular y el mayor. Es muy conveniente tomar el palo con el final de los dedos y la primera parte carnosa de la palma.

En la unión de las dos manos, el dedo meñique de la mano derecha se coloca entre el índice y el mayor de la izquierda.

Todo esto parece muy complicado, pero lo desafío a que usted describa el suyo y si no es el correcto, verá que es mucho más complicado aún.

Mejore su grip. Sólo necesita voluntad y constancia.

Practique en su casa, en horas libres y sorprenda a sus amigos el próximo fin de semana.

Grips clásicos

La colocación de las manos en lo alto del backswing, ha sido siempre y lo seguirá siendo, tema para los más diversos comentarios. Se aceptan como clásicas, tres formas, a las que se conocen con estos nombres:

1 – Cara cubierta
2 – Cara semicerrada
3 – Cara cerrada

Estos nombres corresponden a la forma que adopta la cara del palo en lo alto del backswing. Con cualquiera de las tres puede lograrse un buen golpe. Yo prefiero la número 2 y es con la que juego. Somos muchos los jugadores que tratamos de lograr de manera consistente, mantener esa posición durante el desarrollo del juego.

La cara abierta, upright swing, con la muñeca izquierda quebrada hacia adentro, es característica del swing muy perpendicular. La tercera, por el contrario, exagera a la inversa la quebrada de la muñeca izquierda hacia afuera, lo que puede provocar terribles hooks, si no se la acompaña con un extraordinario trabajo de la cadera izquierda. Esto puede lograrse con un constante entrenamiento, al alcance de muy pocos jugadores.

Si se usa la posición número 2: sin quebrar las muñecas ni para adentro ni para afuera, sino para el costado del dedo pulgar de la mano izquierda, trate de mantener la posición inicial del swing en todo su desarrollo. De esta manera, se mantiene la cara del palo enfrentando la línea de juego más tiempo que de las otras dos formas. Se facilita una potencia superior en el golpe y mayor seguridad para mantener consistencia favorable en el juego.

El número 2 sólo se modifica en el quiebre de las muñecas, pero mantiene todas las otras características que se adoptan en el stance.

Grosor del grip

Si ha entrado usted en el recinto donde se depositan los palos de golf, habrá advertido la variedad y cantidad de bolsas guardadas. Y si su curiosidad lo ha llevado a detenerse en los palos en cada bolsa, habrá comprobado también la enorme diferencia entre ellos.

Yo he sido siempre un curioso observador. Me agrada ver la variedad de palos que presentan los fabricantes. He podido descubrir que muchos jugadores no le prestan la debida atención a sus propios equipos y utilizan palos de distintos tipos, lo que no les permite mejorar su standard de juego, que es lo que se consigue al usar los palos adecuados.

Un juego de palos bien balanceados y calibrados, permitirá que las distancias de vuelo de la pelota sean las correctas.

Otra cosa importante es el tamaño del grip. Debe tratarse que todas las empuñaduras de los palos tengan el mismo grosor, considerando para cada juego y cada caso, el tamaño de las manos de la persona que los va a usar.

Siempre me preocupo por el equipo que debo utilizar y tengo especial cuidado en comprobar que el largo de los palos guarden relación entre sí. Observo el peso de éstos y, de modo especial, el grosor de los grips, porque sé que ellos, correctamente balanceados, me ayudarán a tener una mejor sensación en mis manos al efectuar el impacto, permitiéndome establecer con qué fuerza debo golpear la pelota en cada tiro.

Haciendo campeones

Qué importante es saber aprovechar el interés juvenil por el golf, para que, con el transcurso del tiempo, nuestro país pueda contar con mayor cantidad de jugadores, pudiendo competir en el plano internacional, como lo ha hecho en el sudamericano.

Estoy seguro que si todos los clubes del país implantaran clases gratuitas colectivas de una hora para menores de catorce años, una o dos veces por semana, en poco tiempo contaríamos con un destacado plantel de jugadores.

He podido comprobar que la gran mayoría de los jóvenes que practican golf, poseen buena disposición para asimilar las indicaciones del profesor, debiendo evitarse que caigan en manos de profesionales inexpertos.

Es necesario procurarles un mayor estímulo y el apoyo necesario para que puedan competir con mayor asiduidad. En Mar del Plata o Córdoba, para citar solamente dos lugares donde la juventud golfística va en aumento, los torneos infantiles y juveniles cuentan siempre con gran cantidad de participantes.

Estos jovencitos que comienzan a practicar nuestro deporte a temprana edad, asimilan rápidamente las enseñanzas y pueden alcanzar destacadas posiciones en el futuro.

Estos jóvenes no solamente serán mañana buenos jugadores, sino también, buenos dirigentes de los clubes. En los últimos años mucha gente no conocedora de la intimidad y secretos del golf, ha ingresado a los cuerpos directivos sin tener ese respaldo indispensable. No es lo mismo ser directivo de una gran empresa, entidad u organización para serlo del golf. La exigencia irrenunciable es estar compenetrado de la esencia de este deporte peculiar.

Haga la prueba

Se ve muchas veces en los tees de salida, swing muy buenos, sueltos, amplios con un correcto finish, pero realizados *sin la pelota.* Después, la sorpresa al ver al mismo jugador frente a esa pequeña bola blanca, efectuar un swing duro y tenso. ¿Qué pasó? ¿Qué fue lo que provocó ese cambio brusco en contados segundos?

Les propongo a los aficionados una prueba con respecto al tema distancia a la pelota.

Consiste en realizar swings sin pelota, simplemente con los palos, manteniendo el stance sin cambiar los pies de posición, hasta lograr que la cabeza de su madera deje una visible huella en el pasto.

A continuación, con otro palo, tómese la distancia entre el centro de esa huella y la punta de su pie izquierdo. Luego deberá colocarse una pelota en cualquier otro sitio del campo y el jugador deberá pararse frente a ella en su común actitud de golpearla. Después deberá probarse con la medida anterior, si el jugador está parado a igual distancia de la pelota que cuando realiza los swings de práctica.

No dudo de que los jugadores se asombrarán al comprobar que la mayoría se para más lejos o más cerca de la pelota de lo que debería para lograr una distancia ideal. El resultado de todo esto es que el golfista realiza un swing completamente forzado para alcanzar la pelota y concretar, un tiro cortado o enganchado con los inconvenientes propios de ese error. Lograr la distancia ideal en el stance entre el jugador y la pelota, es uno de los pasos fundamentales para mantener un swing correcto.

Haga su balance

Es muy saludable hacer un balance de su juego al término de cada una de las vueltas.

Tome un papel, haga un recuadro y anote los golpes efectuados separándolos de la siguiente forma: driver o tiro de salida; maderas desde el suelo; hierros largos; hierros cortos; approaches; tiros desde el bunker; putts largos y putts cortos. Luego anote el número del hoyo en que los realizó. Califíquelos: bueno, regular, malo. Sea imparcial. Deje de lado las circunstancias atenuantes o agravantes. No le eche la culpa a los fantasmas... que no existen.

Practicar golf no es solamente tomar una bolsa, veinte o treinta pelotas y tirar con hierros o maderas, ya que normalmente nos encanta practicar los tiros que dominamos, por el placer de ver volar la pelota en la zona de práctica.

Si se tienen deseos de progresar y la falla principal son los golpes desde la arena en los bunkers, los hierros largos o el putt corto, deberá darle a esos golpes el mayor tiempo de práctica.

Hierros 2 y 3

A los hierros 2 y 3, yo los llamo examinadores. Su utilización resulta difícil más aún para aquellos jugadores con un swing deficiente, a los que no he visto pasar el examen que exigen estos dos palos.

He podido observar a muchos aficionados con un swing malo, arreglárselas para sacar un tiro aceptable con una madera o con uno de los hierros del 5 al 9, pero, nunca los he visto hacer lo mismo cuando tienen en sus manos un hierro 2 ó 3. Se trata de dos palos peligrosos, incluso para los profesionales. Su balance, su vara larga y su pequeña cabeza, son los motivos por los cuales el aficionado los deja descansar en la bolsa, prefiriendo jugar con una madera 5 ó 4. Es razonable. Pero el fin que persigo en este punto es otro.

El aficionado que esté dispuesto a dar un salto importante en su golf, lo conseguirá siempre y cuando se sienta capaz de usar los hierros 2 y 3 en el fairway.

Si usted está dispuesto, tome de su bolsa los hierros 2 y 3 y salga a la cancha concentrándose en su grip. Y observe:

1 – Piense que tiene en sus manos una madera 4. Coloque la pelota algo a la izquierda del centro de su stance y los pies en la línea del tiro.
2 – El backswing debe ser amplio como el de una madera. No se aleje de la pelota sugestionado por la longitud de la vara.
3 – Trate de barrer la pelota —no aplastarla contra el suelo— y no fuerce el tiro. La conformación del hierro le dará, naturalmente, la distancia que usted puede lograr.

Ésta es la forma de jugar los hierros 2 y 3, los que bien pegados dan una sensación hermosa.

Hook y Ben Hogan

No hay nada más emocionante que un jugador pueda concretar los tiros como fueron planeados. Para ello, es imprescindible tener buen conocimiento de los pequeños y grandes secretos del juego.

Siempre he tenido gran facilidad para realizar cualquier clase de tiros en las más variadas direcciones, por lo que para pegar un golpe con hook no tengo mayores problemas. Lo consigo girando exageradamente las caderas y los hombros y levantando el palo en el backswing más hacia adentro, logrando un golpe más pronunciado hacia afuera, o sea, pegando de adentro hacia afuera.

El grip juega un papel importante en el logro del hook. Monto más mi mano izquierda sobre el mango del palo y vuelco mi pulgar hacia la derecha. A su vez, la mano derecha queda más abierta y el pulgar cabalga sobre el frente del palo. Como la pelota sale con un tremendo efecto de rotación de derecha a izquierda, lleva mucha corrida con el consiguiente peligro de no poder detenerla en el green. Para esto hay que tener un gran control en el golpe, lo que es muy difícil de conseguir, salvo que uno sea Bobby Locke, que maravillaba a las galerías que lo seguían en los links con sus hooks espectaculares.

Dominar este golpe es muy importante para el aficionado que desea progresar, ya que agregará siempre unas yardas extras a sus golpes, sobre todo, cuando la estructura del hoyo —dog leg— le exige un tiro con hook mediante una madera.

Hay que tener mucho cuidado, pues fue el hook, lo que obligó a Ben Hogan a retirarse de las competencias cuando estaba en marcha ascendente y no volvió a ellas hasta que, luego de agotadoras prácticas, llegó a dominarlo.

Ben Hogan configuró toda una brillante época del golf mundial, durante la cual logró darle gran impulso a este deporte en el extenso territorio de los Estados Unidos, donde el golf ha alcanzado enorme difusión. Cuando vi jugar por primera vez a Ben Hogan, me impresionó por sus características muy personales: tremenda concentración en el juego, físico menudo y su conjunto de músculos y nervios, que no concordaban con su fama de ser uno de los más largos pegadores de su tiempo.

Mientras jugaba un torneo, Ben se aislaba por completo de todo lo que lo rodeaba. Creo que ni se percataba de la multitud que lo seguía como un séquito de profesantes. Controlado y frío en sus expresiones, apenas si agradecía las prolongadas ovaciones que coronaban sus jugadas maestras.

Su swing era muy personal. Lo había logrado luego de un cuidadoso estudio que hizo de sus propias condiciones físicas, a las que lograba extraerles el máximo. Y práctica constante.

Aunque Ben Hogan se ajustaba a las bases fundamentales del swing correcto, tenía que controlar el terrible hook de su juego, un overswing que podía ser fatal en cualquier otro profesional que no tuviera sus condiciones.

Gracias a su asombroso poder de recuperación, pudo volver a las canchas después de un terrible accidente automovilístico. Los médicos habían pronosticado su retiro definitivo del golf. Pero no sólo volvió de lo que otros jugadores consideraban insalvable, sino que siguió brillando.

Fue todo un ejemplo de carácter, entereza, tesón y voluntad. Un personaje extraordinario.

El hook es como un arma de doble filo: cuando uno la domina, obedece. Pero cuando se pierde su control, corta al que la maneja. Los grandes jugadores siempre han jugado con un efecto de izquierda a derecha o de derecha a izquierda, tirando una pelota alta o baja. Está en la habilidad de cada uno. Cuando se intenta una pelota al centro del fairway, éste se divide en dos, en dos mitades. Si pego con un poco de pull puedo apuntar a la derecha y entonces tengo el 100% del fairway y viceversa. Tirar a pelota derecha es lo ideal, pero muy pocos lo logran, especialmente en los tramos finales, cuando aprietan las circunstancias y la presión del juego.

Hoyo en uno para cuatro

La importancia de las reglas claras. En 1984, en el Abierto de San Pablo, Santo Amaro, los organizadores premiaban con un automóvil Ford Escort a quien hiciera hoyo en uno (alternativa que se respaldaba en un seguro contratado cuyo premio se basaba en cálculos actuariales muy precisos). Por la Argentina jugaban Eduardo Romero, Vicente Fernández y Armando Saavedra, entre otros, pero un jugador con pretensiones más modestas daría el batacazo: Antonio Peralta que en 1993 sería el Presidente de la Asociación Argentina de Profesionales de Golf. Peralta en el hoyo 2 embocó con un solo golpe. Había ganado el auto. Pero al día siguiente, ante el estupor de todo el mundo, Peralta nuevamente hizo hoyo en uno en el 9. Quizás, el único caso en la historia del golf. ¿Y ahora?

Pero ese mismo día, un profesional norteamericano también acertó hoyo en uno. ¿Y ahora?

Pero otro aficionado del norte, hizo otro hoyo en uno. ¿Y ahora?

Cuatro hoyos en uno en el mismo torneo. (El aficionado no tenía derecho a reclamar el premio).

La organización que no había designado un hoyo en particular, se vio obligada a entregarle a Peralta... dos autos. Y otro al profesional norteamericano. Los popes de la Compañía de Seguros Sud América se agarraron la cabeza pensando en los tres autos, aunque mirando al costado se consolaban porque se habían salvado del cuarto.

Faltaron reglas claras: determinado hoyo, el primer hoyo en uno o alguna otra combinación y no "a quien hiciere hoyo en uno...".

El hoyo en uno no discrimina al buen jugador. De hecho Peralta, nunca ganó un campeonato a 72 hoyos (sí se adjudicó uno a 54 en el Chaco). Pero se fue manejando a su hotel y dejó estacionado el otro en el club house. Pero tuvo dificultades insalvables para traerlos al país y los vendió a precio vil en San Pablo.

Como simple dato estadístico, en una campaña de 10 a 15 años como profesional, se pueden lograr 7 u 8 hoyos en uno. Aunque Art Wall, de Estados Unidos, embocó 40 en su carrera.

Hay muchos calificativos para definir el hoyo uno. Elija.

Ir a lo seguro

Todo tiro tiene riesgo. Todo jugador de dos cifras de handicap, deberá optar siempre por lo menos peligroso. Los jugadores de alto handicap cometen la mayoría de sus errores alrededor del green.

Cuando el jugador está a 30 ó 40 yardas del hoyo, quiere cubrir la distancia de un golpe, porque ha visto cómo su profesional deja la pelota al lado de la bandera en las prácticas.

Lo que ignora, es que ese profesional, antes de pegar, ha hecho un planteo mental del tiro a realizar, calculó la distancia exacta, cómo está colocada la pelota, el estado del green, y sus caídas, todo, resultado de mucha práctica y experiencia.

Los profesionales jugamos lo que nos da mayor seguridad, aunque sea menos espectacular.

Mi consejo para el jugador de alto handicap, si no tiene ningún obstáculo, es que efectúe el tiro de aproximación con un hierro de poco levante —del 5 al 7—, que estudie el declive del green, cómo está "acostado el pasto", no pararse lejos de la pelota, usando más las manos y las muñecas.

Eso da mejor sensación de distancia y el tiro es menos arriesgado. Si hay obstáculos, bunker, zanja o pasto alto, usar el hierro 9 ó 10 si el green es amplio o el wedge, en último término.

Jugador pensante

Siempre me ha interesado más instruir sobre la parte pensante que sobre la técnica. En golf, un adversario pensante es más peligroso que un técnico. Jugador pensante es el que sabe plantear su juego de acuerdo con las características del campo; el que elige para su tiro el lugar más conveniente; el que sabe utilizar el palo que le da más seguridad de éxito; que sabe analizar cuáles son sus posibilidades físicas y técnicas; que es capaz de mantener la calma frente al contratiempo fortuito; que no arriesga todo en un tiro milagroso con la posibilidad de un acierto en mil intentos.

Todas esas cualidades del jugador pensante, no mejorarán su golf, pero puedo asegurarle que mejorará notablemente su administración de los golpes. Para mejorar la calidad de su golf, el aficionado tiene a su instructor.

JUGAR UN CHIP

La imagen mental del tiro, es parte esencial del éxito. El palo se debe seleccionar después de estudiar el tiro, la distancia, el estado del green y en particular, cómo está colocada la pelota. Este tipo de tiros se puede hacer con varios palos, pero todo depende de la sensación de cada jugador. Por ejemplo, si la pelota está en buena posición y el green es húmedo, lo más aconsejable es usar un hierro 9, un wedge. En este caso, la pelota rodará mucho menos que cuando se usa un palo de menor levante.

Cuando juegue este tiro, coloque la pelota un poco más al centro del cuerpo, abra la cara del palo y manténgala abierta durante todo el golpe. Ejecute con las dos manos unidas. No deje que la mano derecha cierre la cara del palo en el momento del impacto.

En los tiros de corrida, usando los hierros del 5 al 7, es mucho más sencillo: estudie el declive del green y cómo está acostado el pasto, pues esto último hace variar la forma de correr de la pelota. En este caso, no pararse demasiado lejos de ésta, usando un poco más las manos y muñecas. Eso da mejor sensación de distancia y hace menos peligroso el tiro, sobre todo, en los momentos de decisión.

Si la pelota se encuentra cuesta arriba, siempre es mejor usar un palo de mayor levante, apuntando un poco más a la derecha de la bandera. En cambio, cuesta abajo, es preferible hacer rodar la pelota con un palo de poco levante. No olvide que la mano que domina el swing es la izquierda. Éste es el tiro que aconsejo al jugador de dos cifras, siempre que no haya un obstáculo que lo impida. Le dará mayor seguridad y economizará preciosos golpes.

Después del putt, considero al chip-short, el *golpe más importante* en este difícil juego. Un buen chip puede rectificar uno o varios malos golpes y conseguir un par o ganar un hoyo teóricamente perdido. Realizar un approach y un putt cuando el adversario ocasional ya está instalado en el green y verlo después desmoronarse al tomar tres putts, no es ninguna novedad.

Este delicado golpe del chip no exige un físico privilegiado. Alto o bajo, flaco o gordo, veterano o joven, el jugador tiene a su alcance el poder jugar dicho golpe a la perfección. Se requieren algunos detalles básicos y mente positiva.

Deberán estudiarse las posibilidades de hacerlo de la manera más simple. Elegir concienzudamente el palo que provoque el menor riesgo de error y otorgue mayor confianza.

Con el chip, es tan variada la cantidad de tiros que se pueden presentar, que cualquier indicación en este sentido limitaría su aplicación. Para lograr la concreción más correcta del chip, hay solamente un consejo que encierra todos los lugares comunes: practique. Practique. Practique. El chip es uno de los pocos golpes que pueden practicarse hasta en la casa.

Lado izquierdo

En el hoyo 2 de la cancha del Ranelagh Golf Club hay un muñeco obra del viejo y querido maestro Amando Rossi. Representa de una manera simple el secreto del swing. Fue armado con un grueso alambre que, en forma de espiral, representa a un jugador de golf y remata su terminación con un solo brazo, el izquierdo, en correcta posición del backswing.

Lejos de mí entrar en la vieja polémica: ¿con qué lado del cuerpo se pega a la pelota?

Ben Hogan, Sam Snead, Leopoldo Ruiz, entre otros, fueron jugadores zurdos en sus inicios y al pasar a ser derechos, su lado izquierdo tenía la fortaleza suficiente para soportar la acción del lado derecho en el momento del impacto.

El que comienza de pequeño a jugar golf, también va robusteciendo su lado izquierdo, brazo, torso y pierna. Pero el jugador que se inicia físicamente formado ¿puede asegurar que la parte izquierda de su físico tiene la misma fortaleza que su lado derecho, el lado que manejó su vida durante 20, 30 ó 40 años?

Para estos jugadores, especialmente mis amigos, los aficionados, me permito recomendarles un viejo ejercicio: hacer el swing con el brazo izquierdo únicamente. Dicho ejercicio no solamente desarrolla la musculatura del lateral izquierdo, sino que da otros beneficios. En el ataque a la pelota, el lado izquierdo obliga a colocarse en la posición correcta para permitir el paso del brazo, eje del swing. La cabeza queda detrás del impacto. La rodilla se vuelca sobre la pelota. Todo el lateral izquierdo se afirma para soportar el traslado del peso del cuerpo. *(Una prueba son el brazo y pierna izquierda de Roberto, de notable estructura y fortaleza. Y él nunca fue zurdo).*

En el finish, el cuerpo enfrentando la línea de juego y las caderas perpendiculares a esa línea. El brazo izquierdo termina en lo alto del swing, manteniendo su giro inicial.

Cada uno de estos detalles, constituye uno de los fundamentos del swing correcto.

LAS FAMILIAS Y LOS HERMANOS SEAN UNIDOS

Quizás pocos deportes ofrezcan el panorama de hermanos y familias unidos en la práctica y en los éxitos, como el golf. Muchos de ellos han vivido profesionalmente de este juego, algunos sin el debido aprendizaje como el juego lo exige. Jugaron por necesidad, por ambiciones, con constancia, o tenían condiciones naturales. Ésta es una lista no completa, pero suficientemente explícita: los dos hermanos Viola; la familia Rossi (abuelo, padre e hijo); los hermanos Churio, el Chino Fernández y sus hermanos; los Chaca Romero; los hermanos Marrero; la familia Soto, la familia Nicolosi; los hermanos Sorroche; los hermanos Kelly; los hermanos Machioni; los hermanos Sereda; los cuatro hermanos Blasi; las familias Serra, Pose, Núñez; los hermanos Di Giácomo, Das Neves, Nari, De Luca, Trujillo, Carbonetti y Querelos. Y ciertamente, la familia De Vicenzo: José, Antonio, Elías, Roberto, Eduardo y Osvaldo. La hermana, Juana, nunca jugó al golf.

LEER EL GREEN

Ésta es una de las frases hechas del golf que encierra una lección sobre la forma en que se debe encarar uno de los aspectos fundamentales del putt. El jugador de golf que practique con la seriedad que exige este juego, deberá saber "leer el green".

Significa el estudio de las condiciones del terreno que deberá recorrer la pelota para llegar al hoyo, y todos los elementos que pueden modificar dicho recorrido y oponerse a que la pelota se deslice sin inconvenientes. Por ejemplo: consistencia del pasto, dirección del crecimiento de éste que puede influir en la línea de la pelota, declives o caídas; su estado seco o húmedo; el viento, cuando la carpeta es liviana. Por eso no solamente el jugador, sino además el caddie, estudian con tanta atención las caídas. Por aquello de que cuatro ojos ven más que dos.

Una vez leído el green, el jugador deberá concentrarse totalmente en lo que va a hacer cuando se disponga a impactar. En primer lugar, visualizar mentalmente el putt o realizar su línea, su golpe, y jugarlo con decisión y coraje. Quizás esto último resulte un poco ampuloso, pero mi experiencia me señala que hay que tener tanto coraje para golpear una pelota que se encuentra a unos diez o doce metros del hoyo, como golpear otra que está a sólo 50 centímetros de la bandera. Si la lectura ha sido correcta, el golpe será correcto.

Quedarse corto a sólo dos metros del hoyo con el primer putt o no llegar al mismo en el segundo tiro, son alternativas del juego que hay que superar con serenidad. Se requiere práctica continua en el putting-green.

El único golpe que no se puede recuperar en el golf es un mal putt.

Lluvia

Cuando se tenga que jugar bajo la lluvia, conviene anotar estos consejos.

Stance más cerrado para evitar la posibilidad de patinadas, sobre todo con las maderas de salida y los hierros largos desde el fairway. Yo junto los pies un poco más que de costumbre para tener mayor solidez en el swing.

Paraguas: soy enemigo de llevar yo mismo el paraguas. Cualquiera sea la empuñadura, insensibiliza mis manos. Al empuñarlo continuamente durante el juego, repercute considerablemente en la labor en el green.

Manos calientes: mantener las manos secas y calientes. Llévelas en los bolsillos o cruce los brazos y abríguelas bajo las axilas.

Maderas y grips: que no se humedezcan las cabezas de las maderas, porque la madera mojada despide menos al equilibrar su peso. Con respecto al grip, la humedad, especialmente si la empuñadura es de cuero, los torna resbaladizos y difíciles de controlar.

Green: procurar que las pisadas permitan tener sensación exacta del grado de humedad del césped, en la línea que la pelota deba recorrer. No guiarse por los putts jugados por otros competidores, si fueron realizados desde otros ángulos.

MANOS Y GRIP

El grip es la manera correcta de agarrar el palo. Esencial y básico del buen golf. Las dos manos se complementan y revolean el palo como si fueran una sola pieza. Las manos deben tomar el palo exactamente igual en todos los momentos que transcurren hasta el impacto.

Si en cualesquiera de esos momentos se ha modificado parcialmente el grip, nunca se logrará el golpe proyectado. Hay que tomar el palo ni tan flojo que no se pueda controlar, ni tan apretado que reste soltura a las muñecas y trasmita rigidez a todo el cuerpo.

Ben Hogan, definía:

> "La base de mi progreso en el golf, fue la genuina convicción de que todo lo que realmente se requiere para jugar un buen golf, es ejecutar de manera apropiada un pequeño número de movimientos fundamentales".

Si los aficionados aflojan o separan las manos o aceleran la presión de la mano derecha, pierden el control del grip. Si al comenzar la bajada del palo se apresuran o dan prioridad a la mano derecha, se irán al pasto largo, al monte y afuera.

La mano derecha actuará inconscientemente al acercarse a la zona de impacto y es allí cuando el grip debe ser exactamente igual a cuando se le apuntaba a la pelota. Y directo al fairway.

MÁS DISTANCIA CON EL DRIVER

La mayoría de los jugadores que no se distingue por su juego largo se complican en el swing tratando de lograr una distancia mayor. Yo he sido considerado un pegador fuerte y coincido con la opinión de la mayoría de los pegadores fuertes, que, para enviar la pelota a 300 yardas, la técnica no es tan complicada. En mi caso, después de que he iniciado la bajada del palo con las caderas, no pienso en otra cosa que en pegarle fuerte a la pelota.

El driver para que sea poderoso tiene que ser realizado con un swing completo hasta el final.

No pienso nunca de qué manera está la cara del palo. Esto fue preparado cuidadosamente antes de iniciar el golpe y entre las cosas que más me preocupan, aparece cómo tomar el palo con un grip correcto, ya que allí comienza la verdadera fuerza del golpe; mantener mi dos manos completamente unidas en toda la trayectoria del swing y estar parado correctamente frente a la pelota. Lo hago con los dos pies separados a una distancia igual al ancho de mis hombros, con la punta del pie izquierdo un poco abierta, de manera que permita seguir el swing hasta el final.

El equilibrio del cuerpo debe estar controlado por la posición de las piernas, con las rodillas flexionadas y el brazo izquiero un poco estirado.

Es importante que el driver se ajuste a la velocidad y al poder de cada persona, pues de esto depende el éxito o el fracaso. El jugador de físico fuerte y duras manos, como el que puede imprimirle gran velocidad a su swing, se adaptan más a un palo de vara rígida. El jugador de swing lento, se favorece mucho con la vara flexible.

Yo uso un driver más pesado que lo normal, de vara dura y tres centímetros más largo que lo común. Soy un convencido de que el driver un poco más largo ayuda mucho al jugador, pues la vara más larga, da mayor amplitud al arco del swing, lo que produce impactos más poderosos.

Consulten con sus profesores respecto a la elección del driver más indicado.

MÁS YARDAS

A los que aspiran a conseguir mayor distancia en sus tiros, les propongo una forma de hacerlo que me ha dado espléndidos resultados. Demostraré que no obstante mi fama de pegador largo, continúo en la búsqueda de algo mejor o, por lo menos, que me permita, dentro de mi veteranía, mantener aquellas distancias superiores que lograba a los 30 años.

Se trata de lograr que en el top del backswing (donde generalmente el aficionado endurece las muñecas o bien afloja los dedos de la mano izquierda), quiebre las muñecas tan sólo un centímetro más de lo acostumbrado, pero sin desajustar el grip. Ese pequeño quiebre plus, que se traduce por lo general en varios centímetros en la cabeza del palo, ayudará al golfista a volver a la pelota sin tener necesidad de precipitar la acción de su mano derecha. Ampliará, al mismo tiempo, el arco de su swing y, sin esfuerzo aparente, logrará una distancia superior a la que venía consiguiendo con su modalidad de juego.

Desde luego, los jugadores que aspiren a lograr una mayor distancia en sus tiros, no deberán cometer el error, tan común, de ponerlo en práctica en el partido del sábado próximo.

Para estar seguro de poder alcanzar lo que se aspira, practique antes, para confirmar si su swing y usted mismo, pueden asimilar esa pequeña, pero importante modificación de su juego.

MATCH PLAY

El golf en sus orígenes se constituyó sobre la base de matches individuales, uno contra uno, mano a mano. Hoy es todos contra todos. El golf espectáculo que atrae a multitudes es poder ver a un centenar de jugadores luchar contra un campo de golf, al que tienen que vencer sacándole diez, quince o veinte golpes de ventaja respecto al par.

El match play es otro golf. Es jugar contra un rival que está a nuestro lado, a quien se le da o de quien se recibe una ventaja y al que hay que vencer. En lugar de estar uno frente a otro como en el tenis, el boxeo, el ajedrez, esto es caminar juntos, ver en forma directa cómo ejecuta y qué resultados obtiene. Se explotan sus errores y se aceptan sus aciertos con igual hidalguía.

Conocer las virtudes y defectos del rival, es fundamental. Si es buen pegador, nadie se debe achicar por ser superado en treinta yardas. Si es un gran jugador alrededor del green, no se debe dar por ganado el hoyo porque nuestra pelota está a dos metros de la bandera y la del rival fuera del green.

Conocer las Reglas y la Etiqueta del Juego —muy olvidadas en la actualidad— es también importante para no crear situaciones incómodas.

Tampoco hay que dar ventajas. Si uno puede ganar por 10 y 8 a jugar, debe hacerlo sin más trámite.

Nunca se debe dar por perdido un hoyo por el solo hecho de que la pelota haya volado fuera de los límites o quedado tras un árbol. El hoyo se pierde cuando el contrario emboca su pelota en menos golpes que uno.

Mayor velocidad a la cabeza del palo

En la mente de todo golfista siempre está presente la ambición de impulsar la pelota a una distancia mayor que la acostumbrada. La intención no siempre se concreta.

Los jugadores con experiencia, solamente pretenden esa distancia extra, en los hoyos de par 5, que son los que más facilitan reducir el score de una vuelta.

Siempre tengo presente, cuando pretendo algunas yardas más con mis tiros, dos claves para el backswing y otras dos para el ataque a la pelota. Y señalo dos para cada caso, porque es muy difícil poder concentrarse en más detalles, ya que la velocidad de los movimientos no permite a la mente dirigir totalmente el swing.

Lo primero para el backswing, es soltar un poco las muñecas, aflojando los dedos de las manos al tomar el palo.

Tratar que las rodillas trabajen con soltura para permitir a las caderas girar al máximo, teniendo especial cuidado que no sobrepasen la línea de ataque.

Una vez concretado lo anterior y con el impulso debido, los pasos siguientes son más fáciles:

1 – El golpe lo doy teniendo conciencia de que son las piernas las que preparan la acción completa. La pierna derecha es la encargada de

dar el primer impulso y, a la vez, la que coloca a la parte izquierda de la cadera, al hombro derecho y a las manos, para que puedan imprimir la velocidad requerida.

2 – En este caso, tengo especial cuidado de no mover la cabeza en ningún momento, dejando la vista sobre la pelota.

Una vez realizado todo como corresponde, se podrá sentir el golpe a través de la vara del palo, de los brazos y las manos, dando la verdadera sensación de haber conectado en la forma deseada. Yo hablo de velocidad, no de fuerza, porque entiendo que la velocidad, aplicada a la fuerza, es la que consigue esas yardas de más.

Medio tiro

Todo jugador de bajo handicap debe dominar el medio tiro. Una de las cosas más agradables del golf, es dominar la variedad de tiros que pueden presentarse en el transcurso de cada vuelta. A la pelota no siempre se le puede —ni se debe— pegar igual y con la misma fuerza, por muchas razones: el viento, la colocación y también porque muchas veces el tiro debe ser ejecutado en forma controlada.

Esta clase de tiros debe hacerse siempre levantando el palo solamente hasta la altura del hombro derecho. Es necesario tomar el palo un poco más corto de lo que se hace normalmente, colocando la pelota un poco más hacia el lado derecho, para poder adelantar las manos y darles mayor oportunidad de actuar libremente, evitando el uso excesivo de caderas y hombros.

Estos tiros deben ser conocidos y dominados por todo aficionado de handicap bajo, pues se trata de una parte del juego que le permitirá mejorar sensiblemente sus scores.

Si bien los completos son los que dan mayores satisfacciones, algunas veces resultan peligrosos, especialmente cuando se usan los palos de levante, ya que por la tendencia del vuelo va hacia el lado izquierdo y cuando se trata de evitar este tipo de vuelo, el tiro sale pesado.

El medio tiro se ejecuta generalmente con los hierros 5 al 10, que son los palos más fáciles de dominar exclusivamente con las manos.

Por todo ello, aconsejo a los jugadores que durante las prácticas previas a una vuelta, realicen varios golpes de ese tipo para alcanzar una mayor seguridad, luego, en la cancha.

MENTE – VUELO, UBICACIÓN, LÍMITES, PALO, DISTANCIA

El famoso profesional estadounidense, Tommy Armour, decía:

> "Hay jugadores que saben cómo es un buen grip o un correcto stance y poseen un swing espectacular, pero no saben absolutamente nada de cómo jugar al golf".

He sido testigo de discusiones entre astros del golf defendiendo distintas teorías de cómo jugar al golf. Yo no he sido partidario de seguir una determinada teoría.

He escuchado a Henry Cotton sostener que las manos juegan el papel predominante en el swing y demostrarlo pegándole a una pelota con toda facilidad, sentado en una silla.

A Jack Nicklaus aseverar vehemente que sin piernas fuertes, no hay golf consistente.

A Ed Furgol triunfar en el Campeonato Abierto de los Estados Unidos y en muchos otros torneos importantes, con su brazo izquierdo atrofiado por la polio.

Podría continuar con teorías de los famosos Sam Snead, George Bayer, Chi Chi Rodríguez, Lee Treviño, Johnny Miller y cientos de maestros.

Yo soy entusiasta defensor de la teoría que sostiene que si el jugador no está mentalmente dispuesto a admitir sus posibilidades, nunca podrá concretar su mejor golf, por más condiciones que tenga.

El gran maestro Byron Nelson, decía:

> "El golf es un juego de precisión. Es más importante el proceso mental que la capacidad muscular. Cada jugada debe ser planeada en la mente, desde la elección del palo a emplear, la apreciación de la distancia que deberá cubrir, el vuelo de la pelota y la corrida de la misma, así como estudiar los contornos donde deberá jugar. Todo, cuidadosamente, antes de impactar a la pelota".

Byron Nelson ha sido mi guía.

MODELO

En las grandes giras golfísticas que se realizan en los Estados Unidos, hay profesionales que no sólo se destacan por la calidad de su juego, sino también por alguna particularidad que los señala entre todos y que promueven caravanas de aficionados tras de ellos. Es una de las razones por la que son invitados a intervenir en los grandes torneos y en otros certámenes exclusivos, lo que les reporta muy buenos resultados económicos.

Kermit Zarley, desconocido para los aficionados argentinos, es un ejemplo. Goza de gran fama por su swing espectacular. Es alto, rubio, espigado y fue un destacado aficionado hasta 1963, cuando se incorporó al profesionalismo. Desde siempre ha deslumbrado por su swing inimitable.

En el top backswing, Zarley coloca sus hombros a 90 grados de la línea de tiro y sus caderas a tan sólo 30 grados. Este extraordinario giro de su torso, sin levantar el talón izquierdo del suelo y llevando las manos a una altura desusada, le otorga al swing un arco de gran amplitud que él controla perfectamente. Y lo traduce en tiros perfectos en dirección y potencia.

Su follow-through es un digno broche en la conformación de su swing, llevando sus hombros a los 180 grados de su posición inicial. Su hombro derecho se ubica en el lugar que ocupaba el izquierdo en el stance, paralelo a la línea de juego, con amplia soltura y gran habilidad. Sus caderas, en cambio, quedan enfrentando el blanco elegido y se mantienen perpendicularmente a esa línea.

Todo realizado con gran ritmo y absoluta coordinación. Fruto de una esmerada dedicación y de un físico privilegiado.

NIXON

Corría 1969. Estaba leyendo una revista cuando vi una foto de Richard Nixon, recién elegido trigésimo séptimo presidente de los Estados Unidos. La foto lo mostraba jugando al golf, ejecutando un tiro de salida. Un primer plano de su rostro serio, sus ojos bien abiertos mirando hacia arriba y las dos manos unidas tomando el palo.

Comenté con mi manager de esos tiempos, Fred Corcoran: "Parece que estuviese pidiendo ayuda al cielo, con las dos manos en plegaria, rezando. Por qué no le escribimos deseándole éxito y poniéndonos a su disposición si en algo podemos ayudar a sostener las relaciones entre Argentina y los Estados Unidos". Lo hicimos. Después, regresé a Argentina y me olvidé del asunto.

Dos meses más tarde llegó una carta de la Casa Blanca, firmada por el presidente Richard Nixon, no sólo agradeciendo el amable y generoso gesto, sino además recordando "nuestros pasados encuentros". *(Véase el cuadernillo con las fotos de archivo.)*

NO PRACTIQUE SOLO

Como en casi todos los deportes, la parte más penosa es el principio para los que quieren superación. Y un solo camino: la persistencia. La persistencia en cumplir al pie de la letra con los requisitos indispensables.

Este consejo no va dirigido sólo a los principiantes, sino también a muchos golfistas que no saben aprovechar las horas de práctica. Y en este punto, sugiero que es mucho más conveniente y agradable hacer las prácticas en compañía de otro golfista, pues es la mejor forma de ayudarse mutuamente y corregir los errores que surjan.

La práctica hecha por uno solo, puede dar resultados contraproducentes.

Además, se debe practicar con ganas, con ansias. Para convencer al otro yo, al que tenemos adentro. Si se practica sólo para satisfacerse, no se obtienen resultados.

Es fundamental convencer al otro yo para que él lo convenza a uno.

Lo ideal es tomar clases con el profesor dos veces por semana. Estas clases deberían ser solamente de media hora, compartidas con otra persona. Y se podrá sacar mayor provecho de las indicaciones del maestro a cada uno de los practicantes. Y puede verse cómo se corrigen los errores.

PALO INDICADO

Hay golfistas que se engañan a sí mismos usando palos que no corresponden para cubrir las distancias que pretenden alcanzar. Para llegar al green, el jugador ejecuta el tiro cerrando la cara del palo, con lo cual convierte un hierro 8 en un hierro 6. Yo mismo —en mis comienzos— tratando de conseguir mayor distancia, cerraba la cara del palo. Con ello, conseguía generalmente un hook, y cuando pegada derecho, la corrida de la pelota después del pique, me quitaba la chance de un putt que era lo que pretendía.

El jugador nunca debe olvidar que en la tarjeta de un torneo figura el score y no el número de palo con que se logró el mismo, que a veces, parece preocupar más a los golfistas.

Nunca me ha preocupado saber el palo que usó mi adversario para concretar un tiro determinado. Solamente me preocupaba saber con qué palo podría yo dejar la pelota más cerca de la bandera y lograr un buen score, que es lo esencial en este deporte.

En la bolsa se llevan 14 palos para usar en el transcurso de la vuelta. Deje a un lado la vanidad de querer pegar largo, descuidando otros detalles más importantes para el logro de buenos scores.

PEGAR BIEN NO ES JUGAR BIEN

No siempre los que pegan bien a la pelota, son los triunfadores. No solamente se falla pegando mal. Muchas veces, pegando bien, ya sea por mala elección del palo o por no calcular exactamente el grado —mayor o menor— de fuerza que debe imprimirse al golpe.

Hay jugadores que pueden ejecutar tiros que aparentan ser muy buenos mientras la pelota está en el aire; tiros que pierden efectividad al quedarse cortos o pasarse 20 ó 30 yardas de la bandera. En cambio, otros jugadores sin mayor apariencia y sin golpes espectaculares, son tremendamente efectivos, pues parecen poseer el don de saber dónde hacer picar la pelota, darle o no corrida para detenerla cerca del hoyo.

Uno de los defectos *más costosos* que he comprobado es la sobreestimación del poder.

Ese defecto acarrea como consecuencia, quedarse corto de la bandera o del green, lo que ocasiona la pérdida de varios golpes por vuelta, ya que a pesar de haber golpeado bien a la pelota, queda el problema del approach, de la explosión short o de los putts.

No es lo mismo pegar bien que jugar bien. Coordinar es lo positivo.

PEGAR EL DRIVE

La tendencia natural de los instructores de golf es componer el método de sus enseñanzas de acuerdo con las experiencias. Las sensaciones que se experimentan en cada jugada, son las que le sirven de base al maestro para armar ese método. Pero esas sensaciones, varían de acuerdo con las características físicas de cada persona y también por la forma en que se hayan realizado sesiones de práctica. Y a los años que llevan al dominio del juego. Es lógico que cada instructor encare de modo diferente sus enseñanzas y trasmita a sus discípulos lo que él siente para pegar, por ejemplo, un drive.

De acuerdo con este principio, voy a exponer qué es lo que siento cuando pego un drive que me satisface. *Lo que siento* y no *lo que hago*, porque indudablemente las sensaciones que se perciben en el conjunto de acciones, indican con más claridad cuáles son las partes del cuerpo que desarrollan el trabajo principal.

1 – Rodillas activas. En la realización de un largo tiro con el driver, las rodillas son la parte que más actividad consciente tiene en el swing. Las rodillas son piezas notablemente activas, dinámicas y llenas de vida en el mecanismo que realiza el revoleo del palo. Durante la subida del palo se busca abrir camino fácil por medio de una amplia y decidida acción de la rodilla izquierda. En mi caso, cuando hago esto, me olvido por completo de la necesidad de girar ampliamente las caderas y en cuanto a los brazos, a los cuales les corresponde una actividad efectiva, no hago más que coordinarlos con el movimiento de la rodilla para formar un conjunto que me permite llevar el palo fácilmente hacia lo alto del backswing.

2 – Posición de ataque. Al decir que me encuentro sobre la pelota, me refiero a que tanto el cuerpo como el palo, han llegado al principio de la zona en que se produjo el verdadero ataque a la pelota. El cuerpo se ha ubicado en todas sus partes, de la manera más adecuada para ese

ataque: las caderas se han volcado francamente en la dirección del golpe; los hombros se mantienen un tanto retrasados en relación con aquéllas; el brazo izquierdo bien estirado sirve de guía para que el palo se dirija hacia la pelota, pero la cabeza está muy retrasada, ha perdido camino, como esperando junto con el brazo derecho bien replegado, el momento para ser lanzada, veloz y potente, a través de la pelota. Ésa es la posición de ataque. Yo no he hecho nada para llegar conscientemente a ella. Nada más que mover activamente mi rodilla derecha como si quisiera pegar el drive con ella.

3 – El brazo derecho. Cuando la rodilla derecha me ha llevado a esa posición de ataque, tengo conciencia de mi mano y brazo derecho. La actitud pasiva de que hay un solo jugador en todo el mundo, se ha mantenido hasta entonces y la posición de resorte comprimido en que de pronto encuentro la mano y el brazo, me invita a convertirlos en elementos activos del swing, a usarlos con fuerza para acelerar más aún la velocidad que viene desarrollando la cabeza del palo.

Pego con el brazo derecho y *siento* en las dos manos bien unidas, la ligera y agradable repercusión del impacto, como el latido de una pulsación en medio del desplazamiento veloz y sin obstáculos de la cabeza del palo.

Si pongo extendidos mis dos brazos, el antebrazo derecho es más ancho, más musculoso que el izquierdo. Aquél es el brazo fuerte del swing. Su mayor actividad en el golf, le ha dado mayor desarrollo. Cuando hago la mínima comparación con mis pantorrillas, queda en evidencia que es la izquierda la más desarrollada. Porque en mi pierna izquierda existe otro punto fuerte de mi golf: el que resiste todo el impulso de la bajada del palo y en el que se apoya el golpe a la pelota. La gran mayoría de los jugadores norteamericanos que he visto, *pega con las manos*. En ese principio se basa el golf. Pero observándolos bien, y mejor aun si se estudian las fotografías, se verá que todos, sin excepción, *ubican el cuerpo para pegar* en la forma que aquí he tratado de describir. Es sobre esta base que todos ellos son largos pegadores.

4 – También se juega con la vista. Para ampliar lo que siento, cuando pego un drive, debo referirme a un punto de vital importancia: además de *ver*, la vista realiza un muy importante trabajo. Cuando se observa a un buen jugador en la cancha, basta con ver su mirada, para saber de inmediato si está jugando bien o no.

Si su mirada está despierta, activa y vivaz, está desarrollando el mejor golf del que es capaz. Una mirada indolente y apagada, sin el destello del interés en lo que se está haciendo, denunciará a un jugador que al final de la vuelta anotará un pobre score.

La experiencia me ha permitido captar desde el principio el estado en que está el oponente. Yo mismo me he sentido algunas veces bajo la influencia de esa pereza visual, que es natural reflejo de un estado mental y físico poco dispuesto.

La vista también juega al golf. Tiene que estar en permanente actividad para hacer que, ante cada jugada, componga una perfecta unidad en el triángulo que forman el cuerpo, la pelota y el sitio a donde se tira.

Una mirada aguda, que va varias veces de la pelota hacia el lugar en que está la bandera, ayuda a corregir, sin pensar en ello, los defectos que pudiera haber en la colocación del cuerpo. Uno mueve inconscientemente los pies, los acomoda adecuadamente, para realizar del modo más natural posible un tiro exacto, pues todos los sentidos del jugador y todos sus puntos de sensibilidad han sido dispuestos en esos segundos, para actuar con la mayor eficiencia.

La vista también tiene gran importancia en la ejecución técnica del drive. Sirve para inmovilizar la cabeza durante el swing. Aunque aclaro que lo de *cabeza inmóvil* es algo relativo. No hay cabeza que permanezca *clavada* mientras se revolea el palo. Siempre se produce un ligero desplazamiento durante la subida y bajada del palo. Ese ligero desplazamiento de toda la parte superior del cuerpo es, en mi caso, algo que hago a conciencia. Siento que me ayuda a atacar con potencia la pelota. Pero es *mi vista la que está clavada* en la pelota hasta que ella ha partido. Sin ningún esfuerzo.

Simplemente miro la pelota. Pero la miro de modo activo, alerta, sabiendo que ella es, en definitiva, la que juega al golf, la que recorre todos los caminos de la cancha y la que cumple el score que busco en cada jugada.

No hay que olvidar que para que todo salga bien, la vista es un factor fundamental, porque controla la acción de las manos y el movimiento del cuerpo. Trasmite una información al cerebro y éste da las órdenes consecuentes. Si la vista no informa bien, el cerebro ordena mal. La vista es la puerta de la inspiración.

5 – La forma de tomar el palo. Una última indicación que completa los requisitos para pegar un buen drive. He notado en la gran

mayoría de mis discípulos, que ante la idea de pegar con fuerza, lo primero que hacen es aferrarse al palo.

Instintivamente aprietan los dedos. Eso es un formidable error que hace imposible, desde ese mismo instante, pegar el drive tan largo como quisieran.

Al palo hay que *tenerlo* en las manos. Es la gran diferencia con *tomarlo, agarrarlo, aferrarlo.* Nada de esto es bueno. En ningún tiro del golf. Al decir *tenerlo* quiero significar que las dos manos que, en principio, deben estar unidas, sostienen el palo de modo absolutamente natural, con la suficiente firmeza como para que no se escape de las manos durante el revoleo, pero con la suficiente soltura para no endurecer las muñecas y no destruir la sensibilidad de los dedos. Las manos son partes vivas del golf. No hay que destruir su vida con una fuerza tal en el grip, que haga que el palo de golf se convierta en una maza.

Pegar fuerte

No todo es pegar fuerte. También hace falta fineza. En casi todos los deportes, el juego es la pelota en movimiento. El golf es poner la pelota en movimiento desde la quietud.

Cada vez hay más competencia. Los seres humanos conocen más, disponen de más tecnología y hay mayores exigencias. Todos los movimientos tienen sus riesgos. El profesional debe optar por el menor peligro. Los errores más costosos se cometen alrededor del green, o sea, cuando se está por llegar a la meta. Fallar en este tramo decisivo, dificulta la recuperación para continuar con la debida concentración.

El impacto y la habilidad son inspiradores y producen admiración. Si estas condiciones se congregan en una sola persona, el resultado es el mejor.

Pelota enterrada

Cada vez que se habla de cómo salir de un bunker, por lo general se hace referencia a tiros en posición y stance normales. Pero pocas veces se ha explicado la manera de sacar de un bunker cuando la pelota está en situación difícil, como, por ejemplo, enterrada en su propio pique. Esto suele suceder algunas veces en el transcurso de una vuelta, especialmente cuando la arena está recién humedecida o si fue rastrillada profundamente.

Se aconseja siempre, para salir con precisión y con efecto de retroceso de una trampa de arena, abrir exageradamente la cara del palo y pegar a unos pocos centímetros detrás de la pelota, tratando que el borde trasero de la base del palo, resbale o patine por la arena.

En los casos de la pelota enterrada debe procurarse que el sandwedge se hunda en la arena al realizar el impacto. La técnica a emplear es bien distinta, pues la cara del palo deberá cerrarse hasta quedar apuntando a la línea de juego. El stance también cambia, ya que el pie derecho debe quedar a la altura de la pelota, el backswing deberá ser más vertical y tienen que utilizarse exclusivamente las manos para evitar la continuidad del golpe, que debe ser ejecutado tratando de apretar la pelota contra la arena.

Las piernas deberán moverse poco y mantener el brazo izquierdo estirado, dejando la vista fija en la pelota.

Se podrá notar cómo la cabeza del palo queda con muy poco recorrido después de que la pelota se encuentra en el aire.

El jugador deberá concentrarse en sacar la pelota del bunker, sin aspirar a dejarla cerca de la bandera. Esto habrá que dejarlo para los maestros.

Pierna derecha

Todo aficionado debe darle a la pierna derecha una importancia mayor de la habitual en el momento en que se dispone a ejecutar y desarrollar su swing. Su acción en la coordinación es primordial para lograr un swing efectivo y armonioso. En el correcto backswing, la rodilla derecha se mantiene flexionada y enfrentando la línea de juego.

Yo noto que pivoteo sobre la rodilla derecha y en el backswing, la mantengo en la posición del stance sin enderezarla, sin endurecerla, ni trasladarla (sway).

El esfuerzo de mi pivot lo siento en la parte derecha de mi ingle, en el lugar en que la pierna se une al tronco del cuerpo. Eso me permite tener inmóvil mi cabeza y volcar libremente la rodilla izquierda en dirección a la pelota. Ése es el momento en que mi pierna derecha soporta el 80 por ciento del peso de mi cuerpo. Al atacar la pelota, mi movimiento consciente es volcar la rodilla derecha en dirección de la pelota. Es cuando el talón de mi pie derecho, se va levantando del suelo y noto que el cuerpo se encuentra en la posición adecuada para descargar toda la potencia.

Es cierto que todos los movimientos apuntados, se realizan con gran rapidez y es característica del jugador promedio que su rodilla derecha no trabaje en la bajada del palo y lo haga un tanto atrasado. Eso resta al jugador la oportunidad de desarrollar todo su poder en el impacto. Muchos tiros no logran una distancia mayor porque el impacto no se efectúa en una acción coordinada de todo el cuerpo.

PIERNA IZQUIERDA

Recuerdo el énfasis que ponía el gran maestro norteamericano Byron Nelson cuando se refería al trabajo de las piernas en el desarrollo del correcto swing y Tony Armour, cuando manifestaba que el golfista necesita tanto de sus piernas como el boxeador de las suyas... y yo no he visto nunca un boxeador que pelee con las piernas rígidas.

En mi caso, cuando procedo al backswing, al retirar el palo hacia la derecha de mi pierna derecha, inicia un vuelo apuntando con la rodilla izquierda a la pelota, mientras traslado el peso de mi cuerpo de la derecha. Levantando el talón izquierdo paulatinamente, quedo apoyado sobre la parte interna de mi pie derecho.

Al comenzar la bajada del palo, apoyo firmemente el talón izquierdo en el suelo y la rodilla, siguiendo el movimiento del talón, se coloca frente a la línea de tiro y luego golpeo la pelota con la rodilla aún flexionada y ligeramente volcada a la izquierda. Es allí cuando la pierna izquierda comienza a estirarse, bien apoyada en la parte exterior del mismo pie, y aguanta el violento traslado del peso del cuerpo.

Éste es uno de los momentos claves del swing, en el que la mayoría de los aficionados, muestra su incapacidad para golpear de adentro hacia fuera para mantener un final equilibrado en el impacto. Todo esto se coordina en una fracción de tiempo, y es consecuencia de una decisión mental y física que permite mantener el equilibrio y la potencia.

PLATILLO

Cuando la pelota cae en una banca de arena, presenta por lo general, serios problemas para sacarla. Más aún, si queda enterrada por su propio pique o recostada sobre una pared alta y a pocos centímetros del borde. Estos dilemas requieren gran habilidad para sortearlos.

Veamos: la pelota quedó en la arena sin los problemas expuestos. Corrió sobre la arena y ahí está en un lugar fácil. ¿Dónde está la dificultad para sacarla de la arena? En la propia mente del jugador. Si el jugador tiene en su bolsa de palos un sand-iron o un sand-wedge, puede entrar tranquilamente a la banca con la idea de que la pelota está asentada en un *platillo*. Y que debe preocuparse en sacar el platillo, sin pensar en la pelota. Deberá adoptar la posición para una sacada correcta de la banca. En el momento del impacto, debe levantarse el palo un poco hacia afuera y dejarlo caer detrás de la pelota para sacar el supuesto platillo. Solamente debe acompañarse el palo con las manos, pero no debe clavarse ni para hacer el mismo swing, debiendo seguirse el palo hasta completar el follow-trhough.

Deje trabajar libremente al palo y podrá apreciar, con mucho placer, cómo vuela la pelota y pica en el green, con un ligero efecto de slice.

PRÁCTICA

El palo más importante de la bolsa, es el putter. Cuando se juega mal con el putter, esos golpes son irrecuperables y ejerce una predisposición negativa para el próximo hoyo. Jugar bien y echar a perder el camino recorrido porque se jugaron malos putts, demanda luego una capacidad de recuperación superior, porque lo natural es perder la concentración.

Quizá mis mayores éxitos los he logrado porque he jugado bien el green. Se me han escapado buenos resultados por haber errado putts fáciles.

No he embocado tantas veces como mis seguidores hubiesen querido. Me hicieron fama de mal jugador de green, pero los resultados dicen otra cosa. Pero de los errores se aprende mucho.

El Dalai Lama dijo: "Cuando pierdas... no pierdas la lección".

He dedicado una o dos horas diarias a la práctica en los greens, jugando decenas de pelotas.

Insisto sobre los beneficios de la práctica, especialmente para los aficionados que tratan de conseguir buenos scores. Previamente, los aficionados deberán establecer con sus respectivos profesionales el grip y el stance que le proporcione mayor comodidad y confianza. Por supuesto, el aficionado puede hacerlo en la cancha, pero también en su casa u oficina (evite los desastres). Ponga sobre la alfombra un vaso o una referencia cualquiera y practique media hora por día, hasta que adquiera la sensibilidad y el toque.

Primera preocupación

Dónde colocar la pelota con el driver. Cuando inicio el juego en cualquier hoyo de la cancha, lo más importante es conseguir colocar la pelota en el sitio que dé más ventaja para el golpe posterior en dirección al green.

Muchos jugadores no tienen presente este aspecto y tratan de golpear la pelota con todas sus fuerzas para lograr la mayor distancia. Yo también cometía ese error. El tiempo me enseñó que lo más importante, cuando se sale con el driver, es ubicar la pelota en el centro del fairway. Si no se logra, generalmente, se pierde un golpe y el juego de recuperación nunca es tan agradable como cuando se puede atacar con el segundo tiro a la bandera.

Cuando me paro en el tee de salida, siempre tengo presente la colocación de las manos para jugar de una u otra forma. Si deseo jugar un tiro con pull, siempre me coloco al hacer el swing, sobre el lado izquierdo, poniendo la pelota con el tee un poco más alto.

Si, por el contrario, deseo hacer el tiro con slice, busco siempre el lado derecho de la salida y trato de colocar la pelota bastante baja en el tee.

Se consigue mayor amplitud para desempeñarse después en los fairways, con lo que se aprovecha toda la ventaja que se puede sacar desde el comienzo del hoyo.

PUTT. POR QUÉ MEJORÉ MI PUTT

En mi gira por México, Panamá y Colombia, febrero de 1974, jugué con bastante éxito porque había mejorado mi juego en el green, como consecuencia de haber realizado un cambio fundamental de mi stance. Toda mi vida he sido un jugador de green muy irregular. Esto provocó que mi mente, en muchas oportunidades, se viera afectada y redundara en contra de mi juego largo.

El cambio ha sido muy simple. He corrido, en la posición del stance, la pelota mucho más hacia el centro del cuerpo. Esto me permitió mejorar varios pequeños detalles, que son muy importantes para realizar un toque de mayor firmeza. Mejoré el tiempo del swing, haciéndolo más de adentro hacia fuera, lo que me permite mantener mi vista esperando el contacto del palo con la pelota. La colocación de los hombros y caderas la he modificado notablemente. Siempre tuve inconvenientes en estos dos aspectos del juego para poder mantenerlos en una línea recta de juego. Con esas modificaciones logré corregir el grip, haciendo más fácil mantener el dorso de la mano izquierda apuntando directamente hacia el hoyo, que es lo correcto.

Todos los grandes jugadores de green lo hacen así y lo aconsejan a los demás golfistas. Jugando de esa manera en el green, se siente, al efectuar el impacto, un golpe mucho más liviano y se puede apreciar que la pelota rueda más pegada al suelo, lo cual permite calcular con mayor seguridad la distancia en los putts.

Tengo una veintena de putters en mi casa. Convencionales e insólitos. Fui uno de los primeros en utilizar los putters largos, que traje de los Estados Unidos. Lo juego poniéndolo muy cerca del cuerpo. El grip del palo descansa a la altura del diafragma. Lo tomo con la mano izquierda, como si estuviera agarrando una escoba y completamente separada de la derecha que es la que realiza el golpe. Parece más difícil que un putter normal, pero lo he usado con buenos resultados.

PUTT CORTO. NO COMPLIQUE SU GOLF

¿Por qué se erran los putts cortos? Esta pregunta me la formuló un aficionado.

Reflexioné antes de contestarle. Repasaba mentalmente la cantidad de veces que había visto errar algunos putts cortos, y en ocasiones, perder un campeonato o una respetable cantidad de dinero en premios. Claro, recordé también, las innumerables veces que yo mismo había pasado por esos trances.

Son varias las razones del fracaso en un putt corto, cuando uno más lo necesita. Una muy común es la falta de decisión del jugador al ejecutar. Desconfianza, temor y falta de concentración.

También, la ofuscación. Cuando uno se queda corto del hoyo en el primer putt, o cuando la pelota rebota al golpear contra el borde del hoyo, el golfista vive un momento de gran nerviosismo. Y cuando esto ocurre, vuelve a golpear la pelota con rabia y ejecuta el tiro sin stance y sin cuidado.

El gran jugador escocés Tommy Armour dijo una vez:

"La mayoría de los putts cortos se pierden por buscar fantásticas caídas o por golpear la pelota sin ninguna firmeza y empujándola hacia el hoyo.

Pararse frente a la pelota para ejecutar un putt con la idea negativa de que puede errarse, nubla la mente, paraliza los músculos. Es como, sin concentración alguna, sólo atinamos a golpear la pelota de cualquier manera y concretamos un golpe pobre o histérico".

No compliquemos el golf. Lo que se debe hacer ante un corto putt, es golpear la pelota con firmeza y decisión hacia el centro de la taza.

RÉCORD

Desde que logré el 11 de abril de 1974 la vuelta récord de 61 (27-34) en el 46° Campeonato Abierto del Centro de la República, en Villa Allende, Córdoba, me han sido formuladas infinidad de preguntas con respecto a si se trataba de un récord mundial.

El récord de una vuelta de golf en torneos oficiales es de 59 golpes, hasta el momento de escribir estas líneas. Pero lo que constituye un verdadero récord mundial es la serie de hoyos consecutivos bajo par que obtuve en esa misma oportunidad, lo que se destacó en la revista *Golf Digest*.

De cualquier manera, los estimados amigos cordobeses que me acompañaron y estimularon en aquella afortunada vuelta récord (a la que llamé la vuelta soñada), pueden estar tan satisfechos como yo, ya que juntos vivimos un hecho golfístico que tuvo repercusión mundial.

Recuperando desde el agua

Algunas dificultades de las canchas de golf no siempre son observadas por los jugadores que, sin embargo, deben estar preparados para sortearlas. Uno de los casos es cuando la pelota cae en un obstáculo de agua artificial, con fondo de cemento o en una laguna barrosa.

La primera observación: la forma en que está la pelota dentro del obstáculo. Si el agua no es profunda y la pelota está visible a unos cinco centímetros de profundidad y el suelo es de cemento, trate de recuperar el golpe, jugando la pelota desde el agua.

En tal caso, se entra al agua muy suavemente para no provocar movimiento del líquido que mueva la pelota de su sitio. Si ello ocurre, la pelota se moverá más hacia lo profundo y hará más difícil el golpe. Y conlleva penalidad: dos golpes por mover la pelota.

Debe usarse el mismo método que si la pelota estuviese en una trampa de arena, golpeando un poco detrás y cerrando algo la cara del palo —el sand-wedge— para poder llegar con más facilidad y atacándola con fuerza, pues el agua ofrece resistencia no solamente para la entrada del palo, sino también, para la salida de la pelota.

Yo emplearía idéntico proceder en el segundo caso, siempre que tenga la oportunidad de afirmarme con mis pies en el barro. La única diferencia es que el golpe debe ser un poco más ajustado sobre el lugar donde está la pelota, dado que el palo se puede enterrar en el fondo del lago si se golpea más atrás o se puede enterrar la pelota si se golpea muy arriba.

Naturalmente, éstas son decisiones que se deben tomar según las circunstancias del juego.

Respeto

El respeto por el adversario es una forma de vida de los golfistas. Es una avenida de dos manos. El mismo respeto que se ofrece, debe volver hacia uno.

Veamos las actitudes que más molestan: las charlas en voz alta; los gritos para llamar a alguien; las expresiones de júbilo propias de otros deportes; los que no reponen los divots en los fairways; no acomodan la arena en los bunkers; no arreglan los piques en los greens.

(Divot es una expresión idiomática golfística y refiere a los panes de césped que son arancados en algunos golpes).

El adversario no es el que juega al lado de nosotros, sino todos los competidores, todos los anotados en un torneo.

En México, con Antonio Cerdá, jugábamos contra dos abogados, aficionados locales. Uno de ellos venía muy flojo, pero era 19 de handicap. El otro, un caballero, venía haciendo el partido de su vida. Tanto que al llegar al tee del hoyo 18, un corto par de unas 320 yardas, propuse dar por empatado el partido, especialmente por la acción descollante del segundo. El primero saltó como leche hervida, reclamando que los partidos debían terminar tras el hoyo 18.

Bueno, sigamos.

El fairway era estrecho. Cerdá y yo dejamos las pelotas en el medio del fairway, a unos 100 yardas de la bandera. El protestón pegó al medio con un "poderoso" drive de 180 yardas. El aficionado caballeresco sale mal con su drive y deja la pelota injugable sobre un bosque lateral. Luego, con un tiro muy corto la puso de regreso en el fairway a 130 yardas de la bandera. Pidió al caddie la madera 3, hizo un par de swing de práctica y tiró. Embocó. Se sacó la gorra respetuosamente.

—Bueno, perdón. Ganamos. Pero debo marcharme pues tengo gente citada en mi esudio.

Lo felicitamos por tan excelente tiro y sugerimos vernos por la revancha.

—Perdóneme, don Roberto. Pero a la *Gioconda* la pintaron una sola vez.

Y el caballero abogado, se marchó. Y desde ese día respeté más aún a mis adversarios.

Rodillas y swing

La mejor forma de hacer el backswing es por medio de una amplia acción de la rodilla izquierda. Esta acción facilita llegar al giro completo de los hombros y caderas, colocando el palo en lo alto del backswing en forma correcta.

Del mismo modo, en la bajada del palo es la rodilla derecha la que se muestra activa, recibiendo el impulso que le hizo llegar la izquierda. Es como un movimiento de vaivén de ambas rodillas.

Después de estos movimientos, recién ahora, el palo ha llegado al principio de la zona en que se produce el verdadero ataque a la pelota, donde todas las partes del cuerpo se han establecido de la manera más adecuada para el golpe. Las caderas se han volcado francamente en la dirección del golpe, los hombros se mantienen un tanto atrasados en relación con aquéllas. El brazo izquierdo bien estirado sirve de guía y de punto de apoyo para que el cuerpo, manos y piernas, puedan atacar con mayor poder. Recién tengo conciencia de mis manos, tratando con ellas, bien unidas, dar mayor fuerza para acelerar la velocidad que viene desarrollando la cabeza del palo. Y es ahí donde siento la firme y agradable repercusión del impacto.

Haga jugar sus rodillas. ¡Baile! Los bailes modernos le darán flexibilidad a sus rodillas, pero eso sí, *en el golf deje quieta la cabeza.*

Sam Snead

Podría afirmar que Sam Snead fue el mejor jugador de la historia.

Samuel Jackson Snead, jugador norteamericano nació en Hot Springs, Virginia en 1912 y murió cuatro días antes de cumplir 90, en su ciudad natal, en 2002.

Ganó su primer Major en 1942 y nuevamente en 1949 y 1951. También triunfó en el Master tres veces, 1949/52/54 y el Abierto Británico en 1946. Era considerado un maestro en los tiros largos y lo llamaban *Slamming Sammy* (slam: golpear con fuerza). Ganó más de 80 torneos organizados por la Asociación de Profesionales del Golf (PGA), más que ningún otro jugador en la historia. Siempre repetía: "Cuenta las monedas, aléjate del whisky y nunca regales un putt".

Snead revolucionó la manera de jugar: tenía un swing natural con un grip correcto y ésa fue la clave de su éxito. Ritmo excelente y gran potencia. Ahora Tiger Woods representa el último eslabón de quienes emulamos a Snead, ya que Tiger alcanzó un grado de perfección increíble. Aunque me atrevo a dudar que, con la potencia desarrollada por Tiger, pueda mantenerse tantos años como Snead.

SENSIBILIDAD

Éste es uno de los grandes problemas del instructor que intenta que sus alumnos tengan la sensación de que están revoleando una vara flexible y no una rígida, con un peso en el extremo que debe lanzarlo a través de su swing contra una pelota inmóvil. Lo mismo que un jugador de tenis debe tener en sus brazos y en sus muñecas la indispensable soltura para golpear la pelota con la raqueta.

Entre las muchas maneras de captar esa sensibilidad, existe una eficaz. Consiste en tomar el palo de golf —preferentemente una madera— con un grip normal y simular escribir algo en el aire con la cabeza de éste. Dicho ejercicio, al tiempo que refuerza la sensibilidad de las muñecas, le hará sentir el peso de la cabeza del palo. El ejercicio requiere poco espacio y no encierra peligro para quien lo ejecuta. El golfista puede practicarlo cómodamente durante la semana en distintos lugares de su casa y rápidamente advertirá el beneficio de tal práctica.

PARÉNTESIS

Severiano Ballesteros, notable jugador español nacido en 1957, es un gran campeón internacional. Jugando amistosamente con De Vicenzo, debía jugar una pelota tapado por los árboles. Roberto le comentó que cuando él tenía la edad de Severiano, tiraba por arriba de los árboles. El español intentó. Y fracasó rotundamente. Interrogó curioso cómo hacía para pegarle y superarlos: "Cuando yo tenía tu edad, estos árboles eran mucho más bajos".

SEVERIANO BALLESTEROS

Saint Agustine, Florida, es la ciudad más antigua de los Estados Unidos. Fundada por los españoles en 1565 es hoy un centro turístico de gran atracción pues se ha matenido su fisonomía, sus callecitas empedradas y angostas, el Castillo de San Marcos de 1672 y el Fuerte Matanzas de 1742.

La Asociación de Golfistas Profesionales de los Estados Unidos tiene en St. Agustine, un complejo con hotel cinco estrellas, cuatro edificios de departamentos, otro dedicado al Salón de la Fama del Golf y tres magníficas canchas.

En 1998 Severiano Ballesteros, el eximio jugador español, fue incluido en el Salón de la Fama, distinción realizada por un exigente panel, al cual sólo accede un grupo selecto. Ballesteros ganó tres veces el Open Británico, dos veces el Masters de Augusta y más de 70 títulos en los cinco continentes.

Severiano me eligió para ser su padrino en la ceremonia de distinción. Conocí a Severiano en 1976 en una práctica en el Open Británico que ese año se hizo en el Royal Birkdale, cerca de Liverpool. Seve tenía 19 años.

En la ceremonia, pese a mi pobre inglés, tuve que presentarlo ante una audiencia de mil personas. Relaté episodios de su vida, sus virtudes y el hecho de que fue uno de los pocos golfistas que tuvo un impacto único e imborrable sobre el juego. El primero fue Sam Snead, luego Arnold Palmer que consiguió que los premios subieran hasta 100.000 dólares y que los espectadores aumentasen a 40 y 60.000 personas por torneo. Ese fenómeno atrajo la televisión al golf. Ballesteros produjo un efecto similar en Europa. Los premios subieron de 10 a 15.000 libras. Y por él se multiplicaron por diez. Además, el público joven inundó los campos.

Jack Nicklaus, Gary Player, Billy Casper, Lee Treviño y otros, aportaron decisiva influencia para que el golf se popularizara y jerarquizara.

Severiano Ballesteros nació el 9 de abril de 1957 en Pedreña, España. Su padre era jardinero del campo de golf y Severiano se encontró golpeando pelotas desde niño y algo corría en su sangre: su tío, Ramón Sota, fue campeón de España.

A los nueve años fue caddie pero no pudo jugar hasta los trece. Pero de noche o en la playa practicaba ansiosamente.

Profesional en 1974. En 1976, con 19 años, ganó el Trofeo Lancome, el Open de Holanda, el Campeonato de Cataluña, el de Tenerife, el de España, el Memorial Donald Swaalens, el Campeonato del Mundo junto a Manuel Piñero; y el segundo puesto en el Open Británico, en el Royal Birkdale empatado con Jack Nicklaus. Además, recibió el Vardon Trophy, al mejor jugador europeo del año.

Ha recibido la Orden de Mérito de España en seis ocasiones y en 1988 el Premio Príncipe de Asturias.

Simplifique su approach

A medida que el jugador se aproxima al green, su cuerpo se mueve menos y en el momento de ejecutar el putt, la inmovilidad es casi total. Sólo deben actuar las manos y los brazos.

En el approach alrededor del green, el movimiento un poco exagerado del cuerpo, puede ser catastrófico, ya que la irritante *papita* o el desagradadable *filazo* asoman de inmediato, ante cualquier falla.

Cuando el jugador se decide a ejecutar su approach, su única preocupación debe ser aprovechar perfectamente ese golpe para dejar la pelota cerca de la bandera, ya sea jugando un pitch o un chip, y luego, embocar con un cómodo putt desde corta distancia.

Las rodillas deben estar ligeramente flexionadas, los pies más juntos, la mano delante de la pelota y el palo deberá tomarse más corto, procurando que el peso del cuerpo esté ligeramente sobre el lado izquierdo. En ese instante, antes de levantar el palo, deberá moverse muy suavemente hacia la derecha, para dejar pasar libremente los brazos al bajar el palo hacia la pelota.

Al colocar su rodilla derecha un poco más adentro, tendrá la sensación de que golpea la pelota con la sola acción de los brazos, sin pensar en si pasó o no su cintura. Se eliminará toda preocupación y quedará en la sensibilidad de sus manos el resultado que imprima al recorrido de la pelota.

Simplificando su golf, mejorará también sus scores. Éste también era el lema del prestigioso profesor y amigo, Emilio Serra, uno de los hombres que durante muchos años trabajó intensamente por la superación técnica de este deporte.

Slice intencional

Como la mayoría de los profesionales, yo también estoy de acuerdo en que el defecto más común de los jugadores de fin de semana, es el slice. Agregaría que el slice es una de las características más sobresalientes del jugador novato. Por jugar a la pelota viniendo de afuera hacia adentro, ésta sale cortada con efecto de izquierda a derecha y su vuelo marca una pronunciada curva hacia la derecha de la línea de tiro.

No obstante ser un defecto reconocido, yo lo he usado muchas veces para salvar un obstáculo o bien para corregir un mal tiro anterior.

Mostrando mi pecho hacia donde pretendo tirar la pelota, cambio mi stance, cruzándome frente a la pelota, con el pie izquierdo un poco detrás de la línea de juego y saco el palo algo hacia fuera, para luego volver, de afuera hacia adentro. Es con un tiro como éste cuando la pelota sale con un vuelo hacia la derecha por el efecto que se le imprime, lo cual acorta la distancia regular de su recorrido. Cuando esto ocurre, me obliga a tomar un palo más que el que suelo utilizar en mi tiro normal, para lograr la distancia necesaria en dirección al green.

SOBRE LLOVIDO, MOJADO

Siempre es más difícil jugar en una cancha mojada. En un campo seco se puede pegar a la pelota con intención de producir efectos a ambos lados y también de retroceso.

Con suelo mojado, es sumamente difícil o casi imposible, conseguir un back-spin, pues la pelota por lo general, después del golpe sale con over-spin y tendencia a caer demasiado rápido, buscando el vuelo hacia la derecha.

Lo común es enviar la pelota completamente hacia la izquierda. Es por esto que yo cambio la forma de jugar cuando debo hacerlo en campo mojado. Lo primero es levantar bastante el tee para pegar lo más alto posible.

En cuanto a los golpes en el fairway, trato siempre de pegar con el hierro 2 ó 3, en lugar de la madera 3.

En los tiros al green, uso por lo general un palo de mayor numeración que lo normal. Esta forma de juego es la que observo cuando debo actuar temprano en la mañana, que es cuando los fairways están cubiertos por el rocío.

Muchos jugadores sin experiencia, tiran la pelota al green con la esperanza de que se detenga rápidamente. Yo trato de hacerla picar bastante antes del green y darle un poco de corrida, sin buscar el tiro directo a la bandera, porque es sumamente peligroso por la falta de control que se tiene sobre la pelota.

Cuando se falla en el primer intento al atacar la pelota, luego no es fácil la recuperación.

Es mejor y menos arriesgado, ubicar los tiros un poco cortos, pero sobre el green, tratando de lograr el par después de arrimar al hoyo con un putt un poco largo.

SOLTURA: LA LLAVE DE UN BUEN SWING

El noventa por ciento de los jugadores de alto handicap, ataca la pelota con demasiada dureza. Se sienten más seguros con un swing medido y contraído. Error. A la pelota hay que jugarla con todo y con sensación propia. Desde luego, ajustado a las normas necesarias y conocidas para conformar un swing.

Los aficionados que saben la importancia que tiene ir a un tee de práctica, no siempre tienen la paciencia suficiente. Los veteranos, porque entienden que no es necesario. Los novatos porque lo consideran aburrido.

Es más entretenida una buena práctica que un mal partido a 18 hoyos. He pasado muchas horas practicando en la difícil búsqueda de coordinar todos los movimientos del cuerpo.

Y cuando se logra, ¡qué agradable sensación!

Y esa sensación es aun mejor cuando se pueden repetir los buenos golpes y se ha encontrado el camino. Es cuando hay que poner toda la atención para elaborarlos, a fin de repetirlos en los torneos o corregir el juego en los días negros que, a veces, depara este jueguito.

En las prácticas conviene exagerar, especialmente la soltura en los movimientos del swing. Buscar esa soltura aflojando deliberadamente las rodillas, los tobillos y las muñecas, tomando el palo sin mucha presión.

Completar el swing dejando sueltos los brazos permitiendo que los hombros giren en toda su amplitud, sin tensiones que lo interfieran.

Soltura, soltura, es la llave de un buen swing.

STANCE, GRIP Y SWING

Gran parte de los jugadores aficionados no presta debida atención a la forma de pararse para ejecutar. Esto trae como consecuencia que, al mal stance, se le agregue, generalmente, otro error aun peor: mal grip. Por ejemplo: parándose con los pies demasiado juntos, es muy posible que su grip no sea correcto, pues se encontrará muy cerca de la pelota, le faltará equilibrio y no podrá golpear con la firmeza necesaria.

Exagerar la abertura de las piernas, también trae cambios fundamentales en el grip. El jugador que adopta esa posición, coloca la mano izquierda demasiado cerrada y la mano derecha demasiado abajo y abierta, alejándose de la pelota. Esta posición imposibilita la acción de las rodillas, que no pueden trabajar con la soltura suficiente como para abrir camino a la acción de las manos.

La mejor forma de pararse para las maderas, es logrando que sus talones y sus hombros formen un cuadro. *Separe sus piernas a una distancia similar al ancho de sus hombros.*

Con los hierros, la separación de sus pies irá variando en relación con el tiro y la distancia que se pretenda cubrir.

Siempre he puesto especial cuidado al tomar el stance cuando voy a iniciar un golpe, por la enorme importancia que tiene en todos los movimientos del swing. La separación de los pies, la línea del tiro, las rodillas ligeramente flexionadas y la sensación de estar apoyado firmemente en los talones, son detalles que, por repetidos, los conocen casi todos los aficionados.

Pero hay algo que no es fácil controlar: la distancia a la que se ubica el jugador frente a la pelota. No hacerlo correctamente, puede echar por tierra todo lo expuesto.

Muchas veces he visto en los tees del hoyo inicial los swing más hermosos, pero sin la pelota. Parece mentira: una simple pelotita blanca en la salida y la escena cambia fundamentalmente. Así es también cómo aquel hermoso swing se endurece, se bloquea y el jugador no encuentra la posición ideal para su stance (aunque crea haberla encontrado) y el soñado tiro correcto se convierte en un pobre golpe, que es recibido con piadoso silencio por quienes están observando la jugada.

¿Qué pasó? Posiblemente el aficionado que ejecutó su salida inicial, se plantó en el tee con la creencia de que estaba parado frente a la pelota y al no estarlo, *construyó* instintivamente su swing para llegar a ella. Comúnmente, en mi stance y sin mover la posición de los pies, yo puedo colocar la pelota en 10 ó 15 lugares distintos. Unos más lejos, otros más cerca, más a la izquierda o la derecha y todas las veces le pegaré a la pelota como me lo propongo... pero todos los swing serán distintos.

El ideal, el correcto, será uno solo.

Para lograr el swing preciso, aconsejo que se coloquen dos palos en el suelo formando ángulo recto. El jugador deberá pararse de manera que el horizontal le indique la línea de tiro y el vertical la línea de la vara del palo y de su brazo izquierdo. Debe practicarse siempre manteniendo esas dos líneas hasta encontrar la distancia ideal a la pelota, para poder golpearla con toda potencia.

Solamente entonces se podrá gozar de la agradable sensación que implica un buen tiro de golf: la pelota partirá lejos y recta. Es el momento en que se ha construido un verdadero swing.

SWING

Antes de la Segunda Guerra Mundial, ya se hablaba de la diferencia entre el swing norteamericano y el swing inglés. Era la época en que los norteamericanos estaban mejorando notablemente su juego y lograban sucesivos récords en las competencias.

Viendo los ingleses los notables progresos de sus discípulos y la forma en que eran superados en los torneos, trataron de comprender el porqué.

Todo se debía a la diferencia del swing entre unos y otros. Y esa diferencia consistía en la forma de tomar el palo. Esta simple alternativa trajo como consecuencia otras más que pronto revolucionaron el mundo golfístico.

Los jugadores comenzaron a atacar la pelota con mayor decisión, parándose con los pies un poco más separados y abriendo más la punta del pie izquierdo, para poder dar mayor velocidad al palo y a la vez, atacaban más con las caderas, manteniendo los pies siempre en línea de juego.

Otra de las consecuencias fue ampliar mucho más el arco de subida del palo (backswing), permitiendo a las manos llegar más alto y por consiguiente golpear con mayor fuerza.

Los ingleses también tomaron en cuenta que las canchas de los Estados Unidos, permitían un mayor grado de acción que las británicas, lo que inducía al jugador a arriesgar un golpe sin el temor de perder todo lo bueno en un hoyo.

Importante también en el mejoramiento del juego de los norteamericanos, es su clima, que permite jugar todo el año y usar ropa más liviana, contribuyendo a un mejor desempeño mental y físico.

El uso de la pelota grande también fue factor de progreso del juego en los Estados Unidos. Exige un mayor esfuerzo en el golpe, lo que sólo puede lograrse con un arco de swing más amplio que el del antiguo swing inglés.

Es muy difícil perfeccionar el swing. Cuando uno cree que lo ha logrado, descubre nuevas sensaciones. Nunca se termina de perfeccionarlo, siempre hay algo que corregir. Cuando uno lo tiene coordinado, encuentra que debe hacer algo más. Todo depende de la ambición de cada uno. Hay quienes se conforman con hacer 80 golpes y pegar 200 yardas.

Mis ambiciones siempre fueron mayores. Yo quiero sacar el máximo provecho de cada tiro. Y el máximo ¿cuál es? Todavía no lo sé.

El swing no es sólo cosa de la música. Es parte clave del golf. Para lograr un buen swing es fundamental conseguir un máximo de velocidad de la cabeza del palo al realizar el impacto.

Consejo: cuando se pare frente a una pelota no piense en su swing, sino en alguien que tenga un swing armonioso, concéntrese, trate de imitarlo con toda naturalidad y sin precipitarse. No pretenda *ser* Tiger Woods. Quizá sí imitar a Sam Snead... si alguna vez lo vio jugar.

El swing es ritmo elegante. No recuerdo ninguna jugadora que hiciera swings grotescos.

Recuerdo sí, a muchos jugadores.

Primera recomendación: haga su swing de una sola pieza. La cabeza del palo, las manos y los brazos deben moverse junto con el giro de hombros y la cadera.

Segunda: en el golf, el juego de piernas es indispensable para lograr un perfecto balance del cuerpo. Solamente las piernas pueden permitir que los hombros, brazos y caderas se muevan libremente y faciliten el control en la parte alta del backswing. Además, con un stance defectuoso, le resultará al jugador muy difícil armonizar todos los movimientos para conseguir un swing correcto.

Si se observa a la jugadora de pegada, podrá apreciarse la importancia que le asigna a su stance, pues sabe perfectamente que las fuentes generadoras de su fuerza provienen, en primer término, de la forma de pararse cuando se dispone a atacar la pelota. Es indispensable, por consiguiente, que todo jugador, antes de iniciar una vuelta, tenga presente pararse bien frente a la pelota y luego atacar a ésta con ritmo y equilibrio. El final equilibrado es el reflejo de todos los movimientos.

SWING (2ª PARTE)

En el trajín de mi vida golfística, he tenido oportunidad de competir con jugadores de distintas nacionalidades y puedo asegurar que todos somos muy parecidos. He jugado con aficionados que, al pegar un mal tiro, me explicaban por qué, mientras que otros me preguntaban por qué. Son formas distintas de encarar las cosas. El primero quiere demostrar la causa de sus errores y como no siempre está en lo cierto, es más difícil ayudarlo a mejorar su juego.

El otro escucha porque quiere saber los detalles y desarrollar sus conocimientos.

Poder discutir los errores en el golf, es siempre una ayuda fundamental para solucionar cualquier eventual problema, pero no siempre los que jugamos podemos estar seguros de nuestros propios errores. Lo digo por experiencia: después de haber visto mi propio swing en algunas películas, pude convencerme de ciertos errores que ya me habían sido señalados por otras personas.

Conocer y estar empapado de distintas teorías leídas en libros escritos por famosos jugadores, no siempre significa que se puedan aplicar en la práctica, especialmente cuando se pretende imponer el sistema leído sin antes consultar al profesor.

Es importante pretender imitar el swing de un determinado maestro, pero en definitiva, cada uno tendrá su swing y no otro. Nuestro físico, nuestras reacciones musculares y nuestros nervios, son los que definirán nuestro swing, único, incomparable.

SWING – CÓMO INICIARLO

La mayoría de los golfistas tiene inconveniente cuando piensa con qué parte del cuerpo va a iniciar el swing. Por lo general, se cree que el brazo izquierdo es el que debe mantener exclusivamente el control de la parte inicial del swing. Error. Gran número de golfistas, al proceder de esa forma, sólo consiguieron endurecer todo su cuerpo, privándose del placer de concretar un golpe con soltura. No quiero decir que yo no crea en la importancia del brazo izquierdo en la iniciación del swing. Para poder sincronizar el comienzo con la ejecución del golpe, es necesario que las dos manos unidas, los brazos y los hombros, permitan efectuar el tiro con el palo hacia atrás.

Es así como, inmediatamente, al rotar los hombros, éstos permitirán girar la cadera para colocar el palo en lo alto del backswing en la posición correcta, abriendo, a la vez, la iniciación de la bajada, en forma tal que el brazo izquierdo estirado, permita a la mano derecha una acción más decidida.

Ben Hogan llamaba al movimiento del cuerpo y las manos previo a iniciar la subida del palo, *waggle. "It's more of a gentle wavy motion of the clubhead made to help reduce tension just before the* take-away.*" You see the pros use it mostly on their* tee shots *and never during a* putt. (Es como un suave movimiento ondulado de la cabeza del palo para ayudar a reducir la tensión justo antes de la subida. Usted verá a los profesionales haciendo esto en sus tiros desde el tee y nunca durante el putt).

El waggle ayuda a aflojar los músculos y la mente y esa distención se transmite al cuerpo dándole soltura. Sergio García "el niño" fue criticado por ese movimiento y se le pidió que no demorara el juego, pero para él era importante y valioso.

El objetivo final siempre es lograr un buen swing y debe procurarse que no sólo resulte vistoso, sino además efectivo.

El swing que se realice dentro de los principios básicos del juego del golf, deberá adaptarse al físico y a la fortaleza de cada uno. Una persona fornida y de brazos cortos, no podrá hacer el mismo swing, ni tener la misma flexibilidad que otro de físico delgado y brazos largos.

Es muy común escuchar en el clásico *Hoyo 19*, donde se ventilan las peripecias del juego recién terminado, que alguien comente haber sacado un tiro perfecto, pero con la mala suerte de haberle pegado muy fuerte para llegar al green y la pelota fue a dar al monte.

Yo no creo en la mala suerte cuando la pelota traspone el fairway y va a dar al monte, después de haberla sacado de una posición difícil. Cuando no se tiene la seguridad de lograr un golpe eficaz con un porcentaje mínimo de riesgo, lo primero que debe hacerse es tratar de dar con un lugar adecuado en el fairway, desde donde se pueda luego sacar un tiro cómodo a la bandera y tener la esperanza de recuperar, ya sea con un buen approach o un putt afortunado, la distancia perdida.

Lo recién expuesto sucede con los jugadores más experimentados. Los de más alto handicap esperan, en cambio, en esas circunstancias el golpe milagroso, con todos los riesgos consiguientes, lo que se traduce en dos o tres golpes por encima del par del hoyo.

Los aficionados de handicap mayor deben dejar esos tiros arriesgados para el profesional o bien para los amateurs de handicap bajo, pues ellos tienen la capacidad necesaria para lograr precisión.

¿SWING CORTO?

El famoso profesional Henry Cotton, decía:

> "Cuando decidí encarar el golf como profesión, concentré todos mis esfuerzos en darle a mi swing las características de una máquina.
>
> Luego de largas prácticas y cuidadosos análisis, llegué a la conclusión de que para ello debía realizar un swing más corto que el de la mayoría de los golfistas, es decir un swing de tres cuartos del movimiento habitual".

No obstante no compartir la reflexión de Henry Cotton en lo que respecta a mi propio swing, debo reconocer que ésta favorecía el juego de muchos golfistas. Yo soy de la escuela de Sam Snead que exige práctica permanente para poder mantener el control del palo en todo el desarrollo. El aficionado en su afán de llevar el palo muy arriba, pierde el control del swing y multiplica de esta manera sus dificultades. Apura la sacada del palo generando una velocidad que no está de acuerdo con la que necesita en su ataque a la pelota.

Allá por 1961, un novel profesional, Doug Sanders, provocó en el mundillo del golf de los Estados Unidos, una verdadera revolución con su swing. Con un swing extremadamente corto y una gran velocidad de manos, lograba muy largas distancias y notable precisión.

Con esa modalidad, ganó numerosos torneos y se mantuvo en la primera línea de maestros. Sanders aconsejaba al golfista de fin de semana, acortar su swing y tomar uno o dos palos más del acostumbrado al impactar la pelota. "Así —decía— será más fácil colocar la pelota, sin esfuerzo".

Esto es muy oportuno para aquellos aficionados que todavía no están convencidos que en golf vale el cuánto y no el cómo.

TÉCNICA DE UN VETERANO

Aurelio Castañón fue de los pocos veteranos profesionales de nuesto medio que siguió compitiendo en los torneos mayores en los links del país.

Poseía un swing rítmico y armonioso y un toque poco común, especialmente, para un hombre que, más que a explotar su propio juego, se dedicó a la enseñanza.

Siempre jugó con el mismo ritmo y estilo, siendo también un consumado experto en la coordinación de las manos con el movimiento del cuerpo.

Castañón nunca fue un jugador largo, pero podía conseguir bastante distancia cuando se lo proponía. Se destacó por la forma de tomar el palo, haciéndolo con gran soltura en ambas manos. Utilizaba el grip de Harry Vardon, colocando en la unión de las manos el meñique de la derecha sobre el índice de la izquierda y la *V* formada por el pulgar y el índice, apuntando hacia el centro del cuerpo.

Siempre le dio gran importancia a la mano derecha y la colocaba en forma perfecta, con la presión justa como para permitir al cuerpo moverse con toda soltura. Calzaba la palma de la mano sobre el dedo pulgar de la mano izquierda y con la palma, justamente, en la línea de juego.

El stance del destacado maestro marplatense tenía tendencia a cerrarse con las maderas para permitir a los hombros girar un poco más. Con los hierros, su stance un poco abierto, para poder usar más las manos, controlando mejor la pelota en el vuelo.

Castañón fue un verdadero ejemplo para los profesionales. Quizás entre los jóvenes aficionados su nombre no despierte la atracción ideal por la forma en que le pegaba a la pelota, pero, en cambio, debería serlo por las correctas posiciones que mantenía con su swing y de manera especial, por la forma perfecta como colocaba sus manos sobre el palo.

Su punto débil era el putt, que en más de una oportunidad le ha restado merecidos éxitos.

Tee

Es muy común que en las grandes competencias, los jugadores y sus caddies estén muy atentos a la colocación del tee de salida. Como mi drive es un palo de cara normal, cambio mucho la altura en la colocación de la pelota en el tee, de acuerdo a las dificultades que presentan los vientos. Si el drive que se usa es de cara alta, lógicamente, la pelota debe colocarse siempre alta.

En los días de viento y cuando hay dificultades sobre el lado izquierdo, invariablemente bajo mucho el tee, lo que me asegura poder controlar el golpe con un vuelo de pelota de izquierda con tendencia a la derecha. En cambio, con el tee alto, lo más probable es que la pelota vuele de derecha a izquierda, como consecuencia de que el palo viene generalmente de más adentro.

Conociendo los efectos que producen estas dos posiciones del tee alto o bajo y observando la dirección del viento, el jugador puede sacar provecho de cada tiro de salida. Por ejemplo, viento a favor o cruzado de izquierda a derecha, coloque siempre la pelota baja. *No olvide que el tee es una de las pocas ventajas que le da este juego.*

Texas wegde

En los torneos de los Estados Unidos, se conoce un comentario de los antiguos profesionales que no es demasiado conocido en nuestro medio: "En el hoyo 5 (o en el 7, 9 ó 14), jugué el Texas wedge..."

Jugar el Texas significa que el jugador aprovecha las características del antegreen o del bunker sin bordes y en lugar de jugar el clásico chip o el pitch o el sand-wedge desde la arena, realiza estas delicadas jugadas con el putter, con resultados tremendamente efectivos.

Texas, con su clima seco y sus canchas corredoras se presta magníficamente para este tipo de jugadas. (Los diccionarios especializados definen al Texas wedge como slang del golf para putter. La historia cuenta que en Texas los vientos son habituales y el suelo duro y seco y no es raro que se use el putter para tiros cortos de approach en lugar del pitching wedge).

Yo acostumbraba jugar en el Ranelagh con un veterano amateur de dos cifras de handicap, que tenía un toque perfecto para este delicado golpe. Dejaba la pelota alrededor de la bandera con suma facilidad desde distancias de más de 30 yardas. Usaba para ello el putter, como en el green, después de estudiar detenidamente la línea y sobre todo, la distancia, y golpeaba con gran firmeza y admirable soltura.

Mantenía su stance y su cabeza inmóvil hasta mucho después de realizado el golpe. Todo ello causaba consiguiente admiración, pues raras veces fallaba en su intento de alcanzar los límites más cercanos a la bandera, consiguiendo scores que a muchos les resultaban difíciles.

En canchas secas o corredoras, jugar el Texas wedge disminuye considerablemente el porcentaje de errores que suelen cometerse en el transcurso de una vuelta.

TIRANDO AL GREEN DE UN PAR 3

¿Por qué los tiros de hierro, especialmente, los de levante, cuando se juegan en los pares 3 colocándoles un tee, salen por lo general con tendencia a la izquierda?

La experiencia me ha enseñado que no sólo con los hierros ocurre eso, sino también con la maderas 3 y 4, máxime si el tee está colocado un poco alto.

Los profesionales, para evitarlo, damos mayor intervención en el swing, a la parte izquierda que debe controlar toda la fuerza que se imprime al golpe.

El stance debe ser colocado un poco más abierto, parándose de modo que el cuerpo enfrente un poco más hacia el green. Se imprimirá un cambio en el swing haciendo que el golpe se produzca de arriba hacia abajo. Esto evitará que la pelota vuele hacia la izquierda y en cambio, producirá un pequeño slice y también se detendrá mucho más rápido, cuando pique en el green.

Nosotros especulamos un poco con todos esos tiros. Si la bandera se encuentra sobre el lado izquierdo del green, usamos un palo menos con tee y apuntamos sobre el lado derecho, pegando con mayor fuerza, porque es seguro que la pelota saldrá hacia la izquierda.

En cambio, si la bandera está sobre el lado derecho, el palo a usar es siempre de mayor número, no usando el tee, pegando con menos fuerza y haciendo lo indicado más arriba.

Cuando juegue un par 3, observe con atención la posición de la bandera y luego decida el golpe y la elección del palo.

TOCAR LA CAMPANA

Un querido y famoso maestro del golf de los años 50, Pedro Churio, don Pedro, todo lo explicaba fácilmente, con sencillez. Sus sobrinos, Martín, Agustín y Juan Carlos Pose, fueron sus hijos adoptivos del golf. Martín fue un extraordinario jugador, hito de una época y los otros dos, calificados maestros.

Don Pedro solía decir: "cuando inicie la bajada del palo, haga de cuenta que está tirando la soga de una campana". Así de simple, aunque nunca se haya tocado una campana, la figura es fácilmente comprensible. El brazo izquierdo accionando como el eje de una rueda, la mano izquierda como queriendo clavar la cabeza del grip contra la pelota. La cadera izquierda abrirá el camino para el accionar de los brazos y el peso del cuerpo se trasladará a la izquierda, por la libre y natural acción de las piernas. Olvídese que tiene un palo de golf en las manos. Es muy posible que pronto descubra que le está pegando a la pelota como nunca.

(Don Pedro sufrió un terrible accidente en un campo de golf. Uno de sus compañeros de juego estaba haciendo swings de práctica, cuando le pegó a una piedra que voló a golpear el ojo de Churio que estaba frente al ejecutante. Don Pedro perdió el ojo. Pero siguió dando clases porque tenía un espíritu indestructible. Esta triste historia sirve para aconsejar prudencia y cuidados extremos en los swing de práctica asegurándose que no haya personas al frente. Otro cuidado es cuando hay niños alrededor, porque cuando se juega, el palo vuela a la altura de sus cabezas. El golf es un juego inocente, pero puede ser traicionero con quienes no cuidan todos los detalles).

TRAMPA EN EL FAIRWAY

Cuando una pelota cae en una trampa de arena ubicada en el fairway, sin ningún lomo o promontorio en la línea de juego, debe encararse ese tiro como si tratara de uno normal, con la única diferencia de que el golpe debe ser dado limpiamente.

Ajústese a las siguientes normas:

Afírmese en la arena sólidamente, con el peso del cuerpo un poco sobre su pierna derecha, de forma tal que la pelota quede sobre la punta de su pie izquierdo. Tome el palo de mayor pegada, con un grip más corto. Es muy importante también, acortar su backswing y dejar que sea el hierro el que levante la pelota, la que será prácticamente barrida por el golpe.

Para hacer lo indicado, elija un hierro que lo saque sin riesgo de la situación, sacrificando distancia por seguridad. Es muy común que el golfista de dos cifras arriesgue sin necesidad uno o varios golpes por unas pocas yardas. Y en el golf, gana, el que emplea menos golpes, no el que pega más largo.

TRES DEDOS

Si se le pregunta a un aficionado, cuáles son los tres dedos menos eficientes en el manejo de los palos, es posible que señale el mayor, el anular y el meñique de la mano izquierda. Sin embargo, estos tres dedos ejercen un papel fundamental en el logro de una distancia mayor en los tiros. Muchos aficionados no le dan importancia a su función en el grip, especialmente las damas.

Es natural que nunca haya preocupado al aficionado el desarrollo de los músculos que gobiernan los movimientos de esos dedos, pero si se quiere tener un grip firme y consistente para golpear la pelota con toda su potencia, estos tres dedos son piezas claves.

Son ellos los que deben llevar el palo al iniciar el backswing y lo mantienen con toda firmeza en el top y finalización del swing. Ése es el momento en que se ponen a prueba esos tres dedos. Una mínima aflojada, provoca inconscientemente, la pérdida de control del palo, y la mano, al pretender corregir el defecto precipita su actuación, golpeando desde arriba y por lo general, de afuera para adentro. El resultado final es un tiro pobre y cortado, lo cual desalienta al jugador. Para fortalecer la acción de los tres dedos, mayor, anular y meñique, se recomienda apretar una pelota de goma con ellos de manera consistente.

Yo sugiero la técnica que he llamado *dos corchos*.

1 – En primer término, tómese un corcho y manténgalo con los dedos meñique, anular y mayor de la mano izquierda.
2 – Tómese un segundo corcho con los dedos anular y mayor de la mano derecha.
3 – Apóyese el índice de la mano izquierda sobre el corcho que tiene en la mano derecha. Cierre el grip y apriete firme, ambas manos.

Advertirá con claridad la sensación que proporciona un grip correcto y sus puntos sensibles de contacto, por intermedio de los dedos que intervienen.

Para lograr la finalidad apuntada, los aficionados deberán perseverar en la ejercitación de los dedos que conforman su grip. También conseguirán fortalecerlos y obtener, resultados positivos, permitiendo que su cuerpo obedezca más sensiblemente las exigencias del swing querido.

Tres velocidades

Dejando de lado todos los detalles técnicos que involucra el swing, quisiera trasmitir en este punto, el ritmo que debe regir la ejecución del swing, asunto fundamental.

Me parece interesante, claro y simple, comparar dicho ritmo con el arranque del automóvil, tomando, en este caso, como ejemplo, un coche con tres velocidades hacia delante.

Usted, amigo aficionado, con el motor en punto muerto, arranca. Va soltando despacio el embrague y acelera paulatinamente. Al alcanzar determinada velocidad, pasa a segunda y luego a tercera, con el acelerador apretado.

El arranque de un swing de golf es exactamente lo mismo. Usted debe arrancar despacio hasta el top del backswing, pasar luego a segunda en el comienzo de la bajada y después a tercera, ya sobre la zona de impacto.

Hay muchos aficionados para quienes no existe el arranque en primera y pasan directamente a tercera. Todos ellos creen que un swing rápido da la máxima fuerza en el impacto. Pero un swing rápido no tiene nada que ver con la fuerza que se genera en el momento de la pegada. Cuando un golfista hace un swing rápido, utiliza todas sus energías *antes* de pegar a la pelota y *no cuando* está pegando, que es el momento en que se necesita.

Aconsejo emplear las tres velocidades. Debe permitirse que la cabeza del palo se aleje en una línea *casi recta* hasta los 25 ó 30 centímetros de la pelota, en forma lenta: luego deberá usarse la segunda, a su debido tiempo, y acelerar después sobre la pelota y no en la mitad del camino hacia ésta.

En golf es también común aceptar un hecho por repetido; no por analizado.

Entre los ejercicios que se recomiendan entre sí los aficionados para mejorar y fortificar su juego, es muy conocido el de apretar con las manos una pelota de goma.

Sin embargo, una autoridad en la materia como Cary Middlecoff, ex dentista, ganador de muchas competencia importantes, entre ellas el Torneo de Augusta (fui testigo cuando Ben Hogan le puso el famoso saco verde), aseguraba que apretar una pelota con las manos era contraproducente. Se ejercitan los músculos equivocados y se destruye la sensibilidad de las manos, esencial para el golf.

Para este tipo de ejercicio, Middlecoff usaba los huesos de goma para perros y apretaba uno de ellos con cada mano, simulando el grip y moviendo al mismo tiempo, rítmicamente, las muñecas.

Él insistía que dicho ejercicio con los huesos de goma no solamente ayudaba a fortalecer los músculos de los antebrazos, muñecas y manos, sino que permitía sentir la concreción del correcto grip como algo completamente natural.

La educación universitaria de Cary Middlecoff y sus grandes éxitos, son argumentos más que suficientes para admitir sus consejos.

Treviño

En abril de 1968, se realizó el Torneo Abierto de Houston y me tocó jugar la última vuelta con el que luego sería el muy famoso Lee *Buck* Treviño (para ellos, Trevino), jugador estadounidense, nacido en 1939. Treviño tenía la oportunidad de ganar su primer torneo importante, cuando era virtualmente desconocido. Encabezaba los primeros 54 hoyos con dos golpes de ventaja sobre Nicklaus y Sikes.

Faltando solamente tres hoyos, Treviño se mantenía primero con dos de ventaja, pero ahora yo era su perseguidor. En el hoyo 70, par 3, Treviño sacó el par, pero con un putt de cuatro metros. Yo conseguí un birdie y quedé a un golpe. En el hoyo siguiente, el 71, Treviño volvió a perder otro golpe por subir el par y lo alcancé.

Los dos salimos bien en el hoyo 72, el último del torneo. Treviño pegó más corto y le quedó el compromiso de tirar un hierro más largo al green. Falló por la derecha y la pelota cayó en medio del público que nos seguía en gran número. Me quedó la oportunidad de colocar mi tiro en el green. Yo también sentía el peso de la responsabilidad.

Tomé un hierro 3 y jugué con ligero hook para entrar con la pelota al green. El tiro de arrime de Treviño fue muy festejado por la gente, pues dejó la pelota a una yarda del hoyo.

Mi primer putt quedó algo más cerca y fue ahí donde, caminando hacia la pelota, decidí no marcarla, sino continuar el juego, para no dejarle la oportunidad de embocar antes. Y sucedió lo que generalmente ocurre: el que emboca primero, gana. Yo emboqué. Treviño erró.

Pocos meses después, Treviño ganó el Abierto de los Estados Unidos y cuando se encontró conmigo por primera vez desde Houston, me saludó y me agradeció haberle ganado. Sentí una extraña sensación, porque nunca me había pasado algo parecido.

Luego Treviño me explicó que de haber ganado en Houston su primer torneo, todos los contratos que se le hubiesen ofrecido, habrían sido por cifras sensiblemente inferiores a las que ahora le ofrecían como campeón de golf de los Estados Unidos.

Sentía una especial admiración por una cualidad excelsa de Treviño. Cuando perdía, inmediatamente daba la espalda al episodio y sin demorar un instante, ya estaba preparándose para la semana próxima. Una virtud excepcional y definitoria de una personalidad hecha para triunfar.

UÑAS Y GRIP

Es bien sabido en el ambiente del golf, que la mayoría de las mujeres que juega al golf, lo hace generalmente con mejor estilo y más elegancia que los hombres. Quizá porque la mujer es menos desarrollada muscularmente y tiene menos fuerza, lo que le permite un ritmo mejor y mayor soltura en el swing.

Durante mi carrera he jugado con mucha golfistas muy buenas y siempre me impresionaron por dos cosas:

1 – La precisión con que juegan los tiros cortos y especialmente, los que realizan hacia el green.

2 – Por la forma correcta en que efectúan los tiros con maderas desde el fairway hacia el green.

Porque tengo gran respeto por el juego femenino, me agradaría y me atrevo a tratar de ser útil y ayudar con mis consejos a las jugadoras de alto handicap y de modo especial a aquellas que se inician en este deporte.

Siempre he destacado la importancia que tiene en el juego, el grip correcto. He podido comprobar que muchas mujeres no progresan en su juego por no contar con ese grip. Una gran mayoría juega tomando el palo con las dos manos mal colocadas y por lo general, con la mano derecha demasiado abajo. En muchos casos, una de las razones es el largo de sus uñas.

Otro de los errores más comunes es la forma de pararse frente a la pelota, con los pies demasiado juntos y sin poner atención al stance. Grave error, porque es donde comienza una de las partes más importantes del juego. El buen stance permite mejor giro y facilita llegar mejor a lo alto del backswing, manteniendo con ello un mayor equilibrio para atacar la pelota.

VEINTE PUTTERS EN MI CASA

Quien pretenda ganar cualquier competencia de golf, deberá procurar la armonía del juego largo con el corto. Hay jugadores con un toque especial con el putter, pero no siempre son ganadores. A medida que van mejorando su juego en el campo, aumenta su porcentaje de precisión en el green.

Actuar bien en el green representa el cincuenta por ciento del juego. Las mayores dificultades que he tenido, fue cuando, viajando a través del mundo, he debido ajustarme a los diferentes tipos de green, razón por la cual tengo en mi casa una colección de veinte putters.

Cuando no puedo embocar busco una excusa para recuperarme en el juego, lo que va directamente a que el palo no se ajusta al tipo de green. La experiencia me ha dado la razón y creo de significativa importancia jugar con un putter sin ninguna clase de levante, es decir con la cara completamene vertical en relación con el suelo, cuando los greens son parejos y rápidos.

En cambio, en greens pesados, aconsejo que la cara del palo sea con un poco de levantada y también más pesada.

En el primero de los casos, me ha dado resultado hacer el swing un poco más largo, especialmente a través del golpe. Para que, acompañando la pelota hacia el hoyo, pueda encontrar la línea de juego.

Al tomar el putter, trato que mi mano izquierda esté colocada en forma tal que, en lugar de verse los nudillos del dorso de la mano, se vean los nudillos de las últimas falanges de los dedos, lo que hará que la muñeca izquierda se mantenga completamente trabada como para producir cualquier quiebre. Al mismo tiempo, trato de colocar la mano derecha en forma que su palma apunte siempre en dirección al hoyo.

En los greens pesados, cambio fundamentalmente de proceder, por no ser tan necesaria la sensibilidad en el golpe y los declives del green no son siempre tan exigentes, debido a que debe golpearse la pelota con más fuerza y sale con mayor velocidad para llegar al hoyo más rápidamente.

Aunque en la actualidad los greens están muy cuidados y parecen todos iguales, siempre hay alguna diferencia que conviene advertir.

27 BAJO PAR

Antonio Cerdá fue un ejemplo de jugador pensante, carácter alegre y comunicativo, tesonero y disciplinado. Me une a Antonio una amistad tan prolongada que, obviamente, no seré imparcial en mis comentarios. Cerdá ha escrito una página brillante en la historia del golf argentino: un récord que reemplaza toda ponderación: los 27 bajo el par en 72 hoyos.

Llegó de Córdoba a Ranelagh en 1945 para actuar como segundo profesional en mi reemplazo, porque yo debía incorporarme al Servicio Militar. Ni bien arribó al club, Cerdá fue puliendo su golf, aconsejado por aquel gran maestro y primer profesional del club, Amando Rossi.

Yo le pegaba muy fuerte a la pelota y competía en el club con otro chico, Ricardo Rossi, hijo de Amando, que muchas veces me superaba. Cerdá, inteligentemente, no entraba en esas competencias y pulía cuidadosamente con extremada dedicación, su juego corto. Logró, con sacrificio y constancia, una sensibilidad y un toque que le permitía superar su carencia de distancia. Su nombre empezó a figurar entre los ganadores de importantes torneos. Fue en el Gran Premio de Ranelagh, 1949, cuando alcanzó un score que todavía se mantiene imbatible: 67, 65, 68, 69: 269 en cancha de par 74. Hizo un solo hoyo en seis, en los 72 hoyos. No tuvo ningún green de tres putts y empleó 29, 32, 31 y 27 en las cuatro vueltas.

Años después, en 1953, cuando jugamos en pareja en representación de nuestro país, dimos la gran sorpresa al ganar en Montreal, Canadá, la primera edición de la Copa Canadá —hoy Copa del Mundo— superando a grandes valores del golf mundial.

Velocidad versus fuerza

Pregunta habitual: "¿Por qué mi caddie, al que yo doblo en tamaño y fuerza, pega 30 yardas más lejos que yo?"

No siempre los largos pegadores han sido los de físico grande. El mejor ejemplo quizás haya sido Chi Chi Rodríguez de Puerto Rico. Pesaba 52 kilos y medía 1,70. Pero pegaba unos golpes tremendos enviando la pelota tan lejos como George Bayer que casi le doblaba en peso y medía 1,96. Ha sido uno de los grandes pegadores de la historia con algunos registros de 350 yardas.

(Juan *Chi Chi* Rodríguez nació en Río Piedras, Puerto Rico en 1935. Desde niño ayudaba a su padre en la recolección de la caña de azúcar y fue con esas cañas y unas latas que comenzó a despuntar su golf. Se convertiría en una estrella internacional).

Podría ser relativamente comparado con mi amigo y excelso jugador brasileño, Mario González.

Chi Chi tenía un timing perfecto, dándole al palo una velocidad increíble, basándose en piernas, caderas y manos, completando la acción con un swing muy amplio, especialmente, después del contacto con la pelota. Aprovechaba todo el peso de su cuerpo para llegar con fuerza al final del swing, sin encontrar resistencia muscular que le impidiera completar el golpe.

Las personas de mayor tamaño, por lo general tienen un swing más lento y a medida que la estructura es mayor, la lentitud en los movimientos aumenta. Pero si usted hiciera lo que Chi Chi Rodríguez, girando más en el backswing con sus hombros, traspasando el peso del lado derecho hacia el izquierda, haciendo girar la cadera ampliamente para poder abrir el camino y facilitarle a sus manos el poder de dar mayor velocidad al palo, sentirá que la pelota se despega mucho más rapida y sin dudas, conseguirá mayor distancia.

Viento

Cuando el viento se convierte en un obstáculo, yo recomiendo como primera medida, acortar el swing todo lo posible y tomar corto el grip, lo que obliga a usar más palo que lo común, mantener el hombro por debajo después de atacar la pelota, para lograr tiros más bajos, especialmente cuando el viento sopla francamente en contra o cruzado en contra.

Suponer que el viento a favor va a facilitar el juego, es un error. A las dificultades que le traerá a su swing con las maderas, le agregará las provocadas en sus tiros al green, donde le será muy difícil evitar la corrida de su pelota, por lo que tendrá que tirar con tendencia a quedar corto de la bandera, salvo que los greens estén muy mojados y recibidores.

Evite pegar con demasiada fuerza (pretendiendo vencer al viento) y pegue más con las manos, dejando la vista sobre la pelota, más de lo acostumbrado. Bien plantado en su stance para que el viento no dificulte su estabilidad, la inmovilidad es esencial.

Si al viento le agrega frío, es importante la ropa. Es aconsejable ropa interior liviana, pero abrigada y desechar la que por sus costuras o grosor, dificulten la acción en el swing. Esto también es válido para la selección remeras y sweater. Mantener abrigados pies y cabeza, es, desde luego, fundamental.

WEDGE

Cuando Gene Sarazen creó el wedge para solucionar los problemas que se planteaban para jugar en los bunkers de arena, seguramente no pensó de qué manera ese palo iba a resolver luego otros inconvenientes del golf. Y de qué manera aceleraría el progreso del golf.

El wedge es el palo insustituible. Antiguamente el jugador resolvía el problema de los bunkers con el niblick.

El wedge tiene también gran utilidad desde el fairway, dentro de las cien yardas de la bandera y desde el rough. En esos casos, yo adopto la posición del pitch-short, con el cuerpo sin tensión, con las rodillas flexionadas, el peso sobre la parte izquierda, los brazos cayendo blandamente y tomo el palo con mucha firmeza con mi mano izquierda, de la que veo en el momento del stance, sus tres primeros nudillos.

El grip parece descansar sobre mi muslo izquierdo y la pelota, en medio de mis pies, provoca un pronunciado adelanto de mis manos.

En el backswing nunca llevo el palo más allá de los hombros, manteniéndolo todo el tiempo sobre el objetivo pretendido. Con este movimiento gradúo la distancia que pretendo cubrir. Es un grave error golpear la pelota blandamente para lograr un tiro corto. El golpe a la pelota siempre tiene que ser firme. Debe tenerse presente, en estos casos, que el efecto de retroceso que puede detener la pelota en el green, se consigue si el jugador en el impacto no toma césped entre la cara del palo y la pelota, dando en el césped después de jugar.

Y USTED..., ¿QUIÉN ES?

Una anécdota curiosa de mi carrera. Varios años después del episodio de Augusta y acompañado, precisamente, por Bob Goalby (el que heredó el triunfo de Augusta), fuimos a hacer una promoción para una empresa que fabricaba artículos de golf.

La cancha estaba dentro de un complejo hotelero.

Un mediodía bajé al bar para comer algo liviano. Había sólo una persona atendida por el barman. Éste le contaba al cliente sus habilidades golfísticas con relatos notables y coloridos. Yo escuchaba. Cuando el parroquiano se retiró y quedamos los dos solos, le pregunté al barman si era profesional de golf. Me dijo que no. Y me preguntó quién era yo.

Le mostré mi anillo y le pregunté si podía leer lo que estaba inscripto: *Houston 1968*.

—¿Quién le dio esto? —inquirió.

—Yo lo gané —contesté.

El hombre me miró dudando.

—Mire, no solamente he ganado este anillo, sino además varios torneos.

—¿Usted ganó varios torneos?

Bueno, me dije, el tipo no me cree.

—Sí, entre ellos el British Open. ¿Qué le parece?

—¿Usted ganó el British Open? —repitió con los ojos desorbitados—. ¿Y cómo se llama usted?

—De Vicenzo.

—Nunca lo oí nombrar. Lo siento.

—Mire, amigo, yo soy, Roberto, el que firmó la tarjeta equivocada en el torneo de Augusta.

—Ahhh...ahora sí. Ya me parecía que lo conocía.

Tiempo después en una cena que nos ofrecieron a los ganadores del British Open en St. Andrews, conté esta historia y además de causar gracia y aplausos, todos comprendimos que para mucha gente que nunca supo nada de golf, para muchos que seguían el juego pero no demasiado cerca, aquel episodio tenía que ver con otros valores: los sentimientos, la actitudes frente a la adversidad, la superación del contratiempo insufrible, el espíritu del deporte y el apego a las reglas del juego. Y sobre todo, sin que el rostro, los gestos o las actitudes mostraran una procesión interna que se mantuvo oculta en privilegio del fair play y la dignidad de mi persona.

Yo uso madera 5... ¿Y usted?

"Hay una tendencia entre los aficionados al golf a moverse en la cancha con el spoon (*) y los hierros 2 y 3, olvidándose del beneficio que le reportará para su juego el uso de la madera 5".

(Gene Sarazen)

(*) Aclaración: no olvidar que Sarazen hablaba en tiempos ya lejanos.

Estas sabias palabras del viejo y famoso maestro estadounidense, deberían tenerlas grabadas en su bolsa de palos, muchos aficionados. No se comprende por qué razón se considera deshonroso el uso de un palo tan útil como la madera 5, con el que se pueden realizar jugadas espectaculares, reemplazándolo por los hierros 2 y 3, que exigen un golpe perfecto, muy difícil de lograr en ciertas ocasiones.

Por mi parte, suelo aprovechar la confianza que me inspira la madera 5 con su loft abierto, su vara corta, su cabeza pesada y es por ello que también la utilizo aun cuando me encuentre jugando desde el pasto alto, siempre que la pelota me lo permita.

La madera 5 la juego con un swing más perpendicular y en lugar de barrer la pelota, como lo hago con otras maderas, realizo el impacto golpeándola como lo haría en las ocasiones en que debo jugar en determinados lugares de los links con un hierro 2 ó 3. Además, acortando el grip, logro también con esa madera distintas distancias desde determinados lugares del fairway.

Recomiendo muy especialmente a los aficionados que deseen mantener un buen juego, el uso de la madera 5 en algunos hoyos de par 3 largos, pues es un palo que les permitirá *cortar* la pelota con mucha más facilidad que si lo tuviera que hacer utilizando un hierro largo.

Para conseguir un amplio dominio de la madera 5, es necesario practicar y practicar.

No olvide que los scores bajos se alcanzan más rápidamente si el jugador pone su mente en el juego, antes que sus propios músculos.

En este libro y en casi toda mi vida profesional, me he interrogado sobre *el otro yo*. ¿Quién o qué es el otro yo? Todos sabemos algo del subconsciente. Todos hemos hablado alguna vez del misterio de nuestra mente. Una prodigiosa computadora cuya capacidad de almacenamiento es aún desconocida para los científicos. Que no sólo acumula y organiza datos por millones, sino que además, ordena y hace funcionar a nuestro cuerpo en cientos de funciones que ocurren sin que nosotros tengamos noción de lo que está sucediendo. Cuando dormimos, nuestra cerebro dicta órdenes que permiten a nuestro organismo seguir funcionando aun sin órdenes de nuestro yo despierto. El otro yo en el golf es un compañero fiel o un rebelde caprichoso. Nos ayuda a conocer a alguien con una mirada; a sentir sensaciones nuevas o repetidas; a desarrollar una peculiar astucia en momentos precisos. El otro yo se va de nuestro lado y nos deja solos y atontados o se adhiere a nosotros y nos empuja, orienta o motiva. Hace vibrar nuestros instintos.

No olvide nunca que el instinto, a veces, vale más que la técnica.

Que en el golf importan las manos, los ojos, las piernas, la cancha, los vientos, el sol...

Y que se requiere indefectiblemente:

Práctica
concentración,
esfuerzo,
dedicación,
sensibilidad,
armonía,
equilibrio,
inspiración,
fuerza anímica,
perseverancia,
serenidad,
poder de observación,
sinceridad con uno mismo,
atender al *otro yo,*
conocer las propias capacidades,
optimismo,
buena salud,
conducta,
prudencia y audacia.
Fe.

Así en la vida como en el golf.

Apéndice

Roberto De Vicenzo
Su libro de récords

Ganó 231 torneos. En otros 127 fue segundo. 82 veces tercero.

Clasificó entre los cinco primeros en 490 torneos.
Y entre los diez primeros, en 586.

Ganó nueve veces el Abierto de la República,
pero lo insólito es que el primero lo ganó en
1944 y el último en 1974.
Treinta años entre uno y otro.

Fue campeón del Abierto de 16 países.

Fue el único que logró diez hoyos consecutivos bajo el par (los nueve últimos de esa ronda y el primer hoyo de la siguiente), logrando un fabuloso 61, 10 bajo el par en la cancha de Villa Allende, Córdoba y sumó seis birdies consecutivos.

En nueve temporadas marchó al frente de los profesionales argentinos, en 1943 y de 1946 a 1954, consecutivamente, con excepción de 1950, que fue segundo perdiendo con Antonio Cerdá.

En 1938, en la cancha de San Andrés, embocó un hoyo 4
par 4 en dos golpes. Medía 368 yardas. Roberto aún
era caddie. El segundo golpe superó las cien yardas.
Nuevamente aparece la historia inverosímil:
medio siglo después repitió la hazaña en el
Campeonato Argentino de Veteranos de 1988.
Entró al green con un golpe del driver,
dejó la pelota a un metro de la bandera y luego
embocó con el putt.
La multitud, enloquecida.

En 1947, ganó once torneos en una sola temporada.
Récord.

Fue Ganador de la Copa del Mundo, 1953.
Trofeo Individual, 1962 y 1970.
Seniors PGA Championship y el Mundial Seniors, 1974.
Y fue el primer ganador del Abierto de Veteranos
de Estados Unidos, 1980.
En Ranelagh, frente a un hoyo par 5 de 472 yardas,
¡lo conquistó en dos golpes!
Y en el Abierto Británico, 1948, en el hoyo 17 de la
cancha de Muirfield, 513 yardas, repitió la proeza.

La Asociación Argentina de Golf, publicó en su libro
del 50° Aniversario de la entidad, que, según las
estadísticas, Roberto De Vicenzo, habría lanzado
7.300.000 pelotas durante su carrera, pues tiraba
500 por día y jugaba 18 o más hoyos por día.
De tal forma, habría caminado 146.000 kilómetros
de campos de golf.
Cuatro vueltas al mundo por el paralelo del Ecuador.

En 28 torneos terminó empatado.
En 15 ganó el desempate, en 10 perdió y 3 no se
disputó el desempate.
El primer argentino que le ganó un desempate fue
Vicente Fernández en 1967 en el Torneo de
Maestros del Olivo Golf Club.

Durante 35 años se mantuvo entre los cincuenta mejores del mundo.

Ningún deportista argentino recibió tantos reconocimientos internacionales.

Los buscadores de Internet ofrecen cientos de páginas sobre Roberto De Vicenzo. Las miles de páginas web especializadas en golf, tienen largos capítulos sobre el astro argentino y la Enciclopedia Encarta le dedica una extensa crónica.

A tal señor, tal honor

Roberto De Vicenzo recibió decenas de galardones durante su proficua carrera. Éstos son algunos de ellos:

Premio Bobby Jones otorgado por la Asociación de Golf de los Estados Unidos por su significativo aporte al golf, distinguida conducta ejemplar y desempeño golfístico de gran jerarquía.

* * *

Premio William Richardson, otorgado por la Asociación de Periodistas de Golf de los Estados Unidos por su consecuente y sobresaliente contribución al golf.

* * *

Premio de la fundación de Golf de las Universidades Americanas John F. Kennedy por sus dotes de guía en el mundo del golf internacional y el ejemplo e inspiración que ha significado para la juventud, su práctica del deporte para afianzar lazos de amistad entre las Naciones.

* * *

Incorporación al Hall de la Fama de la Asociación de Profesionales de Golf (PGA).

Premio Walter Hagen otorgado por los periodistas
metropolitanos de golf de Nueva York.

* * *

Designado miembro honorario de El Amir Golf Club,
Beirut, Líbano.

* * *

Presidente de la Asociación de Profesionales de Golf.

* * *

Elegido socio vitalicio honorario del PGA Británico.

* * *

Nombrado socio honorario del Royal and Ancient Golf Club de Saint Andrews. El cuerpo de socios honorarios de la entidad matriz y cuna del golf, situada frente al castillo del siglo XVI y las ruinas de la Catedral de 1160, era la siguiente:

Su Alteza Real, Duque de Edimburgo.
Su Alteza Real, Duque de York.
Su Alteza Real, Duque de Kent.
Presidente de los Estados Unidos, George Herbert Walker Bush.
John Jacobs (creador del PGA europeo).
Meter Allis (gran jugador y notable escritor,
comentarista de golf y diseñador de links).

Y los jugadores:
Tony Jacklin
Kel Nagle
Jack Nicklaus
Gary Player
Peter Thomson
Lee Treviño
Tom Watson
Roberto De Vicenzo.

Al agradecer la distinción, De Vicenzo, dijo:
"Fue como si me hubiesen otorgado el Premio Nobel".

* * *

Elegido socio vitalicio Honorario del
Royal Liverpool Club de Inglaterra.

* * *

Recibió la Orden de Balboa
otorgada por el gobierno de Panamá.

* * *

Fue incorporado al Hall de la Fama del Oak Hill Country Club,
Rochester, New York, sede del US Senior Open.

* * *

Elegido socio vitalicio del PGA of America.

* * *

Elegido socio vitalicio de la Asociación Argentina
de Profesionales de Golf.

* * *

Elegido socio vitalicio del PGA of England.

* * *

Elegido el deportista del año 1968 por la PGA y
los periodistas deportivos de los Estados Unidos.

* * *

Premio Jimmy Demaret otorgado para honrar a quien,
año tras año, ha sido generoso con su tiempo,
su talento y ha dado al golf tanto o más
de lo que recibió del golf.
Por su buen carácter y espíritu deportivo.

* * *

Roberto De Vicenzo recibió en su país, dos veces el
Olimpia de Oro que entregan los periodistas deportivos.
Y fue elegido uno de los cinco deportistas del siglo.

* * *

Premio Konex de Platino, 1980.
Diploma al Mérito Konex, 1990.
Jurado del Premio Konex-Deportes y designado
por sus pares, presidente del tribunal, 2000.

* * *

A finales del siglo XX y principios del XXI Roberto De Vicenzo pensaba que se habrían terminado los galardones. Fue entonces cuando un importante grupo empresario decidió diseñar y hacer realidad una novísima cancha de golf: *San Eliseo*, en San Vicente, provincia de Buenos Aires. La dedicó a De Vicenzo y asoció la imagen del más grande a su emprendimiento. De Vincezo la considera hoy una de las mejores canchas del país. Es un campo levemente ondulado, con arboleda recién plantada, 18 hoyos, siete lagunas y varios bunkers en lugares estratégicos. Es muy apropiada para jugadores de handicap alto y complicada para el jugador que decida atacarla. El salón del Club House está adornado con grandes fotos de Roberto y en una gran vitrina se exhibe una importante réplica del trofeo ganado por De Vicenzo en el British Open, donde figuran los ganadores del magno torneo desde su primera disputa hasta 1967, el año de nuestro campeón.

Torneos jugados en su honor

1970	Copa del Mundo
1971	Abierto de Panamá
1972	Las Leyendas del Golf
1973	60 años de su mejor vuelta. Ranelagh Golf Club.
1974	Vintage Invitational. Torneo Memorial, en el Muirfield Village, Ohio, Estados Unidos. El famoso torneo de Jack Nicklaus que todos los años distingue a una figura legendaria.
1990	Campeonato Abierto del Sur de la República.
1991	Torneo de las Plumas, Ranelagh Golf Club, en homenaje a sus 70 años.
1992	Torneo Homenaje en el Ranelagh para veteranos.

Campeonatos ganados entre 1942 y 1991

Títulos mundiales (4)

Copa del Mundo (Canadá Cup)	1953
Trofeo Individual	1962, 1970
Campeonato Mundial de Veteranos	1974

ARGENTINA (32)

Abierto de la República	1944, 49, 51, 52, 58, 65, 67, 70, 74
Argentino de Profesionales	1944, 45, 47, 48, 49, 51, 60, 64, 65, 66, 69, 71, 72, 74, 77, 85
Torneo de Maestros	1962, 64, 66, 70, 74
Argentino de Veteranos	1987, 88

CAMPEONATOS REGIONALES (26)

Abierto del Litoral	1942 (*), 46, 47, 49, 68 *(*) Su primera victoria.*
Abierto del Centro	1943, 62, 65, 67, 72, 73, 74
Abierto del Sur	1946, 47, 62, 67, 72, 73, 77, 78
Abierto del Norte	1962, 73, 74, 83
Torneo Norpatagónico	1969
Abierto de Veteranos del Centro	1992

GRANDES PREMIOS (74)

Copa Westinghouse	1943
GP Cirio	1944, 45, 47, 48
GP Palihue	1945
GP Masllorens	1946, 47, 48, 49, 50, 51
GP Ranelagh	1946, 47, 48, 61, 67, 68, 69, 70, 72
GP Jockey Club de la Plata	1946, 48
GP Alvear	1947, 51, 54
GP Swift	1947
GP Mailly	1947
Copa América	1947
GP Ituzaingó	1949, 50
GP San Isidro	1949, 50, 51, 52
GP General San Martín	1950, 54, 74, 75
GP Golf Club Argentino	1953
GP Suixtil	1962
GP Fernet Branca	1962, 63
GP Tortugas	1963
GP Minerva	1964
GP Jockey Club Rosario	1964, 65, 75

Copa Siam	1960
GP Río Cuarto	1965
Copa de Oro	1965, 68, 69, 71, 72, 79
GP Ranser	1966, 67
GP Pindapoy	1967
Torneo de Campeones Peugeot	1968
GP Glostora	1969
GP Lomas	1969, 73
GP Kanmar	1969
GP Old Smugler	1970
GP La Cumbre	1971
GP Santa Teresita	1971
GP Charles of the Ritz	1960, 74
GP Velox	1976, 77
Campeonato Metropolitano	1976
GP Sidesa	1978, 79

Centroamérica y Sudamérica (63)

Abierto de Chile	1946, 53, 60
Cali, Colombia	1947, 51
Uruguay	1949, 64
Barranquilla, Colombia	1951, 54, 56, 60, 61, 62
México	1951, 53, 74
Bogotá, Colombia	1951, 54, 56, 64
Panamá	1952, 53, 71, 73, 74
Santo Domingo, Chile	1952
Perú	1953, 54, 58
Brasil	1954, 57, 60, 63, 64, 73
Profesionales de México	1955, 56, 58, 59, 60
Medellín, Colombia	1955, 58, 60
Jamaica	1955, 56, 57
Colombia	1961, 62, 74
Puerto Rico	1965
Los Lagartos, Bogotá, Colombia	1965, 66, 68, 69, 74
Itanhanga (Río de Janeiro)	1970
Venezuela	1972, 73
Sao Pablo, Brasil	1972
Río Grande do Sul, Brasil	1972

Copa Raleigh, México	1974
Santiago, Chile	1978
Santo Tomé, Venezuela	1979

Estados Unidos – PGA Tour (6)

All American Championship, Chicago, Illinois	1947
Palm Beach Round Robin, New Rochelle, New York	1951
Inverness Open, Toledo, Ohio	1951
Colonial Invitational, Fort Worth, Texas	1957
Dallas Open, Texas	1966
Houston Championship Invitational, Texas	1968

Abiertos de Europa (9)

Norte de Inglaterra	1948
Holanda	1950
Francia	1950, 60, 64
Bélgica	1950
Alemania	1964
España	1966
Gran Bretaña	1967

Gira Senior (6)

PGA Seniors Championship	1974
World Seniors Championship	1974
Legends of Golf	1979, 1983
US Senior Open Championship	1980
Doug Sanders Celebrity Classic	1983

SUPER VETERANOS (11)

Golf Digest Commemorative	1984, 86
Digital Classic	1987
Pontevedra, España	1987
Vintage Invitational	1988
Pages Classic	1988
Vintage Championship	1988, 89
Legends of Golf	1988, 89, 91
Total de torneos ganados	231

Glosario

PEQUEÑO GLOSARIO DEL GOLF

ALBATROS: Tres bajo el par.
APPROACH: Arrime. Golpe hecho con el objeto de alcanzar el putting green. Para jugadores eficientes, esto significa tiros hechos aproximadamente a 175 yardas del green.

BACK SWING: Subida del palo. Es cómo se junta energía para impulsar la pelota. El cuerpo rota y el palo gira alrededor del cuerpo hasta que alcanza el alto del swing.
BALL MARK: Cualquier marca dejada por el impacto de la pelota en el green.
BALL MARKER: Moneda u objeto similar usada para marcar la posición de la pelota en el green cuando el jugador la levanta para dejar jugar al otro jugador.
BANANA (DOG-LEG): Tiro con curva hacia la derecha o la izquierda, con la forma de la fruta.
BIRDIE: Un golpe bajo el par.
BOGEY / BOGIE / BOGY: Un golpe arriba del par. DOUBLE BOGEY, dos golpes arriba.
TRIPLE, QUADRUPLE, QUINTUPLE, tres, cuatro o cinco arriba del par.
BRITISH OPEN: Uno de los cuatro torneos más importantes del mundo.
BUNKER: Pozo de arena.

CADDIE: Asistente.
CHIP: Tiro de arrime desde cerca.

DIVOT: Trozo de césped que se desprende tras el golpe.
DOWN SWING: Bajada del palo.
DRIVE: Palo de partida.

DROP: Dejar caer la pelota.

EAGLE: Águila. Dos golpes bajo el par de la cancha.
EXPLOSION SHOT: Salida del bunker que levanta mucha arena.

FAIRWAY: Césped cortado. Camino estrecho que une el tee de salida con el green.
FINISH: Terminación del swing.
FOLLOW TROUGH: La salida de los brazos siguiendo la línea del tiro, aun después de haber hecho contacto con la pelota.
FOURBALL: Partido de cuatro jugadores, cada uno con una pelota.
FOURSOME: Una sola pelota para dos personas. Pueden jugar dos hombres, dos mujeres o una mujer y un hombre.

GOLF WIDOW: Viuda del golf. Expresión que sugiere que cuando un hombre se apasiona por el golf, no atiende sus deberes hogareños. Deja "viuda" a su mujer.
GRAND SLAM: Ganar los cuatro torneos más importantes: los Majors, por lo menos una vez en la carrera del jugador. Hasta la edición de este libro, Gene Sarazen, Ben Hogan, Gary Placer, Jack Nicklaus y Tiger Woods.
GREEN: Área de césped muy bien cortado y cuidado, rodeando el hoyo.
GREEN JACKET: Saco de tela color verde que se entrega al ganador del Torneo de Maestros de los Estados Unidos. Actualmente se entrega el saco a cada uno de los miembros del Augusta Nacional para ser usado durante el Torneo de Maestros o dentro del club. Cuando un jugador, que no es miembro, resulta ganador, se lo convierte en miembro honorario y recibe el saco. Nadie se lleva el saco fuera del club. Ni siquiera los ganadores pasados.
GRIP: Empuñadura.

HALF SWING: Medio swing.
HANDICAP: Ventaja que se da a un jugador según su nivel de juego.
HAZARD: Inconveniente artificial o natural.
HOLE IN ONE: Hoyo en uno.
HOOK (PULL): Gancho hacia la izquierda.

LINK: Canchas que están junto al mar y los médanos.

MAJORS: El Abierto de los Estados Unidos (US Open), el PGA Championship, el Torneo de Maestros de Augusta y el Open Británico.
MARSHAL: Controlador del juego.

MASHIE-NIBLICK: Palos modernos de levante. Hierro 9.
MATCH PLAY: Partido de uno contra otro.
MEDAL PLAY: Partido que se juega por golpe.

NIBLICK: Palo de levante de pegada corta.

OVER SWING: Cuando la subida del palo es muy alta, por detrás de los hombros.

PITCH: Palo de levante.
PLAY OFF: Desempate.
PRO: Profesional.
PULL: Tiro a la izquierda.
PUTT / PUTTER: Palo para embocar en el green.
PUTTING GREEN: Área destinada a la práctica.

ROUGH: Área de césped no cortado y crecido, que corre a ambos lados del fairway.

SAND WEDGE (SW): Palo especialmente diseñado para salir de una trampa de arena.
SENIORS CLUB: Palos diseñados para personas mayores, más livianos.
SLICE: Tiro con curvatura a la derecha.
SPOON: Madera 3.
STANCE: La posición de los pies en el momento del tiro.
SWAY: Cuando se mueve la cabeza y el cuerpo, la cadera y los hombros.
SWING: Movimiento de práctica antes de efectuar el tiro y el previo al impacto sobre la pelota.

TEE: Pequeño elemento de madera o plástico que se usa para elevar la pelota del suelo en el tiro de salida. Tee de salida es el espacio reservado para iniciar el juego en cada hoyo.
TOP SPIN: Tiro con retroceso.

VARDON GRIP:. Por el nombre del famoso jugador británico Harry Vardon que jugó con este grip un siglo atrás. El dedo meñique sobre el índice de la mano izquierda. También *overlapping grip*, el dedo meñique enganchado con el índice de la otra mano. El *baseball grip* es con las dos manos aferradas al palo.

WHIF: Pelota errada. Se usa como exageración WHIFFFFF.

YARD: Yarda (91,4 cm).

Índice

G

H

I

J

L

M